Franz Kurowski

W0295973

DIE TIGER KOMMEN

Die schwere Panzerabteilung 502
und die Tiger der „Leibstandarte“
im Ostfeldzug
1943 - 1945

PODZUN-PALLAS

DANKSAGUNG

Der Dank des Autors gilt allen Soldaten der Tigerwaffe, die zu dem Werk über ihren Einsatz im Osten beigetragen haben,besonders Herr Egon Kleine (verst.), der alle Unterlagen über die einzelnen Einheiten und Verbände der Tigerwaffe zur Verfügung stellte. An der Spitze der übermittelten Daten über die Waffe selbst stand Dr. Ing. habil, Erwin Aders mit seinen Berichten und Unterlagen. Nicht minder wichtig die Aussagen, Berichte und Erinnerungen von Maj. (Ing.) Scultetus und die persönlichen Kriegstagebücher und Erinnerungen einer Vielzahl an Panzersoldaten. Für sie alle seien an dieser Stelle genannt: Dr. Franz Bäke, Hans Bölter, Otto Carius, Willy Jähde, Albert Kerscher, Walter Scherf und Oberst Paul-Friedrich Strauß (BW).

Sie und viele andere, vor allem auch Waffen-SS-Panzersoldaten, trugen mit dazu bei, die Einsatzschilderungen wahrheitsgetreu aufzuzeigen und damit die Unsinnigkeit eines jeden Krieges deutlich zu machen; der weder Sieger noch Besiegte, sondern auf beiden Seiten nur Verlierer zurückläßt.

Die Werke von Ralf Tiemann: DIE LEIBSTANDARTE, Silvester Stadler: DIE OFFENSIVE GEGEN KURSK, Patrick Agte: MICHAEL WITTMANN UND DIE TIGER DER LEIBSTANDARTE, sind besonders für das Studium des zweiten Teiles geeignet.

Verwiesen sei auch auf das Werk von Karl Kollatz: Michael Wittmann. Ferner auf PANZER ACES: WITTMANN des Autors dieses Buches.

Die Wehrmachtsberichte (3. 10. 1942, 31. 1. 1943, 25. 7. 1943, 3. 8. 1943, 30. 11. 1943, 15. 1. 1944 und 19. 1. 1944) nennen Soldaten und Einheiten der Panzerwaffe in besonderer Weise.

Dank vor allem allen Helfern, die unbekannt bleiben mußten.

Dortmund, im Herbst 2001 — Franz Kurowski

INHALT

RITTERKREUZTRÄGER

Die genannten Ritterkreuzträger in Kurzdaten: (Liste nicht vollständig)

Johannes Bölter, RK am 16. 4. 1944 als Lt. und Zugfhr. 1./sPzAbt. 502.
581. EL zum RK am 10. 9. 1944 als Lt. und Fhr. 1./sPzAbt. 502.
Otto Carius, RK am 4. 5. 1944 als Lt. und Zugfhr. 2./sPzAbt. 502.
535. EL am 27. 7. 1944 als Lt. und Fhr. 2./sPzAbt. 502.
Martin Groß, RK am 22. 7. 1943 als SS-Sturmbannfhr. und Kdr. II./SS-Panzerregiment 1 „LSSAH".
Willy Jähde, RK am 16. 3. 1944 als Kdr. sPzAbt. 502.
Albert Kerscher, RK am 23. 10. 1944 als Fw. u. PzKdt. 2./sPzAbt. 502.
Heinz Kling, RK am 23. 2. 1944 als SS-Hauptsturmfhr. Chef 2./Kradschützen-Bat.2 „Das Reich".
Heinz Kramer, RK am 6. 10. 1944 als Uffz. u. Richtschütze in der 2./sPzAbt 502.
Johann Müller, RK am 23. 10. 1944 als Zugfhr. in der 3./sPzAbt. 502 gefallen am 24. 10 1944.
Georg Schönberger, RK am 20. 12. 1943 als SS-Obersturmbannfhr. und Kdr. des SS-PR 1 „LSSAH".
Franz Staudegger, RK am 10. 7. 1943 als SS-Unterschaffhr. und PzKdt. in der 13./SS-PR 1, „LSSAH".
Helmut Wendorff, RK am 12. 2. 1944 als Zugfhr. in der 13.(schw.)/SS-PR 1 „LSSAH". (Gefallen am 6. 8. 1944 südostwärts von Cean).
Michael Wittmann, RK am 14. 1. 1944 als SS-Untersturmfhr. und Zugfhr. in der 13. (schw.)/SS-PR 1 „LSSAH", 380. EL zum RK am 30. 1. 1944 (wie vor); 71. Schw. zum RK mit EL am 22. 6. 1944 als SS-Obersturmfhr. Chef 2./SS-PzAbt. 501; gefallen am 8. 8. 1944 als Hauptsturmfhr. südlich Cean.
Balthasar Woll, RK am 16. 1. 1944 als SS-Rottenfhr. Richtschütze in der 13. (schw.)/SS-PR 1 „LSSAH".

WIE DER TIGER ENTSTAND

Erste Entwicklungen

Bereits seit dem Jahre 1935 wurden auf deutscher Seite, ab dem Jahre 1937 verstärkt, aber erst seit Januar 1941 starke Bestrebungen erkennbar, die auf die Ausmusterung der leichten und mittleren deutschen Panzer u n d ihre Ergänzung durch stärkere, leistungsfähigere Panzertypen hindeuteten.
Bei den ersten Besprechungen der Obersten deutschen Führung mit den Panzerexperten an der Front und den Konstrukteuren in der Heimat kam es zu keiner gemeinsamen Schlußfolgerung, wie denn dieser neue Panzer beschaffen sein müsse. Eine größtmögliche Ausgewogenheit zwischen den wichtigen Komponenten im Panzerbau: Beweglichkeit, Feuerkraft und Panzerschutz konnte nicht hergestellt werden.
Während das Heereswaffenamt (HWA) der Beweglichkeit und Feuerkraft den Vorzug gaben, um den Forderungen der Panzerführer der Blitzsiege nachzukommen, die diese Komponenten als entscheidend ansahen, war es beispielsweise Hitler - der das Sagen hatte - der auf einem wesentlich verstärkten Panzerschutz beharrte, selbst wenn dies auf Kosten der Beweglichkeit gehen sollte. Daß es bis heute noch immer umstritten ist, welche der drei genannten Komponenten als vordringlich zu gelten habe, erweist sich aus den verschiedenen Panzerkonstruktionen der Nachkriegszeit. Sicher jedoch ist eines: Die drei erwähnten Hauptkomponenten des Panzers können, stets nur eine begrenzte Zeit ein Höchstmaß an Ausgewogenheit erlangen. Und zwar n u r so lange, bis der Gegner wieder wirkungsvollere Waffen zur Abwehr der stählernen Kolosse ins Feld führte.
Daß die Frage nach einem neuen durchschlagkräftigen und stark gepanzerten Kampfwagen erst im Herbst und Winter 1941 aufgetaucht sei, als es lediglich der 8,8 cm Flak gelang, russische Panzer T 34 und KW I und II zu vernichten und man aus diesen Gründen um j e n e durchschlagkräftigen Kanonen herum einen Panzer zu bauen versuchte, ist ins Reich der Märchen zu verweisen. Die Entwicklung schwerer Kampfwagen setzte in Deutschland

bereits lange vor Beginn des Zweiten Weltkrieges ein. So entstand nach 1933 bereits das 35 t schwere „Neubaufahrzeug - NB Fz.“, das als Panzerkampfwagen VI bezeichnet wurde. Als sich dann in der Mitte der Dreißiger Jahre die taktische Auffassung über die Verwendung von Panzern den leichten schnelleren Typen zuwandte, wurde dieses Projekt nicht weiter verfolgt.

Dennoch wurde bereits seit 1937 die Firma Henschel & Sohn in Kassel vom HWA mit der Entwicklung eines 30-Tonnen-Kampfwagens beauftragt. Dieser wurde als „Durchbruchswagen“ vorgesehen und erhielt die Bezeichnung DW 1.

Noch vor Abschluß der Versuche erhielt Henschel dann vom HWA WA Prüf 6 am 1. September 1939 den Auftrag, einen 65-t-Panzer (!) zu konzipieren. Dieses neue Projekt erhielt die Bezeichnung VK 6501 und wurde bei Henschel intern „SW-Sturmwagen“ genannt. Gleichzeitig damit wurde die Arbeit am DW 2 aufgenommen, bei dem es sich lediglich um ein weiter entwickeltes Fahrgestell auf der Grundlage des DW 1 handelte.

Diese gebauten Prototypen und Versuchsfahrgestelle lieferten bereits wichtige konstruktive Erkenntnisse, die der späteren Entwicklungsarbeit am „Tiger“ zu Gute kamen.

Im Frühjahr 1941 - noch immer hatte man in Deutschland keine Ahnung vom T 34 oder KW I und II - erteilte das HWA den Firmen Henschel & Sohn und der Porsche KG sowie der Daimler-Benz und der MAN einen Auftrag, der die Konstruktion eines 30-t-Kampfwagens betraf, des VK 3001.

Für diesen Panzer war eine 7,5 cm KwK l/4, L 28 und eine 7,5 cm-Langrohrkanone l/48 vorgesehen.

Er sollte als Nachfolgetyp des Panzers IV diesen in der nächsten Zukunft ersetzen.

Die Konstruktionsergebnisse dieser vier Firmen wichen stark voneinander ab. Sowohl die Laufwerke als auch der Einbau eines Dieselmotors MB 507, wie Daimler-Benz vorschlug, und das völlig neue Antriebselement bei Porsche waren von den gleichen Bauteilen aller anderen Firmen verschieden. Lediglich der Entwurf der Firma MAN ähnelte der Daimler-Konzeption.

Am 26.4.1941 hatte Hitler alle führenden Vertreter der Rüstungsindustrie, die Experten der Wehrmacht und die Konstrukteure der Panzerwerke auf den Berghof bei Berchtesgaden zusammengerufen. Bei der Besprechung an diesem Tage ging es Hitler darum, den Fachleuten seine Vorstellungen und Gründe zur Erhöhung der Panzerstärken u n d der Durchschlagsleistungen der Kanonen darzulegen. Er führte im Kern seiner ausführlichen Erläuterungen aus:

„ Es kommt darauf an, Fahrzeuge zu bauen, die

1. größere Durchschlagsleistungen gegen Feindpanzer haben,
2. selbst stärker als bisher gepanzert sind und
3. eine Geschwindigkeit von 40 Kilometern in der Stunde nicht unterschreiten."

(Den letzten Punkt schränkte Hitler wenige Monate später zu Gunsten stärkerer Panzerung wieder ein).

Hitler empfahl die Weiterentwicklung der 8,8 cm-Flak dahingehend, daß sie eine 100 mm starke Frontpanzerung auf 1.400 bis 1.500 Meter Entfernung durchschlagen könne.

Eine Reihe weiterer Verstärkungen und Panzerschutz für Antriebs- und Leiträder kamen hinzu.

Dies alles trug dazu bei, daß das Versuchsfahrzeug des VK 3001 auf ein Gesamtgewicht von 36 Tonnen kommen würde. Das Projekt erhielt denn auch die neue Bezeichnung VK 3601. Während Henkel den Untersuchungsauftrag erhielt, wie man die Kampfwagen-Kanone 0725 im Turm unterbringen könne, wurde der Firma Porsche nahegelegt, ihre Konstruktion so auszulegen, daß ein 8,8 cm-Geschütz im Turm eingebaut werden konnte. Diese beiden Neuerungen machten aus den 36 Tonnen des VK 3601 (P) das Projekt VK 4501 (P), das schließlich den Namen „Tiger" erhielt.

Womit der Beweis erbracht war, daß die Anordnung einer 8,8 cm-Kanone in einen Panzer v o r dem ersten Erscheinen des T 34 gegeben worden war. Allerdings erlebte dieses Projekt und einige andere durch das Auftreten der kampfstarken T 34 und KW-Typen eine ungeheure Beschleunigung.

Ohne auch auf die weiteren Entwicklungsstufen einzugehen, die in diesem Werk über das Erscheinen der deutschen Tiger-Panzer im Rußlandfeldzug und ihren Einsatz dort nicht von besonderem Belang sind, sei noch auf ein Moment eingegangen, das bei der Entwicklung und dann auch beim Bau dieses neuen Panzers von entscheidender Bedeutung war und das von Hitler in seiner

Besprechung des 29.1.1941 mit hohen Industrieführern und der Spitze der Wehrmachtführung angesprochen wurde: Die unzureichende eigene Industriekapazität, die mangelnde Normung der Fahrzeuge und Fahrzeugteile und die teilweise völlig mangelhafte Normung derselben im Verein mit der unrationellen Arbeitsweise. Hitler forderte ostentativ die Auswechselbarkeit aller Ersatzteile, die Ausschöpfung aller Fertigungsprozesse nach dem höchsten Stand der Technik und die Vereinfachung aller Konstruktionselemente, bis hin zur notwendigen Massenproduktion.

Durch Herrn Dr.-Ing. habil. Erwin Aders sind dem Autor die Unterlagen über die Entwicklungsarbeit am Tiger zugänglich gemacht worden. Die Studie von Dr.-Ing. Aders lautete im Kern: „Als sich im Juli 1941 herausstellte, daß die Rote Armee mit den Kampfwagen T 34 und noch schwereren Panzern ausgerüstet war, denen die Wehrmacht nichts Ebenbürtiges entgegenzustellen vermochte, war die Bestürzung groß".

In der Jahresmitte 1941 wurde dann beschlossen, den Tiger E zu konstruieren. Dafür konnten von dem Versuchsobjekt VK 3601, für den noch immer kein Turm entwickelt war, wichtige Baugruppen entlehnt werden. Es waren:

Das Lenkgetriebe, das Seitenvorgelege und das Laufwerk mit Leit- und Triebrad.

Drei Wochen nach Beginn der Konstruktionsarbeiten erhielten die Stahlwerke das Programm für die Panzerstahlbleche der Wanne. Zwei Monate später erhielten die Stahlwerke die Werkstattzeichnungen der wichtigsten Panzerplatten.

Einige besondere Forderungen des HWA hatten unsere Aufgabe erschwert. So forderte man die Tauchfähigkeit in Gewässern mit bis zu 4,50 Metern Wassertiefe. Darüber hinaus sollten die Gleisketten durch heb- und senkbare Panzerschürzen bei der Fahrt auf ebenem Boden gegen Beschuß geschützt sein.

Als nach Durcharbeiten des ganzen Fahrzeuges ein Gesamtgewicht desselben von 58 Tonnen errechnet wurde, waren die neu entwickelten Vollgummi-Bandagen der Laufräder diesem Druck nicht gewachsen. Die Zahl der Gummireifen je Rad mußte von zwei auf drei erhöht werden.

Zunächst war Mitte 1941 die erste Baureihe mit nur 60 Fahrzeugen vorgesehen, es wurden Baustoffe für 100 Fahrzeuge beschafft, doch die Auflagen wuchsen von Monat zu Monat auf hunderte Tiger an. O h n e daß auch nur erst e i n Fahrzeug vorhanden und im Versuchsbetrieb gefahren worden wäre. Die Bestellungen an Baustoff- und Betriebsmitteln wurden schließlich auf der Grundlage der Reihenherstellung von schließlich 1.500 Stück, zusätzlich Ersatzteilbedarf, festgelegt.

Für den Tiger E mußten geschaffen werden:

Eine Kühlanlage außerhalb des Motorraumes mit zwei Kühlern und vier Lüftern in völlig neuer Anordnung, mit einschußsicheren Gittern, dazu eine wasserdichte Motorraum-Abdeckung.

Die Kühlung der Auspuff-Sammelrohre, die zugleich der Kühlung des Schaltgetriebes diente.

Der Turmantrieb vom Hauptgelenkwellenstrang.

Die Brennstoff-Anlage, vier Behälter umfassend, von denen zwei für das Tauchen bis 4,5 m Wassertiefe eingerichtet sein mußten. Hinzu kamen ein Einsatz-Luftrohr für den Tauchbetrieb, das zudem noch zerlegbar sein mußte, etc. etc.

Wichtig war auch die Lagerung der 92 8,8 cm-Granaten, Halterungen für Zubehör aller Art, eine Funkeinrichtung mit Antennen-Aufstellung, Nahkampfminen auf dem Dach (später Abwurfgerät seitlich des Turms für jeweils drei Minen oder Nebelkerzen. Eine Fülle weiterer Bauteile waren zu konstruieren und zu fertigen. Von unserer Firma (Henschel & Sohn) wurde die Hauptarbeit geleistet. Von anderen Firmen wurden folgende Teile und Geräte entwickelt:

Maybach Motorenbau:	Der Motor
Maybach Motorenbau:	Das Schaltgetriebe OG 4 G 1216
Ritscher-Moorburg:	Die Gleiskette
Süddeutsche Argus-Werke:	Die Bremsen
Friedrich Krupp AG:	Panzerturm und Geschütz
Daimler-Benz AG:	MG-Blende
Alkett, Berlin:	Fahrer-Sehschieber

Mit allen vorhanden Konstrukteuren und Zeichnern gelang es, die Arbeiten so zu beschleunigen, daß das erste vorweg gebaute Fahrzeug am 20. April 1942 (zu Hitlers Geburtstag) im Führer-Hauptquartier vorgeführt werden konnte.

Monteure, Meister und Ingenieure kamen in den letzten Tagen nicht mehr zur Nachtruhe.

Die gesamte Leistung aller an diesem wichtigen Werk beteiligten Männer aller Berufsgruppen und das Zusammenwirken von Konstruktion, Beschaffung und Fertigung, war einmalig und ist schwerlich zu wiederholen oder gar zu überbieten.
Allerdings blieben noch viele Wünsche unerfüllt. Anstatt der neun Monate, in denen dieser Tiger E entwickelt und gebaut wurde, hätte es einer weiteren Vervollständigung und Überarbeitung von 24 bis 30 Monaten bedurft, um einen hundertprozentig vollwertigen Panzer dieser Art zu bauen.
Die Arbeiten am Tiger (und analog dazu auch am Panther) wurden sprunghafter und laienhafter, als sich im Laufe des Jahres 1942 das Ministerium Speer mit seinem Hauptdienstleiter und Chef des Technischen Amtes beim Rüstungsminister für Bewaffnung und Munition, Dipl.-Ing. Karl-Otto Saur, einschaltete. Dazu Dr. Aders, der Chefkonstrukteur von Henschel & Sohn in Kassel: „Mit der Übernahme der Führung durch Dipl.-Ing. Saur wurden Technik und Politik miteinander verquickt. Das war nicht gut, auch wenn ich selber damit gut gefahren bin. Es war mir dennoch unangenehm, so beachtet zu werden, Verdienstkreuze (einschließlich des Ritterkreuzes zum Kriegsverdienstkreuz) entgegen zu nehmen, dreimal ins FHQ zu fahren und sogar zusammen mit Generaldirektor Dr. Stieler von Heydekampf bei Hitler zur Mittagstafel eingeladen zu werden."

Die Vorführung der „Tiger"

Neben der Firma Henschel & Sohn hatte auch die Firma Porsche einen Prototypen des Tigers hergestellt. Beide Fahrzeuge sollten am 20. April 1942 Hitler vorgeführt werden. Sie wurden auf Spezial-Waggons verladen und nach Rastenburg in Ostpreußen transportiert. Die Tiger wurden am Zielort nicht über eine Kopframpe entladen, sondern von einem 75-Tonnen-Dampfkran von den Waggons heruntergehoben.
Die Vorführung des Henschel-Tigers verlief auf der Straße und im Gelände zufriedenstellend. Zwar gab es einige kleine Pannen, doch die konnten behoben werden.
Das gleichzeitig vorgeführte Modell von Professor Porsche, der Tiger „P", konnte sich zunächst nicht um 90 Grad drehen und

mußte durch den Dampfkran in die Abfahrstellung gebracht werden. Mehrfach auftretende Brände im Motorraum ließen keine Gelände- und Straßenfahrten dieses Tigers über mehr als einige hundert Meter zu.
Für Hitler schien dennoch der Porsche-Tiger den Vorrang zu haben. Hitler schenkte dem Henschel-Tiger nur aus Höflichkeit einige Beachtung. Dennoch fiel keine Entscheidung, und das Ministerium Speer beauftragte auf Weisung Hitlers den Oberst Wolfgang Thomale, der bis Ende März 1942 Kommandeur des PR 27 gewesen war und für dessen Führung das er Ritterkreuz erhalten hatte, mit der Aufgabe, herauszufinden, welcher der beiden Typen für die Panzertruppe am geeignetsten sei.
Dieser ließ im Mai 1942 die ersten Henschel- und Porsche-Tiger auf dem Truppenübungsplatz Fallingbostel testen. Hier hatte sich ein Ausschuß konstituiert. Für die militärische Begutachtung war Oberst Thomale zuständig. Für die technische Beurteilung wurde Prof. Dr.-Ing. von Eberan mit einem Stab technischer Berater eingesetzt.
Nach Ende der Prüfungszeit trug Oberst Thomale, in Gegenwart von Reichsminister Speer, Hitler den Beschluß des Ausschusses vor, den Tiger durch die Firma Henschel & Sohn bauen zu lassen. Hitler entschied sich am nächsten Tag für die vorgeschlagene Lösung.
Der Tiger I, Ausführung E, K 4501 (H) - SdKfz 181 - erhielt ein Gesamtgewicht von 56,9 Tonnen. Er wurde zum gefährlichsten Feind aller Panzer der westlichen Alliierten und der russischen Panzertruppe.
Beginnend mit der Fahrgestellnummer 250.001 wurden von der Firma Henschel & Sohn vom April 1942 bis zum August 1944, als die Produktion auslief, 1.355 Tiger-Panzer geliefert. Es waren in den Jahren ab 1942 folgende Jahreszahlen:

Tigerfertigung

1942:	83 Tiger (bis Ende Juli stand lediglich ein (!) Tiger zur Verfügung, von August bis Dezember wurden 82 weitere Tiger fertiggestellt)
1943:	649 Tiger
1944:	623 Tiger (bis Ende August dieses Jahres)

Womit den Märchenerzählungen verschiedenster sowjetischer kriegsgeschichtlicher Werke ein Ende gesetzt sei.

DIE SCHWEREN PANZERABTEILUNGEN

Ihre Aufstellung in Kurzdaten

Bereits im Mai 1942, als lediglich ein Tiger zur Verfügung stand, wurde mit der Aufstellung der schweren Panzer-Abteilungen 501 und 502 begonnen. Ihnen folgten später die Abteilungen 503 bis 510.

Daneben erhielten Elite-Divisionen des Heeres und der Waffen-SS zunächst jeweils eine Tiger-Kompanie zugeteilt.

Es waren: Panzergrenadier-Division „Großdeutschland".
1. Waffen-SS-Panzerdivision Leibstandarte SS AH
2. Waffen-SS-Panzerdivision „Das Reich" und die
3. SS-Panzerdivision „Totenkopf".

Im Verlaufe des Krieges wurden diese ebenfalls zu Abteilungen erweitert und fester Bestandteil der genannten Divisionen und der aus ihnen aufgestellten neugebildeten Panzerkorps.

Die ersten Tiger-Besatzungen rekrutierten sich aus den Abstellungen der verschiedenen Panzer-Divisionen und ab Frühjahr 1942 - nach Aufstellung der schweren Panzer-Ersatzabteilung 500 in Paderborn - aus diesem Truppenverband. Hinzu kamen alle jene Freiwilligen, die sich zu dieser neuen Waffe meldeten.

Wenn in diesem Werk über das erste Auftauchen der Tigerpanzer an der Ostfront berichtet werden soll, so soll die Auswahl auf der 1. Tiger-Kompanie der 1. SS-Panzerdivision „Leibstandarte AH" und der gesamten schweren Panzerabteilung 502 liegen, die die ersten Einsätze mit Tigern fuhren und die großen Erfolge im Rußlandfeldzug errangen. Sie waren es, die mit den befreienden Ausrufen: „Die Tiger kommen!" an der Ostfront begrüßt wurden.

Die schwere Panzerabteilung 502-Aufstellung und Übungsschießen

Bei der Panzer-Ersatz- und Ausbildungsabteilung 35 im Bamberg wurden um den 20. Mai 1942 die ersten Panzersoldaten, darunter solche aus Rußland, wie auch Kriegsfreiwillige, erfahrene Offiziere und junge Absolventen der Kriegsschulen, gemeinsam mit altbeschossenen Panzermännern die als Genesene aus den Lazaretten entlassen worden waren, zusammengezogen.
Sie bildeten den Stamm der sPzAbt. 502. Neben Bamberg waren noch Ohrdruf, Putlos und Fallingbostel Aufstellungsorte dieser Abteilung, die mit dem Tiger-Panzer ausgerüstet werden würde. Drei Kampfkompanien und eine Stabskompanie wurden nach und nach aufgestellt.
Der Abteilungskommandeur, Major Märker, traf am 5. August bei seiner Abteilung ein. Er war im HWA mit dem Projekt Tiger befaßt gewesen. Er erklärte in seiner Ansprache vor der angetretenen Abteilung, daß er stolz darauf sei, die ersten Tiger im Einsatz zu führen.
Am 19., 20. und 30. August trafen jeweils zwei Tiger in Fallingbostel ein. Zu diesem Transport waren noch eine Anzahl Panzer III in Fallingbostel eingetroffen.
Das sofortige Einfahren und Einschießen begann. Erzielte Fahrzeiten und Schußergebnisse wurden in Kladden vermerkt, die von Offizieren, Technikern und den Spezialisten des OKH/In 6 geführt wurden. Auch Dr.-Ing. Aders traf mehrfach in Fallingbostel ein, wenn sein Rat gebraucht wurde.
In einem besonderen Bericht soll hier Major Scultetus vom OKH zu Wort kommen:
„Von nun an herrschte bei der Werkstatt ein nicht abreißender hektischer Betrieb. Täglich kamen Störungen und Schäden am Lenk- und Schaltgetriebe vor. Schadhafte Baugruppen mußten ausgewechselt werden. Der Abteilung 502 waren zwei Firmenmonteure zugeteilt worden. Herr Frohns von der Firma Maybach und Herr Rogall von der Firma Henschel. Diese beiden haben sogar den ersten Tigereinsatz im Nordabschnitt der Ostfront mitgemacht. Sie blieben lange Zeit bei der Werkstattkompanie der Abteilung 502 vor Leningrad."

Der erste Tigereinsatz im Nordabschnitt der Ostfront wurde in vielen kriegsgeschichtlichen Werken dargestellt, wobei es zu den verschiedensten, einander widersprechenden Versionen kam. Dies sowohl in der Stückzahl der eingesetzten Tiger, als auch auf den Einsatzort und die Einsatzdaten. Hier die Kurzberichte der Offiziere und Soldaten, welche die ersten vier Tiger an die Front begleitet hatten und dabei waren, als sie am Morgen des 29.8.1942 auf dem Bahnhof Mga ausgeladen wurden.

Erste Einsätze

Diese vier Kampfwagen rollten unter dem von der Front herüberdröhnenden Getöse der Artillerie aus Mga hinaus und in ein dafür vorgesehenes Waldstück hinein, wo sich der Bereitstellungsraum befand.
Gegen 11.00 Uhr erhielten die Kommandanten den Befehl: „Aufsitzen, Motoren anwerfen."
Major Richard Märker kletterte in den ersten Tiger. Kriegsverwaltungsrat Uebel und Ingenieur Franke eilten zu ihrem VW-Kübelwagen, hinter dessen Steuer der Panzerschütze Matten saß. Die Motoren der Tiger heulten auf und langsam setzten sich die vier Wagen in Bewegung, die als taktisches Zeichen ein „Mammut" führten.
Es ging über einen wiesigen Untergrund, der bald von breiten und tiefen Kettenspuren durchzogen wurde. In den Gräben und Unterständen, die passiert wurden, starrten die Infanteristen auf diese Ungetüme.
„Die Tiger kommen!" Dieser Ruf setzte sich von Stellung zu Stellung fort. So eine Unterstützung hatten sich die Soldaten schon immer gewünscht.
Die ersten Ziele kamen in Sicht. Die Tiger machten Schießhalt und schossen auf jene Feindwaffen, die sich durch ihr Feuer enttarnt hatten.
Die eigene Infanterie schloß sich den Kolossen an und folgte ihnen dichtauf. Die erste russische Vorpostenstellung wurde mit wenigen Schüssen zum Schweigen gebracht. Zwei feindliche Panzer, die sich in etwa 2000 Meter Distanz zeigten, gingen nach wenigen Schüssen aus den 8,8 cm-Kanonen in Flammen auf.

Der Angriff schien in Fluß zu kommen. Ziel war es, dem Großangriff der Roten Armee im Nordabschnitt der Ostfront durch eine eigene Offensive zuvor zu kommen, indem man den Großangriff der 2. sowjetischen Stoßarmee, der am 24.8.1942 von der Wolchowfront aus in Richtung Westen und Südwesten auf Schlüsselburg und Mga - den beiden Drehpunkten der Nordfront - zielte, rechtzeitig abzublocken und dann selber zum Angriff überzugehen. Der Gegner wich auf seine zweite HKL zurück und setzte sich darin fest. Er wurde durch das Feuer schwerer russischer Artillerie erfolgreich unterstützt. Die ersten Salven schlugen rings um die vorrollenden Tiger ein und rissen dicke Placken Erde und Grassoden aus dem Grund heraus.
Die vier Tiger blieben schließlich, einer nach dem anderen, im Wiesengelände stecken.
„Warum fahren sie nicht weiter?" wandte sich Kriegsverwaltungsrat Uebel im VW von Matten an Ingenieur Franke. „Ich denke", antwortete dieser, „daß dort drüben etwas passiert ist; fahren Sie dorthin", wandte er sich an Matten.
Vorsichtig gab dieser Gas, und bald hatten sie den ersten liegengebliebenen Tiger erreicht. Dessen Motor heulte. Das Getriebe klopfte und ruckte. Kommandant und Fahrer schrien einander an, gaben Weisungen und stellten Fragen. Als der Panzerfahrer das Gas wegnahm, fragte Uebel ihn, was los sei und warum es nicht weiter gehe.
„Geht nicht", rief der Fahrer zurück. „Das Schaltgetriebe ist gebrochen!"
Ingenieur Franke entschied, daß der Panzer gesichert werden müsse, damit er in der Nacht herausgezogen werden könne. Wenig später traf ein Melder bei den beiden Experten ein und meldete: „Vorn an der Rollbahn liegt ein Tiger mit Motorschaden fest."
Ingenieur Franke wies Matten an, so schnell wie möglich zu diesem zweiten ausgefallenen Tiger zu fahren. „Wenn wir diesen kleinen Huckel vorn überrollen, werden wir vom Iwan abgeschossen", gab Matten zu bedenken. Sie beließen den VW in der Deckung und arbeiteten sich in einer Feuerpause zum zweiten ausgefallenen Tiger vor. Dann kamen sie zum VW zurück und wiesen Matten an, so rasch wie möglich zur Werkstatt zu fahren, um die erforderli-

chen Bergungsarbeiten einleiten zu können.
Als sie gerade anrollten, sahen sie den Kommandeurswagen auf sich zurollen, der von vorn zurück kam. Major Märker berichtete, daß auch der dritte Panzer mit gebrochenem Lenkgetriebe weiter vorn im Gebüsch liegengeblieben sei.
Vier Tiger hatten den Angriff durchboxen sollen, vier Tiger sollten eine neue Ära des Panzerkrieges einleiten und die „Unverwundbarkeit“ dieses Panzers unter Beweis stellen. Nur einer von ihnen kam zurück.
In der Nacht wurden die drei beschädigten Tiger zurückgeführt und in den ersten Septemberwochen in der Werkstatt repariert. Vom Oberkommando des Heeres wurde die sofortige Wiederherstellung der Kampfbereitschaft kategorisch gefordert.
Nach dem am 7. September losbrechenden Dauerregen, der drei Tage und Nächte lang anhielt, im Feuer der Feindartillerie, wobei durch einen Volltreffer der Arzt der Abteilung, Dr. Franke, mit drei Kameraden verschüttet wurde, letztere wurden nur noch tot geborgen, ging es los.

Der zweite Angriff

In Unterstellung unter die 170. ID wurden die vier Tiger der sPz-Abt. 502 am 22.9.1942 als „Speerspitze des Hauptstoßes gegen die inzwischen fast völlig eingeschlossene 2. Stoßarmee“ eingesetzt. Nachdem am Südrand dieses großen Einschließungsraumes das XXX. AK mit den Infanterie-Divisionen 24, 132 und 170 dicht gemacht und gegen den Angriff von acht russischen Divisionen gehalten worden war, befahl Generalfeldmarschall Erich von Manstein, der Sieger von Sewastopol, der von Hitler Auftrag erhalten hatte, nunmehr auch Leningrad zu erobern, den deutschen Infanterie-Angriff zur „Zertrümmerung und Vernichtung des Kessels in diesem schwierigen Sumpfwaldgelände“ und die Vernichtung der acht Infanterie-Divisionen sowie der acht Schützen- und 4 Panzerbrigaden.
Diesem starken Angriff, der durch Artillerie- und Werfer-Verbände, von Flak und fliegenden Verbänden der Luftwaffe unterstützt wurde, sollten die vier Tiger beigegeben werden. Hier ihre Einsatz-

erfahrungen.
Major Märker hatte sich vergeblich bei der Obersten Führung um die Zurücknahme des Einsatzbefehles bemüht. Die Erkundungen seiner Soldaten hatten ergeben, daß dieses Gelände für den Einsatz schwerer Panzer völlig ungeeignet war. Aber der Führerbefehl forderte den Einsatz der vier Tiger kategorisch und niemand wagte, dagegen aufzumucken.
Als am Morgen des 22. September die deutschen Artillerieverbände und die Stukagruppen und Bomberstaffeln des VIII. Fliegerkorps unter Generaloberst von Richthofen den Feuerüberfall ausführten, begann der Angriff. Wie er im Abschnitt der vier Tiger verlief, sei hier dargelegt. Als erster Bericht jener von Uffz. Johann Pfeffer, Richtschütze im Tiger eines unbekannten Kommandanten. Pfeffer weiß, daß der Fahrer Uffz. Balkhausen war.
„Mit den Tigern und einigen Panzern III der 1. Kompanie rollten wir bis zum Einschnitt des Stichdammes vor. Direkt vor uns lag die Feuerstellung einer eigenen Werfer-Abteilung. Während diese Werfer mehrere Salven in den Kessel schossen und Ju 87 sowie einige Ju 88 weit vorn Bomben warfen, deren Detonationskegel in kurzen Abständen zueinander emporsprangen, machten wir uns gefechtsklar.
Nachdem Major Märker von der Besprechung mit den beteiligten Verbänden zurück kam, rollten wir durch den Einschnitt des Stichdammes vor.
Kaum waren wir einige hundert Meter jenseits des Dammes, als ich durch mein Zielfernrohr einen unserer Panzer III brennen sah. Die Besatzung bootete eben aus. Unmittelbar darauf erhielt unser Tiger einen Treffer. Der Motor blieb stehen, und der Fahrer bekam ihn nicht wieder in Gang. Durch die Erschütterung des Treffers wurde ein Schaden in der elektrischen Anlage angenommen. Ziele waren nicht zu sehen. Auch der Kommandeur konnte uns keines zuweisen. Wir mußten ausbooten. Der Tiger ging später in Flammen auf, weil irgend jemand eine Handgranate hineinwarf, wohl in der Annahme, daß er nicht mehr geborgen werden könnte. Der Rest der Panzer sammelte sich wieder am Ausgangspunkt. Später sollte es sich herausstellen, daß sich die Tiger-Besatzungen noch nicht mit den besonderen Eigenschaften der Tiger hatten vertraut machen können."

Damit waren neben den kleinen technischen Pannen auch solche der Ausbildung hinzugekommen. Dieses alles sollte das erste Ansehen des Tigers erschreckend herabsetzen. Erst später, als die erfahrenen Panzerbesatzungen mit diesen Kampfwagen den Sturmlauf der Roten Armee immer wieder stoppten und gewaltige Abschußerfolge gegen jeden der feindlichen Panzertypen errangen, wurde er in der Front so etwas wie eine Lebensversicherung. Bevor nun diese beiden großen Kampfabschnitte eingeblendet werden, sei noch erwähnt, daß von den vier an diesem Einsatz beteiligten Tigern drei unter größten Schwierigkeiten geborgen werden konnten. Dies gelang nur durch Unterstützung der Artillerie und Infanterie, die die Bergungstrupps gegenüber russischen Angreifern abschirmten.

Daß sich die höchsten Führungsstellen des Heeres und selbst Hitler mit diesem „Versagen" beschäftigten, zeigte, daß man alles in die Durchschlagskraft dieser neuen Kampfwagen setzte. Durchschlagskräftig waren ihre Kanonen sicherlich, wenn sie nur um Einsatz gekommen wären.

Der Angriff gegen diesen russischen Kessel schlug dennoch durch. Oberst Kurnajaskij, Regimentskommandeur in der 374. Schützendivision, sei an dieser Stelle aus seinem persönlichen Tagebuch zitiert:

„27. September 1942: Die Feindartillerie zerhackt die ganze Zeit den Wald, der seit Jahrhunderten unangerührt gewachsen war. Unsere Operationen sind gleich Null. Nun sind in der deutschen Umklammerung eingeschlossen nicht weniger als sechs Divisionen und sechs Brigaden. Die Divisionen waren: Unsere 374., die 259., 19., 191., 24. und 294. Zwei von ihnen sind Gardedivisionen. Hinzu kommen einige Werfer- und Artillerie-Regimenter. Allerdings muß noch gesagt werden, daß alle genannten Verbände nur noch sieben bis zehn Prozent ihres Bestandes aufwiesen. Wir alle stehen in der Erwartung der Vernichtung. Wo man auch vorfühlt, überall in unserer Verteidigung klaffen weite Löcher auf. Der Ring aber, den der Feind um uns geschlossen hat, ist hermetisch dicht."

Am 3. Oktober 1942 meldete der Wehrmachtsbericht:

„Die Schlacht südlich des Ladogasees endete mit einem vollen Erfolg. Truppen des Heeres haben in vorbildlichem Zusammenwirken mit Verbänden der Luftwaffe die nach harten Kämpfen einge-

schlossenen Kräfte des Feindes in Stärke von sieben Divisionen vernichtet. 12.370 Gefangene wurden eingebracht, 244 Panzer, 307 Geschütze, 491 Granatwerfer und 843 Maschinengewehre, sowie zahlreiches weiteres Kriegsmaterial, erbeutet und vernichtet. Die Zahl seiner Verwundeten ist nicht abzuschätzen."
Als diese Meldung des Oberkommandos der Wehrmacht über Rundfunk gemeldet wurde, rief im Abschnitt südlich des Ladogasees ein russischer Störsender in deutscher Sprache dazwischen: „Alles gelogen! Bei Gaitolowo hat überhaupt keine Schlacht stattgefunden!"

Die Lehren aus einem überstürzten Einsatz

In diesen Tagen trafen einige Tiger mit einem neuen Transport aus Fallingbostel im Rückraum der Front ein, und am 26.9. wurde die Abteilung, längst noch nicht voll aufgefüllt, aus der Front herausgezogen. Während die 1. Kp. mit der Werkstatt-Kp. in den Raum Tossno verlegte, zog die Stabskompanie unter Hptm. Neukam in einen Wald 14 km vor Gatschina unter, und ab Mitte Oktober 1942 wurde der Reststab aus Fallingbostel in dieses „Winterquartier" der sPzAbt. 502 verlegt.
Eine Anfrage aus dem FHQ, wie es um die Einsatzbereitschaft der Abteilung bestellt sei, wurde mit folgender Meldung beantwortet: Bei der sPzAbt. 502 sind 9 Tiger einsatzbereit. Außerdem 18 Panzer III, kurz, 7 Panzer III lang.
Am 21. November 1942 wurde Major Märker ins FHQ befohlen, um Hitler einen ausführlichen Erfahrungsbericht zu geben und den mißglückten Einsatz zu begründen.
Major Märker trug Hitler vor. Anwesend waren als Zuhörer Reichsmarschall Göring und General der Artillerie Jodl. Der Kommandeur der glücklosen Abteilung (die noch gar keine war) trug schonungslos vor. Er erklärte, daß der Einsatz der schweren Tigerpanzer infolge der Geländeschwierigkeiten - Sumpf und Waldgelände - völlig verfehlt gewesen sei und, er dies auch mehrfach vorgetragen habe.
Hier meldete sich Reichsmarschall Göring zu Wort. Er legte einige Luftaufnahmen vor und erklärte:

„Mein Führer, dies sind Luftbildaufnahmen meiner Aufklärer. Sie zeigen deutlich, daß das Gelände für Panzer geeignet ist.“
Aber Major Märker ließ sich nicht ins Bockshorn jagen: „Ich war persönlich beim AOK 18 und habe Generaloberst Lindemann auf die zu erwartenden Schwierigkeiten hingewiesen.“
Seinen Kameraden gegenüber erklärte Major Märker später: “Ich konnte Hitler offensichtlich nicht überzeugen. Er sah mich als den Schuldigen dieses Desasters an.“
Diese seine Vermutung bewahrheitete sich, als er als Kdr. zur II./PR 31 der 5. PD versetzt wurde, wo er am 22.2.1943 vor dem Feind fiel.

Die Experten-Meinung

Was aber sagten die großen Panzer-Experten der Blitzkriege und der ersten Duelle mit den schweren russischen Panzern dazu? Hier Generaloberst Heinz Guderian, der über diesen ersten Tigereinsatz berichtete:
„Der September 1942 brachte auch den ersten Einsatz der Tiger. Eine alte Kriegserfahrung sagte, daß man beim Einsatz neuer Kampfmittel so lange Geduld üben müsse, bis die Massenproduktion und damit auch der Masseneinsatz gesichert ist.
Hitler wußte darum. Dennoch brannte er darauf, den großen Schlager zu erproben. Er bestimmte eine völlig nebensächliche Aufgabe: Nämlich einen örtlich begrenzten Angriff in einem völlig ungeeigneten Gelände.
Schwere vermeidbare Verluste und - vor allem - die Preisgabe des Geheimnisses und damit zukünftiger Überraschungen waren die Folge. Die Enttäuschung war um so größer, als dieser Angriff an der Ungunst des Geländes scheiterte.“ (Siehe: Guderian, Heinz: Erinnerungen eines Soldaten).
So sehr die Ereignisse Guderian auch Recht geben, Hitler hatte jedoch die Tiger ursprünglich nicht für eine nebensächliche Aufgabe in diesen Kampfraum geschickt, sondern sie als Rammbock zur Eroberung von Leningrad vorgesehen. Erst als die 2. sowjetische Stoßarmee diesem deutschen Angriff zuvor gekommen war und einen starken Keil nach Westen vorgetrieben und damit sicherlich auch Leningrad gerettet hatte, bot sich dieser kleinere Angriff an,

gewissermaßen als Ersatz. Die Tiger sollten einen vor der deutschen Front liegenden starken russischen Pak- und Bunker-Riegel knacken.
Daß Hitler a u c h über die Geländeschwierigkeiten im Bilde gewesen sei, erklärte der Reichsminister für Bewaffnung und Munition in seinen „Erinnerungen". Dort vermerkte er: „Sein Stab machte ihn darauf aufmerksam, daß der von ihm gewählte Geländestreifen wegen des beiderseits der Straße moorigen Untergrundes eine taktische Entwicklung der Panzer unmöglich mache. Hitler lehnte diese Einwände ab. So startete der erste Tigerangriff. Die Russen ließen in aller Ruhe diese wenigen Tiger an einer ersten Pakstellung vorbeirollen, versetzten dann dem ersten und letzten Tiger aus der Flanke Treffer, und damit lagen alle Tiger fest. Die restlichen vier konnten daraufhin weder vorwärts noch seitlich in die Sümpfe und wurden alsbald erledigt."
Diese Version des Tigersterbens ist falsch. Es waren nur vier Tiger im Einsatz und nicht sechs. Von ihnen konnten drei geborgen und wieder instand gesetzt werden. Der vierte wurde gesprengt.
Was aber hatte die Oberste Heeresführung getan, um Hitler an diesem vorzeitigen und zugleich falschen Tigereinsatz zu hindern?
Hier der Brief des seinerzeitigen Generalstabchef des Heeres, Generaloberst Franz Halter an Major (Ing.) Scultetus vom Januar 1970 : „Im September 1942 war die Lage an der Front der Heeresgruppe Nord sehr gespannt. Die Heeresgruppe forderte wiederholt und dringlich Unterstützung an. In dieser Zeit wurde Hitler gemeldet, daß der neue Tigerpanzer fertig entwickelt sei.
Hitler übersah völlig, daß ein neuer Panzertyp unter den verschiedensten Bedingungen gründlich erprobt, und die Besatzungen bis zur vollen Beherrschung der neuen Waffe ausgebildet werden mußten.
Hitler erhoffte geradezu einen Umsturz der taktischen Lage durch den Ersteinsatz dieses neuen Panzertyps. Der Generalstab des Heeres hatte mit allen Mitteln versucht, Hitler davon zu überzeugen, daß diese Waffe noch nicht zum Fronteinsatz freigegeben werden könne, aber vergeblich!
Hitler befahl, die ersten fertigen Tiger sofort der Heeresgruppe Nord zuzuführen.
Die ersten immer wieder auftretenden technischen Störungen beim

Tiger hatten zum Zeitverlust beim ersten Einsatz geführt, der Hitler an die Grenze der Raserei brachte. In dieser Stimmung wollte er von den ihm ausdrücklich vorgetragenen Einwänden gegen den Panzer in diesem völlig ungeeigneten Gelände nichts wissen und befahl erneut, mit höchster Dringlichkeit, das Vorführen des Tigers an der Kampffront."

Diese Stimmen mußten an dieser Stelle zur Ehrenrettung von Major Märker und den Panzerbesatzungen und nicht zuletzt der Tiger selber zum Ausdruck gebracht werden.

Hitler hätte sich den vorgebrachten Einwendungen nicht verschließen dürfen.

Daß auch der Kommandierende General der Artillerie, Maximilian Fretter-Pico, der die nach ihm benannte Armeeabteilung Fretter-Pico führte und die Verantwortung für den Gesamtangriff trug, den Einsatz ablehnte, hat er dem Autor im Jahre 1973 geschrieben: „Ich sagte voraus, daß die Tiger bei der geschickten russischen Abwehrtechnik abgeschossen werden würden. Trotz meiner begründeten, strikten Ablehnung als Kommandierender General, der die Verantwortung trug, wurde vom OKW der Angriff befohlen."

Alles in allem war dieser erste Einsatz der Tiger ein Fehlschlag, der schlechte psychologische Auswirkungen auf die Infanterie, ebenso wie auf die neu aufgestellten schweren Panzerabteilungen ausstrahlte. Dennoch sollte schon sehr bald die Kampfbereitschaft der Tiger in Rußland unter Beweis gestellt werden.

SCHWERE PANZERABTEILUNG 502 IM RUSSLAND - EINSATZ

Die endgültige Aufstellung

Sechs Monate nach der beginnenden Aufstellung der sPzAbt. 502 war diese immer noch nicht voll ausgestattet. Es war lediglich eine verstärkte 1. Kompanie vorhanden, und es sollte noch bis zum Sommer 1943 dauern, bevor die Aufstellung beendet war. Die 2. Kompanie erhielt zwar am 25.9.1942 in Fallingbostel eben-

falls ihre ersten Kampfwagen, die allerdings am 13.10.1942 an die im Großraum Leningrad eingesetzte 1. Kompanie abgegeben werden mußten. Bis zu ihrem Abtransport standen sie allerdings meistenteils in der Werkstatt. Es fand unter Ingenieur Hering von der Firma Maybach eine Überprüfung der Soldaten in technischer Hinsicht statt. Danach wurden erste Panzerausbildungsfahrten unternommen.
Bis zum 28.12. erhielt die 2. Kp. 7 Tiger. Alle Tiger wurden in Fallingbostel eingeschossen, und am 23.12. traf das Fernschreiben ein, daß die 2./sPzAbt. 502 der Heeresgruppe Don, GFM von Manstein, unterstellt sei. In drei Transporten erfolgte ihre Überführung von Fallingbostel nach Proletarskaja, wo sie am 7. Januar 1943 der 17. PD unterstellt wurden und in den Ssungar-Kuberle-Abschnitt rollten.
Damit war die Abteilung bereits in ihrer Aufstellung zersplittert. Diese 2./sPzAbt. 502 wurde gemeinsam mit der Panzerkompanie Sander des PR 39 am 8. Januar 1943 eingesetzt. Die Tiger schossen am ersten Einsatztag zwei T 34 und acht Pak ab. Am folgenden Tag konnten sie fünf der gefährlichen 7,62 cm-Pak des Gegners vernichten, zwei leichte Feldkanonen überkarren und bei der Ortschaft Ilowaskij Teile eines russischen Schützen-Bataillons vernichten. Am Nachmittag fielen den Tigern noch einmal acht schwere Feindpak zum Opfer. Bei diesem Einsatz wurde Lt. Taubert außerhalb seines Panzers, bei einer Überprüfung des Motors nach einem Brand, durch Paktreffer getötet.
Der 10. Januar sah abermals die Tiger mit der Kompanie Sander im Einsatz gegen eine Feindpanzeransammlung nordwestlich von Budjenny. In einem ersten wirklichen Kampf Panzer gegen Panzer konnten die Wagen unter Oberleutnant Lange mit gezielten Schüssen binnen einer Stunde 11 Feindpanzer, zwei Pak und abermals ein russisches Bataillon vernichten.
Der 16. und 17. Januar sah alle einsatzbereiten Tiger in der Sicherungsaufgabe bei Stalinski-Pud eingebunden. Der russische Großangriff des 17.1. wurde abgewiesen.
Mit Einbruch der Dunkelheit wurde die 2./sPzAbt. 502, die inzwischen der ebenfalls neu aufgestellten sPzAbt. 503 zugeführt worden war, zurückverlegt. In Etappen erfolgte der Marsch nach Rostow, das am 22.1.1943 erreicht wurde.

Nach dieser kurzen Übersicht über ihre 2. Kompanie und deren Einsatz, zurück zur sPzAbt. 502 nach Leningrad. Dort hatte die Schlammperiode des Spätherbstes ihr Ende gefunden. Bei mäßiger Kälte und dichtem Schnee, der Moore und Sümpfe bedeckte, stand auch die Stabskompanie der Abteilung im Raume Mga und fand bei Gory Quartiere in Erdlöchern und einzelnen Hütten. Am 31.12.1942 sank hier die Temperatur auf 30 Grad unter Null. Das am Neujahrstag eintreffende vierköpfige Team des Heereswaffenamtes, WA Prüf 6, hatte die Aufgabe, alle an der Front gemachten technischen Erfahrungen zu notieren und in Verbesserungen für die Panzer umzusetzen.
Kleinere Vorstöße des Feindes im Verlauf des Dezembers wurden durch die hinter der HKL eingesetzten Tiger zusammengeschossen. Als dann in der Nacht zum 25. Dezember plötzlich Tauwetter einsetzte, standen einige der Bunker sehr schnell unter Wasser. Zum Glück für die Tigermänner wurde es am kommenden Tag wieder kalt.

Tiger in der zweiten Ladogasee-Schlacht

Am 12. Januar 1943 begann die zweite Ladogasee-Schlacht. In der vorangegangenen Nacht hatten russische Fliegerkräfte mit massiertem Einsatz die strategisch wichtigen Bahn- und Verkehrsknotenpunkte ebenso wie die deutschen Fliegerhorste angegriffen und flogen weitere Angriffe bis weit hinter die deutsche Front. Aus 4.500 Geschützen eröffnete die Rote Armee um 09.30 Uhr ihr Trommelfeuer, das sich zunächst gegen die deutschen Stellungen richtete, die am sogenannten „Flaschenhals“ exponiert lagen. Es dürfte in dieser Vorschau auf die Schlacht und den Feind wichtig sein, deren Aufmarschräume und Truppen jenen der deutschen Truppen gegenüber zu stellen, um einen Begriff davon zu vermitteln, in welch einer Situation sich auch die nunmehr voll in den Kampf eingreifenden Tigerpanzer befanden.

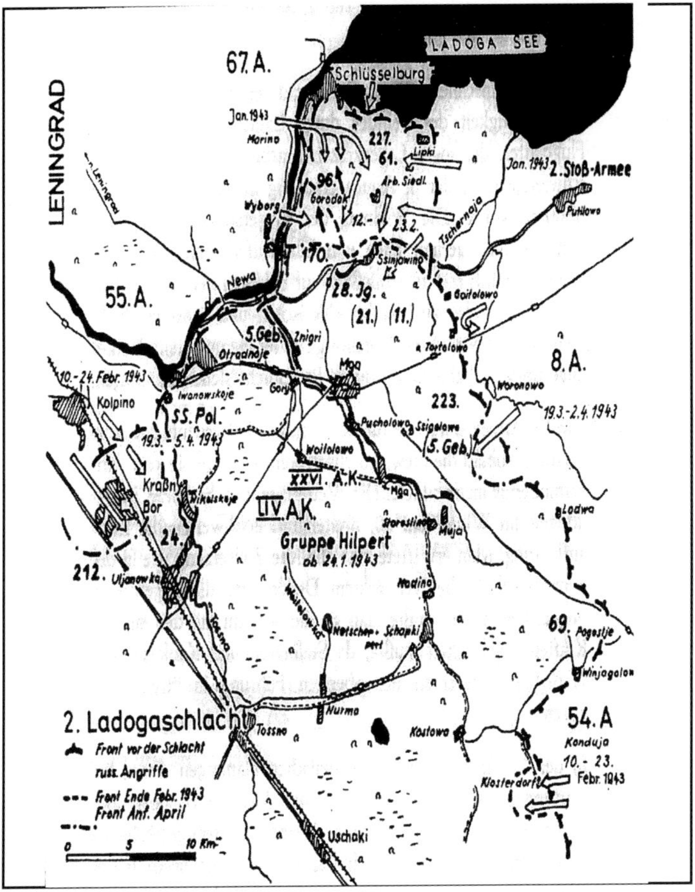

Die Rote Armee und ihre Bereitstellungen

Seit Anfang Januar bezog die Rote Armee mit dem Aufmarsch ihrer 8. und 67. Armee zwischen Kolpino und Schlüsselburg, und der 54. und 2. Stoßarmee zwischen Woronowo und Lipka ihre Ausgangsstellungen. Sie stand nunmehr.

In der Leningrader Front: Entlang der Newa von rechts nach links mit der 46., 45., 268., 136. und 86. Schützen-Division im ersten Treffen. Dahinter waren bereitgestellt: Die 11. Schützen-Brigade, die 13. Schützen-Division, die 102. Schützen-Brigade, die 123. Schützen-Division, die 142., 123. und 35. Schützen-Brigade und die 34. Panzer-Brigade. Alle genannten Truppen sollten den Durchstoß erzwingen.

An der Eisstraße des Ladogasees stand die 55. Schützen-Brigade bereit.

An der Ostfront des Flaschenhalses standen ebenfalls von rechts nach links die 128., 372., 256., 327., 314., 376., 80., 265., und 73. Schützen-Division. In der zweiten Linie dahinter waren die 12. Panzer-Brigade sowie die 18., 239., 147., 191., und 71. Schützen-Division aufmarschiert. Die 13. Panzer-Brigade sowie die 11. und 364. Schützen-Division kamen hinzu.

Damit verfügte die Rote Armee unmittelbar vor Beginn der zweiten Ladogaseeschlacht in diesem Kampfraum über 32. Großverbände.

Ihnen gegenüber lagen:

An der Newafront:	Das XXVI. AK unter Generalleutnant von Leyser mit der 5. Gebirgsdivision, GenLt. Ringel, 170. Infanterie-Division, GenLt. Sander.
An der Schlüsselburger Front:	227. ID, Gen.Lt. von Scotti
Am Flaschenhals:	1. ID, GenLt. Grase
und die	223. ID, GenMaj. Usinger

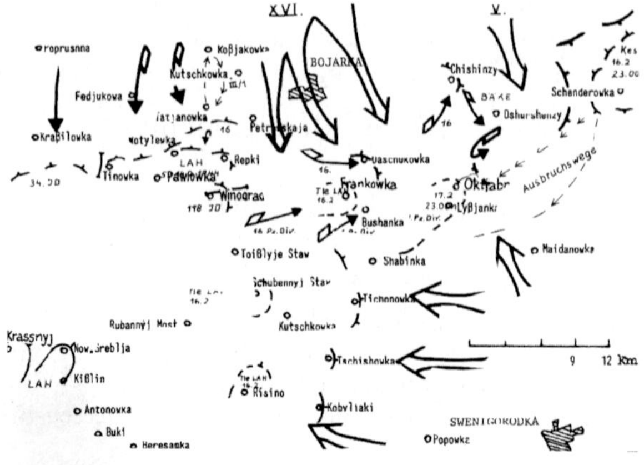

Während die 2. Stoßarmee unter GenLt. Romanowskij am Tschernaja-Knie bei Gaitolowo angriff und von der 1. deutschen ID gehalten wurde, trat die 67. Sowjetarmee, GenMaj. Duchanow, an der Newa an. Hier verlor der Feind binnen weniger Tage nicht weniger als 3.000 Mann. Der Kampf eskalierte zu einem Gemetzel, die Gefechte dauerten Tag und Nacht an. Es gab keine Pause, weder für die Grenadiere in ihren Schnee- und Eislöchern, noch für die Kanoniere und noch weniger für die Männer der s/PzAbt. 502, die über sich hinauswuchsen. Hier ist ihre Geschichte.

DIE TIGER KOMMEN !

Am frühen Morgen des 13. Januar 1943 um 02.00 Uhr, der sowjetische Großangriff war bereits 16 Stunden alt, erfolgte der Befehl der Korpsführung an die sPzAbt. 502 sofort zur 96. ID zu fahren, um in den Abwehrkampf der Regimenter 283, 284 und 287 dieser Division einzugreifen, die an der „Ringstraße“ bei Gaitolowo in erbitterten Abwehrkämpfen standen. Dort waren soeben 24 russische T 34 in die deutsche HKL eingebrochen und schossen die Grenadiere aus ihren Gräben hinaus, oder walzten sie dort ein. Oberleutnant Bodo von Gerdtell rollte mit seinen vier einsatzbereiten Tigern sofort los. Als sie im ersten Büchsenlicht den Feind sehen konnten, eröffneten sie das Feuer. Während zwei Tiger Schießhalt machten, rollten die beiden anderen rechts und links an ihnen vorbei, machten nach etwa 200 Metern ebenfalls Schießhalt und feuerten. Mit den ersten vier Schüssen wurden zwei der T 34 vernichtet, einer kam lahmgeschossen davon.
Dann rollten die stählernen Giganten weiter vor. Russische Pak und auch die T 34 nahmen den Kampf auf, aber gegen diesen Panzer waren sie nicht erfolgreich. Hier erlebten die roten „Tankisten“ ihre erste große Überraschung mit dem deutschen Panzer. 12 T 34 lagen auf der Plaine, als sich der Rest fluchtartig zurückzog. Der sofort angesetzte Gegenangriff schlug jedoch nicht durch.
So begannen jene Gefechte, die den Ruhm der Tigerwaffe begründeten. Hier wuchsen sie über sich hinaus, die Gerdtell, Bölter und Carius, die Kerscher, Leonhardt und Naumann, die Wesely, Eichhorn und Carpaneta, die Jähde, Kramer und Müller, um nur einige zu nennen.

Tiger in der zweiten Ladogasee-Schlacht

Am 12. Januar 1943 eröffneten die Russen mit einem Feuerorkan aus viertausendfünfhundert Rohren die zweite Ladogasee-Schlacht. Auf beiden Frontabschnitten des deutschen Korridors südlich von Schlüsselburg ging ein Trommelfeuer nieder, das bis zu hundertvierzig Minuten dauerte.
Anschließend traten von Osten her die Divisionen der 2. sowjetischen Stoßarmee unter Generalleutnant W. S. Romanowski zum Sturm an. Gleichzeitig stießen aus Westen die fünf Schützendivisionen und die Panzerbrigade der 67. Sowjetarmee unter General Duchanow vor.
In einer gewaltigen Zangenbewegung wollten die Russen den schmalen deutschen Korridor aufbrechen und damit die Landverbindung nach Leningrad wieder herstellen. Danach sollte der Angriff bis nach Süden auf die Kirow-Bahn durchgezogen werden. Mit seinen Divisionen stieß General Duchanow auf die spärlichen Stützpunkte der 170. deutschen ID.
Die 86. russische Schützendivision versuchte, über die zugefrorene Newa zu stürmen und Schlüsselburg von der Flanke her aufzurollen.
Im zusammengefaßten Feuer der deutschen Grenadiere blieben die Rotarmisten liegen. Das Eis des Flusses war mit Gefallenen übersät. Die deutschen MG 42 mähten schaurige Todesbahnen durch die Wellen der angreifenden Regimenter. Der Angriff mußte eingestellt werden.
Die 45. Gardeschützendivision unter General Krasnow versuchte, an der südlichen Ringstraße durchzubrechen. Hier verteidigte das Grenadierregiment 399 unter Oberst Griesbach (Franz Griesbach erhielt als Major am 14.3.1942 das Ritterkreuz. Als Oberst und 242. deutscher Soldat am 17.5.1943 das Eichenlaub und am 6.3.1944 als 53. deutscher Soldat und Führer der 170. ID die Schwerter).
Vor dem zertrommelten deutschen Graben blieben die russischen Gardisten liegen. Im Nahkampf warf Oberst Griesbach die eingedrungenen Gegner wieder zurück.
Nur bei Marino gelang es den Russen, einen Einbruch zu erzielen, nachdem vier Angriffswellen unter Opferung von dreitausend

Toten im Feuer zusammengebrochen waren.
Die fünfte russische Welle drang durch. Pioniere lotsten T 34 über das tückische Eis der Newa. Diese Panzer rollten in die deutschen Gräben, walzten die Grenadiere nieder, schossen mit Sprenggranaten und MG und rissen die Lücke weiter und weiter auf. Oberstleutnant Kleinhenz, Kommandeur des GR 401, versuchte vergebens, den Einbruch abzuriegeln. Bei diesem Versuch wurden er und sein Adjutant schwer verwundet.
Nun wurde die bei Schlüsselburg liegengebliebene Schützendivision umgedreht und griff ebenfalls auf Marino an.
Gelang es der 67. Sowjetarmee jetzt auch noch, durch einen Flankenangriff bei Dubrowka und Gorodok durchzustoßen, dann wäre der Weg über das tief zugefrorene Moor und über die Ssinjawino-Höhen bis zum Südteil des deutschen „Flaschenhalses" an der Kirow-Bahn frei geworden.
Die zweite Ladogasee-Schlacht stand auf des Messers Schneide. Generaloberst Lindemann, der Oberbefehlshaber der 18. Armee, wußte, was dieser russische Einbruch bedeutete. Die Lagemeldung zeigte ihm am Abend des 12.1.1943, daß der Feind bereits mit vier Schützendivisionen und einer Panzerbrigade bei Marino kämpfte, um von diesem Einbruch aus den „Flaschenhals" durchzustoßen, sich dann irgendwo in der Mitte mit den Stoßdivisionen aus Osten zu vereinigen und nach Süden einzuschwenken.
„Die 'Watzmänner' müssen her!" sagte er.
Die 'Watzmänner', das war die 96. ID unter Generalmajor Noeldechen, die im Raum Ssinjawino mit den Resten ihrer drei Grenadierregimenter lag. Allerdings hatte der Divisionskommandeur nur die halbe Division zur Verfügung.
Am Abend des 12.1.1943 erhielt die 96. ID den Befehl, aus ihrem Bereitstellungsraum nach Nordwesten anzugreifen und den Gegner im Gegenstoß über die Newa zurückzuwerfen.
Generalmajor Noeldechen hatte nur fünf Grenadierbataillone zur Verfügung. Hinzu kam eine Abteilung des Flak-Regimentes 36 mit Achtacht-Geschützen und vier „Tiger"-Panzer der 1. Kompanie der schweren Panzerabteilung 502 unter Oberleutnant von Gerdtell, denen noch acht Panzer III als Begleitschutz beigegeben waren.
Der Kampf konnte beginnen.

Fluchend und ächzend bahnten sich die Grenadiere einen Weg durch den brusttiefen Schnee. Gleich Nebelwolken hing die Atemluft über den Gruppen, die sich durch die eiskalte Nacht vorwärts drängten.
„Mist!“ sagte Feldwebel Grüninger grimmig, als sie in den Wald eindrangen, wo jede Berührung mit den Stangen der jungen Fichten eine Schneelawine auslöste.
„Wo sind denn unsere sagenhaften ‘Tiger’?“ fragte Lutschky.
„Hörst du sie nicht? Irgendwo hinten ferzeln sie rum, und wir können zusehen, wie wir weiterkommen.“
„Ob der Russe hier im Scheidieswald hockt?“ fragte einer der Männer, als sie schwer atmend an den Bäumen lehnten und wieder zu Luft zu kommen versuchten.
Er bekam keine Antwort.
„Waffen aufnehmen! Es geht weiter!“ wurde befohlen.
Die Grenadiere brachen auf. Von dorther, wohin sie gingen, krachten Abschüsse der „Ratschbum“ (russisches 7,62 cm-Geschütz). MG-Garben tackerten dazwischen, und ab und zu heulten „Katjuscha“-Salven (Raketensalvengeschütze, auch „Stalin-Orgel“ genannt), zu ihnen herüber. Die kreischenden Geräusche und schmetternden Einschlagteppiche ließen sie unwillkürlich die Köpfe einziehen.
Sie packten ihre Waffen und MG-Munitionskästen fester und gingen weiter.
Plötzlich flammte Feuer durch die Nacht. An mindestens einem Dutzend Stellen hackten MG, bellten russische Schnellfeuergewehre und Maschinenpistolen. Dazwischen krachten Pak-Abschüsse, und durch den lichten Baumbestand fetzten die Lichtspeere der Leuchtspur.
„Angriff, vorwärts!“
Sie griffen tatsächlich wieder mit „Hurra!“ an. Mit „Geräuschkulisse“ fluppte es besser. Es riß irgendwie mit. - Und sei es in den Tod!
Feldwebel Grüninger sah die aufzuckenden Abschüsse des Maxim-MG. Er schlug einen Bogen, hörte hinter sich den Zug folgen, warf sich hin, kroch weiter und stellte fest, daß Bösebeck den Feuerschutz übernahm. Das ging, wie immer, ohne Worte.
Lutschky folgte ihm mit der MPi. Er war der Sicherer und wußte,

was zu tun war.
Als einer der Rotarmisten rechts von Grüninger durch das Unterholz schlich, jagte Lutschky einen Feuerstoß hinüber. Grüninger sah nun die Abschüsse des Maxim-MG ungefähr zehn Meter zur Rechten erneut aufflammen. Er kroch bis in eine Kuhle, nahm drei Handgranaten aus dem Koppel, schraubte die Kappen herunter und zog sie ab. Nacheinander schleuderte er sie in die feindliche MG-Stellung.
Der dreifache Schlag verschmolz ineinander, als er aufsprang. Die Männer seines Zuges sahen ihn vorrennen. So erreichten sie die russischen Stellungen und brachen ein.
Im Nahkampf, Mann gegen Mann, oftmals bis unter die Arme in Schneelöcher einsackend, gewannen sie diese vorgeschobene gegnerische Bastion.
Rechts und links schlossen die Kameraden auf. Damit hatten sie die Ringstraße erreicht.
„Panzer von vorn!" ging es plötzlich durch die Reihen. Es war Morgen geworden, und über die Schneefläche schoben sich russische Kampfwagen gegen den Waldrand vor. Aus vierundzwanzig Panzerkanonen spritzten Abschußflammen. Granaten rasierten die Stangen der Fichten weg.
„Sie drehen auf uns ein, Herr Feldwebel!" rief Gefreiter Gudehus.
„Ihr gebt Feuerschutz!"
Leutnant Eichstädt war von links herangekommen. Er trug zwei geballte Ladungen und einige Sprengbüchsen, die durch Draht miteinander verbunden waren.
„Geben Sie mir eine, Herr Leutnant!" sagte Gudehus. Eichstädt nickte.
„Auf die folgende Infanterie!"
Von zwei Seiten eröffneten die MG 42 das Feuer auf die Feindinfanterie. Der Leutnant blickte sich um.
„Fertig, Gudehus?"
„Fertig, Herr Leutnant!"
„Dann los! Sie den rechten, ich den linken!"
Sie sprangen hoch, rannten vorwärts, warfen sich in den Schnee, als ein Panzer-MG auf sie feuerte. Dann krochen sie weiter, erreichten eine schmale Balka (flache Schlucht). Als sie sich zum oberen Rand vorarbeiteten, standen sie schon auf gleicher Höhe

mit den T 34, die auf ihre Kompanie vorprellten.
„Los, Gudehus?“
Wenig später erreichten sie die Panzer und wuchteten die geballten Ladungen von hinten unter die Unterkante des Turmes. „Brennt!“ brüllte der Leutnant durch das Getöse, während sie sich gleichzeitig in Deckung warfen.
Der wuchtige Doppelschlag der Dreikiloladungen ließ die Panzer erzittern. Die Türme standen schräg. Damit waren die Kampfwagn praktisch außer Gefecht gesetzt.
„Tiger nach vorn!“
„An Gertell!“ quäkte es im Funksprech. „Feindliche Panzer haben unsere HKL erreicht und walzen die Männer ein „Tiger“-Panzer angreifen!“
Oberleutnant Bodo von Gerdtell räusperte sich, bevor er seine Kompanie rief:
„Gerdtell an alle: Mit Vollgas mir nach!“
Die vier „Tiger“ rollten an. Sie walzten die Stangen, die ihnen im Weg standen, tief in den Schneegrund ein.
Der Oberleutnant konnte die Abschüsse der ersten Feindpanzer bereits erkennen. Er schwenkte etwas nach links ein.
„Rechts anschließen! Feuer erst auf Kommando eröffnen!“ Die vier „Tiger“ rasselten weiter, bis sie eine breite Kette bildeten. Die ersten Russen tauchten auf. Da gab von Gerdtell das Kommando:
„Feuer frei!“
Die Richtschützen hatten ihre Ziele anvisiert. Kurz darauf krachten die Abschüsse der Achtacht-Kanonen.
Zwei T 34 brannten nach dem ersten Schuß der vier „Tiger“. Richtschütze und Ladeschütze waren ein präzise funktionierendes Team. Alles ging sehr rasch. Noch ehe die Tankisten sich auf diesen neuen Feind einrichten konnten, krachte die zweite Salve. Wieder brannten zwei Feindpanzer.
„Bis zu der Mulde vorwärts!“
Der Fahrer des Chefwagens ließ den Motor dröhnen. Der „Tiger“ rollte durch die Senke und schob sich nach oben. Von der kleinen Anhöhe aus konnte der Chefwagen das ganze Gelände bestreichen. Von Gerdtell sah, wie einer der T 34 von rechts durch das Unterholz schlich und wie sich die Kanone auf den am weitesten nach

rechts herausgesetzten „Tiger“ richtete.
„Achtung, Schneider! Feind rechts neben Ihnen!“ warnte er. Der Richtschütze hatte den Gegner bereits angerichtet. Der blaffende Abschuß hallte durch den Tag. Zwei Sekunden später spritzte an der rechten Flanke des T 34 eine Trefferflamme auf. Wie von Geisterhänden gehoben, schnellte der Turm in die Höhe und kollerte dann in den Schnee.
„Treffer! Weiter so!“
Der Richtschütze blickte durch die Optik. Schon wuchs der nächste T 34 ins Visier, als ein greller Feuerschlag in den Kampfraum hereindröhnte, ohrenbetäubend. Stahl auf Stahl.
„Halblinks. Das kommt aus den Kusseln. Vorziehen!“
Aber noch ehe der Chefwagen manövrieren konnte, krachte es zum zweitenmal. Ein Treffer auf die Kanonenblende durchbrach den Stahl. Ein langer, gezackter Splitter drang dem Richtschützen in die Brust. Ein zweiter Schlag, dann war es aus.
Die Kameraden bargen ihn aus dem abgeschossenen „Tiger“ und schleppten ihn zur Infanteriestellung. Oberleutnant von Gerdtell nahm die Erkennungsmarke an sich.
Die übrigen P VI schossen weiter. Als die letzten T 34 verschwanden, standen zwölf sowjetische Kampfwagen brennend und glosend im Moor.
Zum erstenmal hatten die „Tiger“ ihre Gefährlichkeit bewiesen. Der angeschossene „Tiger“ wurde zurückgebracht.
In der Abenddämmerung versuchte der Gegner erneut, mit Panzern in den Scheidieswald einzudringen. Wieder hallte der Ruf der Grenadiere zur Panzerabteilung hinüber:
„Feindpanzer im Anmarsch! ‘Tiger’ nach vorn!“
„Bölter, Sie fahren mit Ihrem Zug los. Wir müssen erst aufmunitionieren. Rufen Sie uns, wenn es brenzlig wird.“
Oberleutnant von Gerdtell reichte dem Oberfeldwebel die Hand. Hans Bölter nickte. Sein schmales Gesicht wirkte ernst und nachdenklich. Er stand im offenen Turmluk und winkte noch einmal zum Chef zurück. Dann gab er den Befehl zum Losfahren. Hintereinander schoben sich die beiden Kolosse durch den Schnee. Im Zwielicht der Abenddämmerung verschmolzen die Umrisse der weißgestrichenen Panzer mit ihrer Umgebung.
Oberfeldwebel Bölter sah bereits das Aufblitzen der Maschinen-

waffen des Gegners, als es plötzlich schräg voraus aufzuckte. Bölter tauchte sofort im Luk unter. Der Deckel schlug zu, und die Pak-Granate, die ihnen galt, zischte haarscharf über den Turm hinweg. Herbert Hölzl, der Fahrer, zackte zur Seite weg. Rumpelnd legte sich der „Tiger" auf die eine Kette, als er durch einen Trichter fuhr.

„Schießen, Gröschl!" rief Bölter.

Richtschütze Gröschl kurbelte auf den Abschußblitz des zweiten Schusses ein, der ein paar Meter rechts am „Tiger" vorbeistob. Er korrigierte etwas nach, als der Panzer stehenblieb. Dann knallte der Abschuß aus der Kampfwagenkanone und ließ den Koloß zurückwippen.

Die Granate schmetterte mitten in das russische Pak-Nest hinein. Munition ging hoch. Von diesem Geschütz drohte keine Gefahr mehr.

„Gut gemacht, Bastian!" lobte der Oberfeldwebel den Richtschützen.

Es war inzwischen dunkel geworden. Von den beiden anderen Panzern, die in einem Seitenabstand von mehreren hundert Metern fahren sollten, war nichts mehr zu entdecken. Bölter machte sich darüber keine Sorgen, denn Oberfeldwebel Schütze, der Kommandant des zweiten „Tigers", war ein erfahrener Panzermann und würde schon zur rechten Zeit zur Stelle sein.

Auf einmal tauchten schemenhafte Gestalten im Ausblick des Kinonblocks auf.

„Bug- und TurmMG - Feuer frei!" schrie Bölter.

Beide MG jagten schnelle Feuerstöße hinaus, und als Bölter den Turm ein wenig öffnete, um bessere Sicht zu haben, sah er rechter Hand die Abschußflammen des zweiten „Tigers".

Mit hohem Heulen peitschte eine Panzergranate knapp einen Meter an der rechten Flanke des P VI vorbei. Keine sechshundert Meter voraus sah Bölter den Abschußblitz.

„Ziel erkannt!" rief Gröschl und visierte den neuen Gegner an. Reaktionsschnell stoppte der Fahrer. Eine letzte Korrektur, noch im Halten angebracht. Dann drückte Gröschl die Auslösung. Mit peitschendem Schlag verließ die Granate das Rohr. Der „Tiger" wippte nach, und noch in dieser Bewegung sahen Kommandant, Richtschütze und Fahrer, wie vorn eine grelle Flam-

mensäule aufstieg.
„Volltreffer!“ rief Bölter erleichtert, denn er hatte schon mit dem nächsten Schuß des T 34 gerechnet.
Schneller sein, das war in einem solchen Kampf die einzige lebenserhaltende Devise. Schneller zu sein, sicherte ein Überleben in diesem gnadenlosen Ringen mit einem Gegner, dessen Härte bekannt war.
Schneefontänen stiegen wie Geysire rechts, links und vor dem „Tiger“ des Oberfeldwebels empor. Ein greller Feuerschlag zischte in den Kampfraum, als eine Granate dicht neben dem Kampfwagen detonierte und den Stahlgiganten mit einem wahren Feuerwerk aus Splittern und gefrorenen Erdbrocken überschüttete.
„Da sind noch mehr!“ rief Hölzl, als er plötzlich einige weiße Schatten über ein Stück freie Fläche rollen sah.
„Rechts einschlagen, Hölzl! Wir müssen aus dem Feuerschein des brennenden Panzers herauskommen!“
Hölzl betätigte den Steuerknüppel und legte den nächsten Gang ein. Ruckartig schnellte der „Tiger“ zur Seite.
Während der Wagen weiterrollte, um aus dem Lichtschein herauszukommen und nicht von der Russen Pak erwischt zu werden, sah Gröschl den nächsten T 34, der ihnen direkt entgegenkam.
„Stopp!“ rief er. Ein winziger Fußdruck von Gröschl, der Turm kam noch etwas herum, dann stand der Gegner, der ebenfalls gestoppt hatte, im Fadenkreuz des Visiers.
Wieder ein Knopfdruck, ein peitschender Abschuß und eine leuchtende Flugbahn zum Gegner hin.
Die Granate traf den Sowjetpanzer an der schrägen Turmfläche und jagte als Abpraller in die Höhe.
Im nächsten Augenblick spritzte die Abschußflamme aus der Kampfwagenkanone des Gegners. Die Granate rasierte haarscharf über den Turm des „Tigers“ hinweg.
Noch ehe sie im T 34 nachgeladen hatten, peitschte der zweite Schuß aus der Achtacht. Diese Granate traf den Feind genau zwischen Unterwagen und Turm. Die mächtige Kraft des Einschlages riß den Panzerturm aus dem Drehkranz und schleuderte ihn zurück. Einige Meter hinter dem Tank polterte der Turm in den Schnee.
Auch aus diesem Panzer stoben Flammen. Sekunden später krach-

te in mehreren Detonationen die Bereitschaftsmunition auseinander und verwandelte den Panzer in einen stählernen Sarg.
„Tiger!“ hörte der Horchfunk in Ssinjawino die russischen Panzerkommandanten rufen:
„‘Tiger’ kommen!“ Das waren die Worte, die den Respekt des Gegners vor dem neuen deutschen Panzertyp offenbarten.
Aber diesmal sah es so aus, als sollte der Einsatz für Oberfeldwebel Bölter ein böses Ende nehmen.
Er erkannte, daß drei oder vier Feindpanzer nach rechts ausschwenkten. Auch links von ihm tauchten einige auf.
„Sie wollen uns in die Zange nehmen!“ erklärte er der Besatzung.
„Nur die Nerven behalten. Alles andere schaukelt sich von selbst.“
Sie schwenkten nach links. Richt- und Ladeschütze waren bereit.
Sie kannten einander, und jeder ihrer Handgriffe saß. Granaten glitten in die Kammer, der Verschluß schnappte zu. Sekunden später knallte der Abschuß.
Rochierend entkam der „Tiger“ immer wieder den Granaten der Feindpanzer. Hölzl hatte so etwas wie einen sechsten Sinn. Er wußte, wann es wieder Zeit wurde zu wenden oder einen Zack einzulegen, wenn die T 34 wieder eine neue Granate im Rohr hatten.
Aus einer Senke auftauchend, standen sie plötzlich keine zweihundert Meter vor einem weiteren Gegner. Beide Panzer schossen fast gleichzeitig. Der T 34 verfehlte sein Ziel etwa um einen Meter. Die Achtacht-Granate aber traf, durchschlug den T 34 und verwandelte ihn in ein stählernes Wrack, das glosend auf dem Schneefeld liegenblieb.
Da krachte eine Granate mit schmetterndem Schlag gegen die Bugpanzerung und fegte wie ein Komet gen Himmel. Der Schlag warf Bölter zurück. Er spürte den Stoß im Rücken wie einen Fausthieb.
„Einschlagen! - Gut so! - Vollgas!“
Sie kamen durch. Längst hatten sie die eigene HKL passiert, als sie den nächsten T 34 durch einen Schuß in die Flanke zum Schweigen brachten.
Ein Trupp Rotarmisten sprang den Panzer an. Aus dem Luk auftauchend, gab Bölter einen Feuerstoß mit seiner Mpi auf sie ab. Mit rasselnden Ketten rumpelte der „Tiger“ über den gefrorenen Boden.

Die Nacht war erfüllt vom Bellen der Panzerkanonen und dem hektischen Geratter der Maschinengewehre. Dazwischen knallten Handgranaten, prasselten MG-Feuerstöße der Rotarmisten gegen deutsche Grenadiere, die wieder in die alte HKL zurückstrebten und die nun ihres Panzerschutzes beraubten Russen werfen konnten.

Plötzlich tauchten drei weitere T 34 auf. Ein dreifacher Trefferschlag ließ den „Tiger schwanken. Aber keine Granate war durchgegangen. Alle waren schräg aufgeprallt und abgelenkt worden. Richter rammte das nächste Geschoß in die Kammer. Wieder schoß Gröschl, und ein Volltreffer zerriß den Feindpanzer, der ihnen am nächsten stand. Die beiden anderen drehten ab und rollten mit Höchstfahrt zurück.

„Hinterher, Hölzl!" befahl Bölter.

Er mußte die russischen Kampfwagen ausschalten, damit sie nicht in der Nacht wieder zurückkamen und die Grenadiere im Graben zusammenwalzten.

Der „Tiger" jagte mit Vollgas hinterher. Der 700-PS-Motor röhrte. Sie kamen näher, verschwanden in einer Senke, walzten den jenseitigen Hang hinauf und sahen das Heck des einen T 34 keine vierhundert Meter vor sich.

Gröschl rief etwas, was der Fahrer nicht verstand. Aber er wußte auch so, was zu tun war, und hielt.

Der Richtschütze zielte sorgfältig und schoß.

Aus dem Heck dieses T 34 stob eine hohe Feuersäule empor. Zwei Benzinexplosionen zischten mit weißer Flamme aus dem Tank heraus, und dann stand auch dieser T 34 brennend auf der Schneefläche vor dem Wald.

„Der zweite ist nach rechts abgebogen und in dem Waldstück verschwunden!" sagte Gröschl.

„Hinterher! Los, drück auf den Pinsel!"

Der Fahrer legte die Gänge ein. Schneller und schneller wurde der „Tiger". Bölter ließ ihn rechts vom Rand des Waldes vorbeirollen. Als er das jenseitige Ende des Wäldchens erreicht hatte, sah er links den Feindpanzer, der nur etwa zweihundert Meter Vorsprung hatte.

Jäh stoppte der „Tiger". Der Schuß verließ das Rohr und schmetterte dem T 34 die eine Kette zusammen.

Der getroffene Stahlkoloß ruckte herum. Aus seinem Rohr zuckte die Flamme eines Abschusses. Aber diese Granate war zu hastig abgeschossen worden. Sie flitzte weit am „Tiger“ vorbei. Der zweite Schuß ließ den Gegner aufbrennen. Das Panzerduell war zu Ende. Bölter hatte bei diesem Einsatz sieben Feindpanzer abgeschossen.

„Abdrehen!“ befahl er jetzt mit heiserer Stimme.

Der „Tiger“ rumpelte herum, schrieb seine Spur in den festgefrorenen Schnee und rollte zurück.

„Bach, rufen Sie Schütze. Er soll Laut geben, wo er steckt!“ Josef Bach, der Funker, versuchte es. Vergebens. Die Anlage machte nicht mehr mit.

„Funkanlage zerschossen, Herr Oberfeld!“

Bölter wollte etwas antworten, als ein schwerer Schlag den „Tiger“ erschütterte.

„Pak-Treffer im Motor!“ schrie Bach.

„Verdammt!“ Bölter überlegte, was zu tun sei, als ihm der Gegner diese Überlegungen bereits abnahm.

Ein zweiter Treffer schmetterte in den Panzer hinein. Plötzlich stank es durchdringend nach Sprit. Und dann stob eine Flamme aus dem Heck heraus.

„Wir brennen!“ rief Hölzl.

„Ausbooten!“ befahl der Oberfeldwebel. „Schnell! Los, raus!“ Die Männer sprangen hinaus. Bölter holte die „Nullacht“ aus der Pistolentasche heraus und schwang sich aus dem Turm. Sekundenlang stand er auf dem Heck, rutschte dann hinunter und - landete genau auf dem Rücken eines Rotarmisten.

Der Oberfeldwebel handelte instinktiv. Er setzte dem Gegner, der seine Waffe hochriß, die Pistole auf die Brust und drückte ab. Aber der Schuß ging nicht los!

Der Russe brüllte etwas in seiner Sprache, was Bölter nicht verstand. Dann sprang er auf, und schon verschlang ihn die Dunkelheit.

Inmitten der Gegner, die er rechts und links erkannte, und die sich offenbar hierher zurückgezogen hatten, um auf den nächsten eigenen Panzerangriff zu warten, pirschte Bölter sich weiter vor. Er versuchte, sich zu orientieren. Wo stand der zweite „Tiger“? Wo war der Panzer III, der als Begleitpanzer und Sicherung mitgefah-

ren war? Wo steckten die Kameraden?
Die Russen erholten sich allmählich von der Panik, die diese beiden „Tiger“ bei ihnen ausgelöst hatten und die durch die sieben brennenden Panzerwracks sicherlich noch verstärkt worden war.
Der Oberfeldwebel sah sich wie gehetzt um. Dort, hinter dem Kusselgelände, mußte der „Tiger“ von Oberfeldwebel Schütze stehen.
- Hoffentlich!
Er sprang wieder auf und rannte ein paar Schritte weiter vor. Einige Rotarmisten schlossen sich ihm an. Einer rief ihm etwas zu. Bölter deutete nach vorn und wandte das Gesicht ab. Kurz darauf warf er sich hin, kroch, flach an den Schneeboden gepreßt, eine längere Strecke zur Seite und atmete auf, als er sich jetzt allein sah.
Auf einmal vernahm er Motorengeräusche aus der Richtung, wo der eigene Panzer stehen mußte. Meter für Meter schob er sich durch die feindliche Schützenlinie weiter.
Er fror. Die Kälte biß sich durch seine Wintersachen. Einmal rief ihn ein russischer Offizier an und deutete auf die deutsche HKL. Bölter produzierte unartikulierte Laute, deutete ebenfalls nach vorn und hastete mit dieser Gruppe ein Stück weiter, um sich dann erneut abzusetzen.
Die Finsternis war seine Rettung. Am Tag hätten die Rotarmisten ihn längst erkannt und erschossen.
Aus der Dunkelheit tauchte plötzlich der zweite „Tiger“ auf. Aus seiner Kanone spritzte eine Abschußflamme. Rechts von Bölter hämmerte die Sprenggranate in den Boden. Beide MG begannen zu tackern. Der Oberfeldwebel duckte sich in ein Schneeloch, um nicht von seinen Kameraden abgeschossen zu werden.
Wie sollte er sich bei ihnen bemerkbar machen? Das war jetzt die Frage, auf die er noch keine Antwort fand.
Vorsichtig kroch er weiter nach rechts, und als der „Tiger“ beim nächsten Vorstoß bis auf seine Höhe gekommen war, sprang er hinten auf die Kettenabdeckung und schob sich vorsichtig bis zur Funkerluke vor.
Als er eben im Begriff war, den Kameraden anzurufen, schrie dieser:
„Russen auf dem Panzer!“
Schwach, aber doch deutlich genug, vernahm Bölter diesen Ruf,

und er wußte auch, was jetzt unweigerlich geschehen würde. Ein Feuerstoß aus einem russischen MG zischte über seinen Kopf hinweg, als sich auch schon der Turmdeckel öffnete und er das Gesicht des Kommandanten, seine rechte Faust und - die „Nullacht“ darin bemerkte.

„Ich bin's Schütze!“ rief Bölter hastig. Der Oberfeldwebel erkannte seinen Zugführer, und kurz darauf rutschte Bölter in den Kampfraum.

„Die Besatzung muß ebenfalls hier liegen!“ Das waren seine ersten Worte.

In kurzen Abständen sprangen auch die übrigen vier Männer auf. Der „Tiger“ kehrte mit zehn Mann Besatzung zurück, und erst in der Enge der stählernen Panzerwände, stellte Bölter fest, daß er drei Splitterverwundungen abbekommen hatte.

„Das reicht für die Heimat, Hans“, sagte der Abteilungsarzt. Aber Oberfeldwebel Bölter wollte nicht nach Hause, weil er wußte, wie dringend jeder Panzerkommandant hier gebraucht wurde. Er kam in ein Feldlazarett, dicht hinter der Front. Acht Tage hielt es ihn dort, dann kam er wieder zur Abteilung zurück, nachdem er einfach aus dem Lazarett verschwunden war.

Als er sich auf dem Abteilungsgefechtsstand bei Hauptmann Wollschläger meldete, erfuhr er, daß sein Kompaniechef, Oberleutnant Bodo von Gerdtell, in der Nacht zum 16. Januar gefallen war. Oberleutnant Diehls befehligte nun die Kompanie. Major Märker, der Abteilungskommandeur, war ebenfalls verwundet, und Hauptmann Wollschläger führte vertretungsweise.

Am schwersten hatten es die Kameraden gehabt, die mit ihren Panzer III in den Einsatz fahren mußten.

Dieser Kampfwagen war den russischen Panzern hoffnungslos unterlegen. Leutnant Petz fiel. Oberleutnant Ebert wurde schwer verwundet und verlor ein Bein. Allein siebzehn Kameraden von den Panzer III-Besatzungen waren gefallen.

Und noch etwas erfuhr Bölter, was ihn schwer erschütterte. Während Oberst Ohlmann vorn beim Grenadierregiment 284 die Abwehr der russischen Angriffe leitete, traf ein schwerer sowjetischer Luftangriff den Gefechtsstand seines Regiments. Auf einen Schlag fanden dreiundzwanzig Offiziere und die Männer des hier stationierten Radfahrzuges den Tod.

Aber die Russen hatten ihr Ziel - die Kirow-Bahn - nicht erreicht. Allerdings ermöglichten der Geländegewinn und die Rückgewinnung von Schlüsselburg es den Russen, entlang dem Südufer des Ladogasees eine sechsunddreißig Kilometer lange behelfsmäßige Bahnlinie von Polgami nach Schlüsselburg zu bauen. Von Schlüsselburg aus wurde dieser Schienenstrang über eine Kriegsbrücke an die Strecke nach Leningrad angeschlossen. Da diese Linie jedoch jeden Tag wieder durch deutsche Gegenstöße abgeschnitten und unterbrochen werden konnte, setzte die sowjetische Führung ihre Anstrengungen in diesem Raum fort.
Nach wie vor galt es, das alte Operationsziel - die Kirow-Bahn mit dem wichtigen Knotenpunkt Mga - zu erreichen.
Die zweite und dritte Phase der zweiten Ladogasee-Schacht begann.
Einen Tag nach seiner Rückkehr zur Abteilung ließ Bölter sich wieder in einen „Tiger" heben. Mit der alten Besatzung stieß er zu einer Erkundung vor, bei der es keine Feindberührung gab. Am nächsten Tag stießen sie aber auf einige Feindpanzer vom Typ KW I.
Zwei dieser Panzer wurden abgeschossen, die übrigen drehten und entkamen in den Wald.
Damit hatte Bölter sein Abschußkonto auf insgesamt vierunddreißig Panzer erhöht.
Am 31.1.1943 meldete der Wehrmachtsbericht:
„Zwischen Ilmensee und Finnischem Meerbusen konnten die Russen trotz örtlicher Abwehrerfolge unserer Truppen in mehreren Abschnitten weiteres Gelände gewinnen. Die schweren Abwehrkämpfe in diesem Raum dauern mit unverminderter Härte an. Herbert Müller, Unteroffizier in einer schweren Panzerabteilung schoß bei diesen Kämpfen mit seinem 'Tiger' 25 sowjetische Panzer ab."

Man schrieb den 4. Februar 1943. Hans Bölter saß in der Unterkunft, als die Meldung eintraf, daß der letzte Panzer III vom Gegner abgeschossen worden sei. Sein Kommandant, ein Unteroffizier, war gefallen.
Damit sank die Stimmung der Panzermänner auf den absoluten Nullpunkt. Trotz der großen Erfolge der „Tiger" war nicht zu über-

sehen, daß die Abteilung mit ihren befehlsmäßigen Auffüllungen durch Panzer III schwerste Verluste hatte hinnehmen müssen.
„Wenn die 2. Kompanie unter Hauptmann Lange mit uns hierhergekommen wäre, Hans“, sagte Oberfeldwebel Schütze, „dann sähe es besser aus!“
„Nun“, entgegnete Bölter, „die Zwote ist der Heeresgruppe Don unterstellt worden, daran ist nichts zu ändern. Die sehen wir nie wieder!“
„Wenn wenigstens neue ‘Tiger’ als Ersatz eintreffen würden“, warf Hölzl ein.
„Das kann nicht mehr lange dauern. Hauptmann Wollschläger sagte mir vorhin, daß wir in den nächsten Tagen drei neue Wagen erhalten werden.“
„Irgendeine Latrinenparole, nicht wahr?“ fiel nun auch Leutnant Meyer in das Gespräch ein.
„Bald werden wir es wissen, ob was Wahres an der Sache ist. Und nun müssen wir uns fertigmachen, Männer.“
Wenig später rollte der „Tiger“ unter Oberfeldwebel Bölter in Richtung Höhe 343, um einen Sicherungsabschnitt zu übernehmen und vorziehende Feindpanzer und Pak zu bekämpfen. Sie fanden keine Ziele, beschossen ein paar Erdbunker und kehrten, bis auf die Knochen durchgefroren, zur Unterkunft zurück.
Am anderen Morgen wurde das Gerücht Wirklichkeit. Drei neue „Tiger“ rollten in den Abteilungsraum. Bereits am Nachmittag begannen die drei Besatzungen mit dem Einschießen.
Am nächsten Morgen fuhren gegen sechs Uhr zwei der P VI zum Angriff auf die zum Teil in der Hand des Gegners befindlichen Stellungen unmittelbar vor der Höhe 343 vor.
Hauptmann Wollschläger, der nach der Verwundung von Major Märker vorübergehend die Abteilung übernommen hatte, stieg in den Kommandeurswagen ein.
Major Dipl.-Ing. Scultetus, der als Bergungsspezialist und Konstrukteur neuartiger Abschleppvorrichtungen für den „Tiger“ zur Abteilung kommandiert worden war, fuhr im zweiten Panzer mit.
Die beiden Kolosse schaukelten durch den Schnee zur Ssinjawino-Höhe 343 hinauf. Es galt, die feindlichen Bunker und Kampfstände auszuschalten.
Beide „Tiger“ eröffneten das Feuer in direktem Beschuß. Nachein-

ander wurden die Bunker anvisiert. Tarnungen flogen durch die Luft. Balken und Blechplatten wirbelten hoch empor. Munitionsexplosionen rissen den Boden auf, und immer wieder rannten entkommene Rotarmisten durch den Schnee und verschwanden in Löchern und Gräben.
Schuß um Schuß peitschte hinaus und richtete beim Gegner eine gewaltige Verwirrung an.
Die Munition war fast verschossen, als die russische Artillerie das Feuer erwiderte. Dann aber hämmerten Granaten aller Kaliber auf die Höhe herunter. Gefrorene Erdschollen prasselten auf die „Tiger" nieder. Stahlsplitter dröhnten gegen den Panzerstahl. „Wir fahren zurück!" befahl Hauptmann Wollschläger. Beide Panzer VI drehten und setzten sich ab. Verfolgt von den heranheulenden Granaten, mit Dreck und Eis überschüttet, gewannen sie Meter um Meter.
Da sahen die hier oben in ihren Stellungen liegenden Landser, wie der Kommandeurspanzer jäh anhielt. Mitten im Artilleriefeuer flogen die Luken auf. Rauch quoll heraus. Aber keines der fünf Besatzungsmitglieder kam zum Vorschein.
Zum Glück verdichtete sich nun das inzwischen begonnene Schneetreiben zu einer kompakten Flockenwand und zwang die Feindartillerie zum Schweigen. Major Scultetus ließ seinen „Tiger" ein Stück weiterfahren und dann halten.
„Funker, Richt- und Ladeschütze bleiben im Panzer zurück! Fahrer kommt mit!"
Der Major sprang vom Unterwagen herunter. Er rief ein paar Grenadiere herbei. Mit Schlitten eilten sie zu dem stehengebliebenen Panzer zurück.
Als sie den „Tiger" erreichten, bot sich ihnen ein Bild des Schreckens. Alle fünf Besatzungsmitglieder waren schwer verwundet.
Oberfunkmeister Orth wurde als erster geborgen. Er hatte beide Augen verloren. Oberfähnrich Sepp Schmeißer war durch vier Splitter so schwer verwundet worden, daß er am nächsten Tag starb. Hauptmann Wollschläger, der sich aus dem „Tiger" hatte hinausschwingen können, lag mit schweren Schädelverletzungen im Schnee.
Über Funk gerufen, eilte der Abteilungsarzt, Stabsarzt Dr. Blatt,

herbei und leitete die Rückführung der schwerverwundeten Kameraden.
Was war geschehen? Eine Untersuchung mußte zeigen, was zur Selbstentzündung geführt hatte. Oder war der „Tiger“ etwa von der russischen Artillerie abgeschossen worden? Aussagen der Grenadiere deuteten allerdings nicht darauf hin.
„Wir holen den Wagen nach Einbruch der Dunkelheit zurück und untersuchen ihn in der Werkstatt“, sagte Major Scultetus.

Hans Bölter in Aktion

Der Morgen des 10. Februar 1943 brach an. Noch war es nicht hell, noch knackte der Frost in den Bäumen, als die deutschen Stellungen bei Krassny Bor und nördlich von Smerdynja mit jäh aufflackerndem Feuer der russischen Artillerie belegt wurden. Gleichzeitig trat der Gegner auch südlich des Pogostje-Kessels im Osten und aus dem Raum Kolpino-Krassny Bor im Westen zum Zangengriff an, um den letzten Teil der Kirow-Bahn mit der Ortschaft Mga zurückzugewinnen. Kanonen aller Kaliber, Raketensalvengeschütze und schwere Werferbrigaden trommelten auf die deutschen Stellungen herab.
Auf der Westseite, im Bereich der 4. SS-Polizeidivision und der 250. „Blauen Division“ der Spanier, griffen 33.000 Rotarmisten an. Sie wurden von sechzig T 34 als Stoßkeil begleitet. Drei Kilometer tief drangen die Russen in die HKL ein. Sie eroberten Krassny Bor, blieben aber an der Ishora liegen.
Hier errang der spanische Grenadier Antonio Ponte nach seinem dramatischen Kampf gegen sieben T 34 die höchste spanische Auszeichnung, die „Laureda San Fernando“ und - starb irgendwo in der Eiswüste der HKL.
Das Füsilierbataillon der „Blauen Division“ verlor neunzig Prozent seines Bestandes.
Dennoch hielten sie aus, bis der Gegenangriff der 212. ID unter Generalmajor Reymann die vorgeprellten Feinde wieder zurückwarf.
Am 11.2.1943 trat auch die 1. Kompanie der schweren Panzerabteilung 502 mit der „Legion Flandern“ zum Gegenstoß an.
„Aufpassen, Hans! Rechts voraus hinter den Kusseln steht Pak!“

Der Warnruf von Leutnant Herbert Meyer (Lt. Meyer erhielt am 30.12.1943 das Deutsche Kreuz in Gold) erreichte den „Tiger“ Bölters zur rechten Zeit.
Sofort stoppte Hölzl den Wagen, und da peitschte auch schon aus einem flachen Schneehügel der Abschuß der russischen Pak hinaus. Die Granate flitzte vor dem „Tiger“ her.
Der dröhnende Schlag des Abschusses hallte durch den Morgen. Drüben hob sich die Tarnung aus Holz und Schnee, und das Rohr der gefährlichen Pak ragte steil in die Höhe.
„Chef an alle: Weiter vorstoßen! Nicht zu schnell, damit die Infanterie nachkommt!“
Die wenigen „Tiger“, die hier die Russen aus den alten Stellungen der „Blauen Division“ hinausdrängen sollten, setzten sich wieder in Bewegung.
Auf einmal tauchten Feindpanzer auf. Binnen weniger Sekunden zählte Bölter allein zehn, die rechts von dem stark verschneiten Kusselgelände auffuhren.
Da brüllte auch schon der Abschuß aus dem Langrohr von Meyers „Tiger“, und der erste T 34 brannte.
„Sechshundert voraus, elf Uhr!“
„Ziel erkannt!“
Wieder knallte ein Schuß. Die Granate traf aber nicht, weil der Gegner bereits wieder vorzog.
Hölzl schlug ein. Der „Tiger“ ruckte mit mahlenden Ketten herum, und schon richtete Gröschl durch schnelle Drehung des Turmes nach.
Auch der T 34, der gerade stoppte, drehte den Turm. Drohend schwenkte die Kampfwagenkanone auf sie ein. Durch den Ausblick des Fahrers sah Hölzl die tödliche Gefahr.
„Schnell, Bastian!“ rief er.
Gröschl drückte die elektrische Abfeuerung. Abschuß und Einschlag erfolgten kurz hintereinander. Die Granate durchschlug die Panzerung des Gegners. Dann sprang das Kommandantenluk zurück, und eine Stichflamme bohrte sich in den Morgenhimmel.
In schneller Schußfolge krachten die Granaten der „Tiger“ in den Gegner, der rudelweise angriff. Leutnant Meyer hatte einen erfolgreichen Tag. Verschiedentlich bekam sein P VI mehrere Panzerbüchsentreffer ab, aber keines der Geschosse drang durch. Er

selbst vernichtete nacheinander mindestens zehn T 34. Schütze und Unteroffizier Krennmayer standen ebenfalls im Kampf. Auf einmal geschah es. Krennmayers „Tiger“ erhielt einen Volltreffer durch eine vorgezogene Pak und fiel aus. Unteroffizier Krennmayer fand den Tod.
Mehrfach geriet auch Bölter mit seiner Besatzung in so kritische Situationen, daß es keinen Ausweg mehr zu geben schien. Aber immer wieder rettete sie irgend etwas. Entweder rechtzeitiges Ausweichen, schnelleres Schießen, oder Hilfe von Kameraden, die jene Feindpanzer abschossen, die dem „Tiger“ gerade den Fangschuß geben wollten.
Stunde um Stunde dauerte der Kampf. Rotarmisten sprangen die deutschen Kampfwagen an und wurden von der Begleitinfanterie abgewehrt. Die „Flämische Legion“ stürmte hinter den Panzern her, erreichte die HKL und warf die Russen im Nahkampf. „Weiter vorziehen! Feind vor der HKL angreifen!“ kam ein neuer Befehl durch.
Noch einmal rollten die „Tiger“ vor. Bölter dirigierte seinen Wagen in eine Senke, die sich nach halblinks hinzog. In schneller Fahrt fuhren sie unten durch den Schnee, gewannen ungefähr tausend Meter, drehten dann durch ein Quertal ein und standen wenig später hinter dichtverschneiten Kusseln.
„Da, Herr Oberfeld!“
Entsetzt deutete der Richtschütze nach vorn. Mit einem Blick sah Hans Bölter, daß Leutnant Meyer in eine aussichtslose Lage geraten war.
„Schießen, Gröschl!“
Der Richtschütze drehte bereits den Turm auf fünfzehn Uhr. Dann visierte er nach. Als aus der Kanone des T 34, der schräg hinter dem „Tiger“ stand, die Flamme des Abschusses aufbrannte, schoß auch Gröschl.
Das russische Geschoß ging vorbei, während Gröschls Granate in den Bug des T 34 fuhr und ihn außer Gefecht setzte.
Plötzlich knallte es gegen die linke Flanke von Bölters „Tiger“. Es krachte und dröhnte sekundenlang. Aber die Granaten des leichten Feindgeschützes drangen nicht durch.
Wie ein wütendes Ungeheuer wuchtete der schwere Stahlkoloß herum. Die erste Sprenggranate zerfetzte das russische Geschütz

samt Bedienung.
„Noch vier Panzergranaten, Herr Oberfeld!“ rief Josef Richter, dessen Gesicht schweißüberströmt war.
„Wir rollen langsam zurück“, erwiderte Bölter.
Mit rasselnden Ketten ging es in eine Senke hinunter. Als sie in die Hauptschlucht einbogen, sahen sie sich auf ungefähr hundert Meter dem Heck eines T 34 gegenüber.
Der erste Schuß verwandelte den Gegner in eine lodernde Flammenwand. Die Munition explodierte und flog dem „Tiger“ um die Flanken.
„Nach rechts hoch!“ befahl Bölter.
Beängstigend steil ragte der Bug des Panzers in die Höhe. Würde er überkippen? Nein, er hielt sich, überwand den Anstieg, und rollte in schneller Fahrt zur eigenen HKL zurück.
Bevor sie diese jedoch erreichten, konnten sie noch eine Pak ausmachen und mit den beiden letzten Granaten außer Gefecht setzen.
Gemeinsam mit Leutnant Meyer und Feldwebel Schütze traf Bölter beim Abteilungsgefechtsstand ein.
„Sofort aufmunitionieren und auftanken!“ befahl er, nachdem sie ausgestiegen waren.
Sie kletterten aus ihren Stahlkästen, lehnten sich mit zitternden Gliedern, in denen noch die Anspannung dieses Einsatzes vibrierte, gegen die Wand. Sie rauchten in gierigen Zügen, dem Leben zurückgegeben. Noch einmal! Wie oft noch?
Die HKL war zurückgewonnen. Nun hieß es, sie auch gegen weitere russische Angriffe zu verteidigen, die sicherlich nicht lange auf sich warten lassen würden.
Das Munitionieren war gerade beendet, da traf der Kommandierende General auf dem Gefechtsstand ein und überreichte Leutnant Meyer persönlich beide Eisernen Kreuze.
In der Nacht schliefen Bölter und seine Männer den Schlaf der Erschöpfung. Der Oberfeldwebel weckte sie eine Stunde vor Beginn des neuen Einsatzes. nach einem kargen Frühstück gingen sie zu ihrem „Tiger“ hinüber.
Major Scultetus wartete bereits auf sie. Er wollte diesen Einsatz mitfahren.
Noch bevor sie das Gefechtsfeld erreichten, hörten sie bereits die schwere Pak der Flamen. Dazwischen die charakteristischen

Abschüsse der langen russischen Panzerkanonen.
„Da geht es ja wieder schön rund, Hans!“ rief Meyer durch die Sprechverbindung.
„Ich sehe es. Paß ja auf!“ gab Bölter zurück.
Sie kamen an die HKL und sahen die T 34, die bereits bis auf wenige hundert Meter herangekommen waren. Zwei Panzer brannten. Schwarz hoben sich die aus den Luken emporquirlenden Rauchwolken vom Hintergrund der Schneelandschaft ab. Fünf Minuten später standen die „Tiger“ im Gefecht. Ihre Achtacht-Kanonen durchschlugen mit Panzergranaten die Stahlfestungen der Gegner. Als sich die Russen zurückzogen, ließen sie elf Panzer brennend zurück.
Bis zum 17. Februar behaupteten die Flamen ihre Stellung. Dann wurden sie von einem Bataillon der 5. Gebirgsdivision abgelöst. Doch was war von dieser „Flämischen Legion“ übriggeblieben? Was kam da verdreckt, am Rande der physischen Erschöpfung, aus den Gräben herausgekrochen?
Fünfundvierzig Soldaten waren es, die von fünfhundert Freiwilligen übriggeblieben waren.
Noch einmal traten die wenigen einsatzbereiten „Tiger“ zum Angriff an und stellten sich der Übermacht des Feindes. Das Gefecht begann. Die Panzerkanonen von Oberfeldwebel Bölter und Leutnant Meyer schossen in schneller Folge.
Die ersten sechs Feindpanzer waren nach einer Stunde vernichtet. Dann wurde es aber auch für die zwei „Tiger“ kritisch, denn nun schossen die Sowjets mit Pak und Panzern, gelegentlich auch mit Artillerie.
„Verdammt, da kommen gleich drei auf einmal, Herr Oberfeld!“ fluchte Hölzl, als auf der Höhe, noch etwa zweitausend Meter entfernt, die Silhouetten der T 34 auftauchten. “Los, Gröschl! Zeige mal, was deine Kanone kann!“ rief Richard Bach, der Funker. Gröschl richtete die auf der Höhe verharrenden T 34 an. Er nahm einen davon ins Visier, korrigierte nach und drückte die Auslösung. Die Panzergranate jagte zum Gegner hinüber. Sekunden verstrichen, ehe bei dem in der Mitte stehenden Feindpanzer ein greller Feuerschlag aufloderte.
„Getroffen!“ berichtete der Oberfeldwebel. „Bravo, Gröschl!“ Die beiden anderen T 34 rollten hügelabwärts. Aus Meyers Panzer-

kanone spritzten Abschußflammen. Wenig später rasselte der „Tiger" der Kameraden in eine Senke und schwenkte unten nach rechts ein.
„Wir ziehen sie auf uns, damit Meyer sie erwischen kann!" befahl Bölter.
Plötzlich tauchten die russischen Kampfwagen etwa vierhundert Meter entfernt wieder auf.
Gröschl schoß dreimal, ohne die rochierenden Gegner jedoch zu treffen.
Bölters „Tiger" röhrte daraufhin im Rückwärtsgang rund sechzig Meter nach hinten und verschwand in den Kusseln.
Durch die Sehschlitze in der Kuppel sah Bölter, daß die beiden T-34-Kommandanten darauf hereinfielen und nun mit Vollgas anrollten.
„Wieder ein paar Meter vor!" befahl der Oberfeldwebel. Der „Tiger" ruckte nach vorn, bis er im Sichtfeld der T 34 war, und hielt dann.
Die Russen stoppten ebenfalls. Als sie schossen, zog sich der P VI schon wieder zurück. Es war gelungen. Bölter hatte die gegnerischen Panzer als stehende Zielscheibe vor das Rohr der Kameraden gelockt.
Dort, wo Meyer im Gebüsch stand, peitschte die Abschußflamme. Der anvisierte T 34 brannte schon nach dem ersten Schuß. Das Rohr des zweiten schwenkte herum. Es war aber noch nicht auf den „Tiger" eingedreht, als auch Gröschl wieder schoß. Der Einschlag ließ den T 34 herumfedern. Sein Schuß ging weit am Ziel vorbei. Sekunden später schoß Meyer, und der Turm des Feindpanzers wurde heruntergerissen.
„Den haben wir beide gemeinsam, Hans!" rief Meyer. Sie rollten wieder zurück und hielten auf der Höhe nach rechts, als sie Feindinfanterie vorstürmen sahen.
„Sprenggranaten laden!"
„Achtung, Hans, schräg hinter dir!" gellte plötzlich Meyers Stimme aus den Kopfhörern.
„Links einschlagen!" befahl Bölter sofort.
Der „Tiger" ruckte herum. im nächsten Augenblick knallte der Abschuß einer Pak, die ziemlich weit vorgezogen war und bisher noch nicht geschossen hatte.

Die Granate traf den in der Drehung befindlichen Stahlkoloß in schrägem Winkel und heulte nach oben weg. Im Panzer klingelte und klirrte es.
„Noch einmal gutgegangen!“ rief Bölter, während der Panzer noch drehte. Dann sahen sie den zweiten Abschuß. Auch diese Granate zischte haarscharf am Turm vorüber.
„Habe ihn!“ rief Gröschl, und schon peitschte die Granate hinaus. Sie explodierte am Schutzschild der russischen Pak. Es war noch eine Sprenggranate, und ihre Splitter rissen die Bedienung zu Boden.
Sie drehten wieder, erreichten den anderen Panzer und jagten Sprenggranaten gegen die russischen MG-Gruppen, die Maschinengewehre auf Schlitten vorgezogen hatten und nun aus dem Trichtergelände heraus ihre eigene Infanterie durch flankierendes Feuer unterstützten.
Einige Zeit später kamen noch einmal fünf feindliche Panzer zum Vorschein. Meyer und Bölter nahmen das Gefecht mit dem neuen Gegner sofort wieder auf.
Richtschütze und Ladeschütze hantierten wie Roboter. Zwischen den Kanonenabschüssen war das Gehämmer des Funker-MG zu vernehmen, das Bach bediente und mit dem er die anrennenden Rotarmisten aufzuhalten versuchte, die anscheinend die beiden „Tiger“ knacken wollten.
Als Hölzl eine Gruppe Rotarmisten mit Sprengmitteln erkannte, die keine fünfzig Meter vor ihm aufsprang und direkt auf den Panzer zulief, jagte er den Motor hoch und preschte ihr entgegen. Durch diesen überraschenden Vorstoß brachte er den Vernichtungstrupp aus dem Konzept. Die Russen spritzten auseinander. Die deutschen Kampfwagen waren jetzt mit ihrer Munition am Ende. Die T 34, die diesen letzten Angriff heil überstanden hatten, befanden sich bereits auf dem Rückmarsch.
Nun fuhren auch die beiden „Tiger“ nach hinten. Insgesamt waren zwölf Feindpanzer abgeschossen worden. (Hans Bölter wurde am 29.3.1943 mit dem Deutschen Kreuz in Gold ausgezeichnet). Am anderen Morgen wurden sie durch starken Gefechtslärm geweckt. Sie sprangen auf und liefen hinaus.
„Verdammt!“ sagte Bölter. „Ich glaube, der Russe hat die Absetzbewegungen erkannt und pfeffert dazwischen.“

„Seht euch das an!“ rief Meyer, der soeben herangekommen war.
„Das ist beim Troß!“ bemerkte Richter.
Artillerietreffer gingen auf die Unterkünfte des Trosses herab. Flammen stiegen dort empor.
„Ich wollte euch auf Wiedersehen sagen!“ erklärte Meyer sein frühes Kommen. „Leutnant Popp ist soeben eingetroffen und löst mich ab.“
„Mach's gut, Meyer! Und viel Soldatenglück!“
Sie reichten sich die Hand, und Leutnant Meyer, Kamerad vieler Abwehrkämpfe, ging davon. Für immer? Noch wußten sie es nicht.
In Nowo Lissino übernahm am 22. Februar 1943 Major Richter als neuer Kommandeur die Abteilung.
Am nächsten Tag feuerte russische Artillerie abermals auf die Unterkunftsräume. Die zweite Ladogasee-Schlacht war noch nicht zu Ende.
Die restlichen Teile der Abteilung verlegten auf Holzschlitten nach Tossno und Szablino.
Bölter kam mit seinen Männern und der gesamten 1. Kompanie in eine Unterkunft, die alles bisher Dagewesene übertraf. Nun gab es jede Nacht einen „Großeinsatz“. Nicht gegen russische Panzer oder Infanterie allerdings, sondern gegen - Läuse und Wanzen. Tauwetter setzte ein. Sämtliche Straßen verwandelten sich in morastige Rinnsale.
Am 1.3.1943 verlegte die Stabskompanie nach Wyritza. Oberleutnant Grix, der beliebte Adjutant, wurde ebenfalls abgelöst. So ging einer der alten Kameraden nach dem anderen. Die wenigen, die zurückblieben, hatten kein gutes Gefühl, wenn sie an die nähere Zukunft dachten.
Das Gerücht von der bevorstehenden Verlegung wurde am 10. März aber doch noch zur Wirklichkeit. Der Stab und die Stabskompanie fuhren in der Nacht zum 11. März nach Tossno. Von hier aus gingen am frühen Morgen des 13. März die Transporte in die Heimat ab.
Nun war der zurückgebliebene Rest, der sich aus einem Teil des Trosses und der 1. Kompanie zusammensetzte, keine Versuchsabteilung mehr, sondern die reguläre schwere Panzerabteilung 502, deren Rückgrat die Erste darstellen soll. Plötzlich wurde Alarmbe-

reitschaft angeordnet.
Während der Lufttransport mit Major Richter, Major Scultetus, Hauptmann Heck, den Oberleutnants Heiß, Lent, Frey und Hergarden, Leutnant Burk und Stabsarzt Dr. Blatt bereits in Paderborn eingetroffen war, wurden die zurückgebliebenen „Tiger" an der Eisenbahnbrücke bei Nikolskoje bereitgestellt.
Ein feindlicher Großangriff wurde hier erwartet. Ehe er einsetzte, fuhr Leutnant Meyer, der wieder zur Kompanie zurückgekehrt und freudig begrüßt worden war, einen Einsatz gegen Feindbunker, die der deutschen HKL gegenüberlagen.
Oberleutnant Diehls führte die Kompanie, in der erfahrene Panzermänner als Kommandanten standen. Leutnant Meyer, Oberfeldwebel Schütze und Oberfeldwebel Bölter waren auch dabei. Am 19. März griffen die Russen an. Ihr massierter Stoß traf die Stellungen der SS-Polizeidivision und die der in diesem Abschnitt ebenfalls eingesetzten „Legion Flandern".
Ein neuer, schwerer Einsatz der „Tiger-Panzer begann. Ein Einsatz, der den wenigen Besatzungen das Letzte abverlangte und jeden Mann bis an den Rand der totalen Erschöpfung brachte.

Die Tiger in der dritten Ladogasee-Schlacht

Nachdem die Rote Armee es nicht vermocht hatte, in fünf Schlachten bei Staraja Russa die deutsche Front in der Tiefe zu durchbrechen und der Wehrmachtsbericht gemeldet hatte:
„Alle Durchbruchsversuche des Feindes sind gescheitert. Grenadiere und Panzerjäger, Pioniere und Artillerie hatten an diesem Abwehrerfolg gleichen Anteil. Die Stellungen blieben fest in unserer Hand", hatte das STAWKA das zweite „As" aus dem Ärmel gezogen: Den Angriff gegen die Ssinjawino-Höhen im Norden, im Abschnitt der 18. Armee im Großraum des Ladogasees. Damit war die 3. Ladogasee-Schlacht in die letzte Phase der Vorbereitungen getreten.
Am 22. Juli 1943 um 03.00 Uhr setzte zwischen der Newa und Tschernaja das russische Trommelfeuer aus hunderten Batterien ein.
Über der deutschen HKL luden russische Bomber und Kampfflieger ihre Bombenlasten ab. Schlachtflieger fegten im Tiefflug über

die deutschen Linien hinweg und schossen aus ihren Bordkanonen oder warfen ihre Bomben, die bis zu 250 kg schwer waren. Das Ziel der Roten Armee in diesem Abschnitt war es, die für das Überleben von Leningrad unerläßliche Bahnlinie Kirischi-Leningrad endgültig in die Hand zu nehmen. Dies konnte jedoch erst dann Wirklichkeit werden, wenn den Deutschen die Ssinjawino-Höhen entrissen wurden. Dazu hatte das sowjetische Hauptquartier zwei kampfstarke Armeen vorgesehen:

Die 67. Armee unter Generalmajor Duchanow griff mit drei Garde-Divisionen und zwei Schützen-Divisionen über die eigenen Stellungsverbände hinweg an. Sie ging frontal gegen die Höhen von Ssinjawino vor.

Von Osten her aber war es die 8. Armee unter Generalmajor Stanikow, die mit sieben (!) Schützen-Divisionen beiderseits von Gaitolowo antrat.

Die 30. sowj. Panzer-Brigade wurde bei Posselok 6 (Arbeitersiedlung Nr. 6), am sogenannten Gleisdreieck, angesetzt mit dem Ziel, in die Stellungen der 23. ID einzubrechen und diese zu durchstoßen.

Deutscherseits standen diesen 13 sowjetischen Großverbänden die 23. ID unter Oberst von Mellenthin, die 11. ID unter Generalmajor Thomaschki und die 290. ID unter Generalmajor Heinrichs in einer HKL zwischen Mustolowo und Gaitolowo gegenüber. Hier tobte in den nächsten Tagen eine Schlacht von unvorstellbarer Härte. Hier versuchten sowjetische Schützen-Divisionen, von Panzerrudeln unterstützt, durchzubrechen.

Bei Tag und Nacht schoß die russische Artillerie Trommelfeuer, und hier waren auch wieder die Tiger eingesetzt und errangen großartige Erfolge, so daß auch diese Offensive der Roten Armee gestoppt werden konnte. Die Ssinjawinohöhen blieben fest in deutscher Hand.

Auch in den Abschnitten der anderen Verbände, so beim XXVI. AK bei Woronowo und Gaitolowo am „Flaschenhals“, wo die 1. ID gemeinsam mit der 212. und 69. ID sowie der 5. Geb.-Division den südlichen Abschnitt und die 1. ID nördlich der Kirowbahn stand und noch weiter im Norden, beiderseits der „Wenglernase“, die 290. ID kämpfte, wurde der Feind abgeschmiert.

Im Süden der Leningradstellung verteidigte das XIV. AK mit der

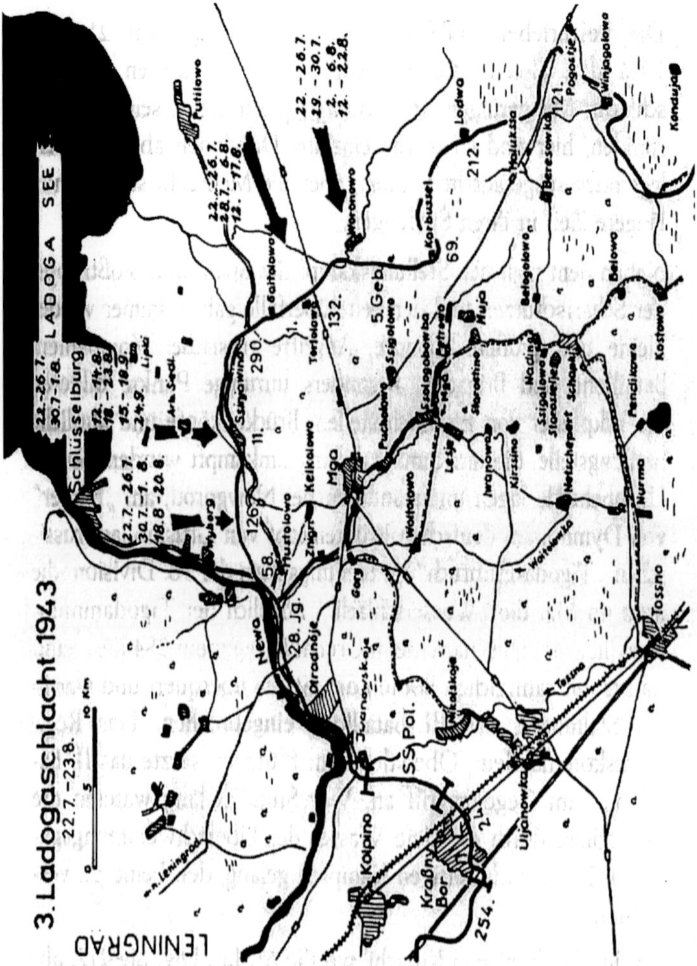

21. ID an der Newa, der SS-Polizei-Division, der 24., 58. und 254. ID beiderseits von Krassny Bor.

Von Puschkin bis nach Urizk schloß sich das L. AK an. In seiner Front auch die 250. spanische Division gemeinsam mit der 170. ID und der 215. ID, die mit ihrem Nordflügel an der Kronstädter Bucht stand. Den Oranienbaumer Brückenkopf hielt das III. Luftwaffen-Feldkorps mit der 9. und 10. LW-Felddivision.

Die hier stattfindenden Kämpfe gingen in die Berichte des Oberkommandos der Wehrmacht lediglich mit den stereotypen Sätzen ein:
„Südlich des Ladogasees brachen auch gestern wieder sämtliche mit stärkeren Kräften geführte Angriffe unter hohen Verlusten für den Feind zusammen." (25. Juli 1943) oder:
„Auch südlich des Ladogasees traten die Sowjets nach heftiger Artillerie-Vorbereitung und starker Fliegerunterstützung erneut zum Angriff an. Sie wurden in harten Nahkämpfen und zum Teil im Gegenstoß unter schweren Verlusten abgewiesen." (3. August 1943)
Die Schlagzeilen der Wehrmachtsberichte nahmen solche Kampfplätze wie Bjelgorod, Orel und der Kubanbrückenkopf ein. Die schwere Panzerabteilung 502 tauchte erst im März 1944 das erstemal im Wehrmachtsbericht auf, trotz ihrer großen Leistungen das ganze Jahr 1943 hindurch, die hier fortgesetzt werden sollen. Lediglich die 11. Infanterie-Division unter Generalmajor Thomaschki wurde in ehrenvoller Weise im Wehrmachtsbericht genannt:
„In erbitterten Kämpfen hat sie sich hervorragend geschlagen, stärksten Angriffen standgehalten und eingebrochene Feindteile bis auf den letzten Mann vernichtet".
Generalleutnant Siegfried Thomaschki, der als Generalmajor und Kdr. der 11. ID bereits am 1.11.1942 das Ritterkreuz erhalten hatte, wurde - soeben zum Generalleutnant befördert - am 11. September 1943 mit dem 299. Eichenlaub zum RK ausgezeichnet. Er ging im Mai 1945 mit seinen Soldaten in die russische Kriegsgefangenschaft, aus der er erst im Oktober 1955, nach einer Intervention von Bundeskanzler Dr. Konrad Adenauer, entlassen wurde. Der General aus Miswalde in Ostpreußen führte seine Division, die zur Gänze aus ostpreußischen Soldaten zusammengestellt worden war, seit dem 26.1.1942.
Als er am 31. Mai 1967 in Hamburg starb, standen die letzten überlebenden Soldaten seiner Division an seinem Grabe und erwiesen ihrem Kommandeur die letzte Ehre.
Die sowjetische Führung warf im September 1943 noch das XXX. Gardekorps in die Schlacht. Es ging vom 15. bis 18. September noch einmal gegen die Ssinjawinohöhen an, konnte diese aber

nicht in Besitz bringen.
Noch einmal kam es am 24. September zu einem letzten Großangriff. Dann gaben die russischen Truppen auf.
Hier nun die Einsätze der schweren Panzerabteilung 502 in diesem Großraum bis zum Jahresende.

Die 3. Phase der Schlacht am Ladogasee

Nachdem eingangs März die Kampftätigkeit vorübergehend abflaute und die zweite Ladogasee-Schlacht beendet schien, trat sie am 19. März dann doch noch in eine dritte Phase.
Diesmal richteten die Russen ihren Hauptstoß direkt auf Mga. Der zweite Zangenangriff wurde von der sowjetischen Führung aus dem Raum südlich Woronowo auf Karbussel angesetzt. Zehn Divisionen, zwei Brigaden und sieben Panzerbrigaden bildeten diesen Zangenarm.
Der andere Stoßkeil sollte aus dem Raum um Krassny Bor angreifen. Er setzte sich aus sechs Divisionen, zwei Brigaden und fünf Panzerbrigaden zusammen.
Wenn dieser Angriff gelang, war der Gegner im Besitz der Kirow-Bahn und konnte dadurch Leningrad voll versorgen. Der gesamte Kampfraum um die Ssinjawino-Höhen und Ssinjawino selbst fielen ihnen dann als reife Frucht zu.
Welche Divisionen standen zur Verfügung, um auch diese dritte Angriffsphase abwehren zu können?
An der Leningrad-Front lagen anschließend die Divisionen des L. AK (Armeekorps), die SS-Polizeidivision, die 24., Teile der 215. (Gruppe Heun), die 250. (spanische) und die 215. ID. An der Küste sicherten Küstenbatterien, Alarmeinheiten und lettische Freiwillige.
Der Oranienbaumer Brückenkopf wurde von den Divisionen des III. Luftwaffen-Feldkorps gehalten und abgeriegelt. Es waren dies die 9. und 10. Luftwaffen-Felddivision.
An Verstärkungen konnte die Armee vier Divisionen zu den Brennpunkten entsenden: die 21., 69. und 121. ID sowie die 5. Gebirgsdivision.
Dumpf dröhnte der Kampflärm zu den Männern der „Tiger"-Besatzungen hinüber, die sich im Stützpunkt Badejew bereitge-

stellt hatten. Noch war es nicht hell geworden, als die ersten Hilferufe durchkamen.
„Also los, Männer!“ rief Bölter, nachdem der Einsatzbefehl sie erreicht hatte.
Sie liefen aus der Kate heraus und zu ihrem Panzer hinüber. Rechts die Besatzung Schütze, und links Leutnant Meyer, der wieder

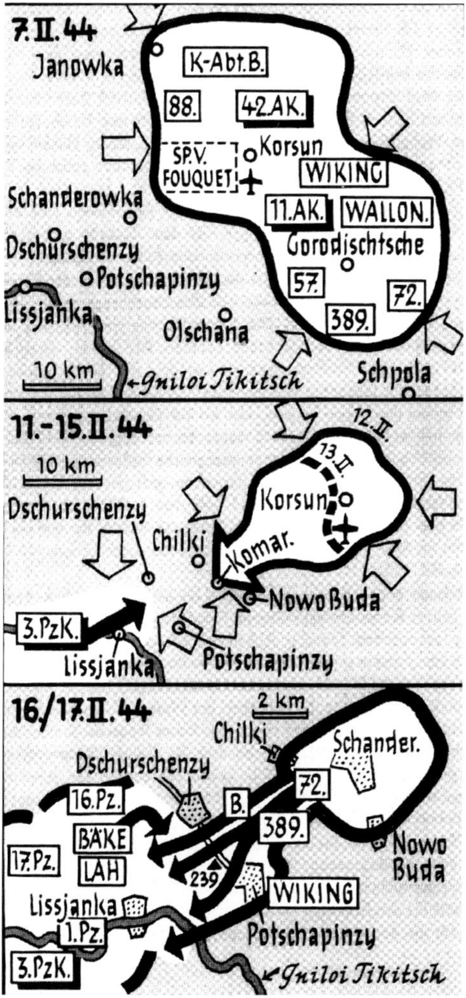

dabei war.
Schnee und Schlamm wechselten einander ab. je näher sie der Einbruchsstelle kamen, desto dichter wurde das Getrommel.
„Gefechtsbereitschaft!“ drang die Stimme von Oberleutnant Diehls über Funk zu ihnen herüber. Die Luke schlug zu.
„Waffen geladen und gesichert!“ meldete Gröschl.
Der „Tiger“ rumpelte durch einen flachen Graben. Seine Ketten rissen mächtige Erdbrocken aus dem Boden und schleuderten sie hoch.
Durch die „Schere“ (Scherenfernrohr) sah Bölter zwei Minuten später das Getöse des Kampfes. Werfergranaten gingen ringsum nieder und überschütteten sie mit Splittern und Dreck. Ein Hauptmann winkte sie ein; er verschwand sofort wieder im Boden, als ein schweres Feind-MG zu tackern begann.
„Feuer frei!“
Der „Tiger“ hielt neben dem Deckungsloch des Hauptmannes. Bölter öffnete das Luk einen Spalt breit.
„Was ist los?“
„Drüben, sechshundert Meter voraus, feindlicher Bunker, doppelstöckig. Mit mindestens zehn MG bestückt. Er unterstützt die Angreifer.“
Bölter vernahm das Heranheulen eines Feuerstoßes und tauchte unter. Das Luk fiel zu.
„Sechshundert voraus, Gröschl. Feindbunker mit vielen MG!“
„Ziel erkannt!“ meldete der Richtschütze eine Minute darauf, als er mehrere Feuerstrahlen aus dem Bunker herausspritzen sah. Die erste Panzergranate schmetterte in den Bunker hinein. Eine Dreckfontäne spritzte empor. Aber noch immer feuerten einige MG, die zeigten, daß der Feind noch nicht überwunden war. Sechs Granaten hämmerten in das Widerstandsnest, ehe es in einer stichflammenartigen Feuerkaskade auseinanderplatzte.
Noch standen sie mindestens dreihundert Meter hinter der HKL, als russische Infanterie in einer breiten und sehr tief gestaffelten Welle angriff.
„Sprenggranaten!“ befahl Oberleutnant Diehls.
Die Granaten schmetterten in die Angreifergruppen hinein. Die Wirkung war furchtbar.
Zwei Minuten später war die erste Welle gestoppt. Russische Artil-

lerie schoß sich auf die „Tiger“ ein, die in weit auseinandergezogenen Feuerstellungen standen.
Rings um den P VI von Bölter krachten Einschläge. Stahl sirrte über den Turm hinweg, schlug krachend gegen die Flanken und die Stirnpanzerung. Dann brandete eine grelle Stichflamme zu ihnen in den Kampfraum und Sekunden später eine zweite.
Der gewaltige Einschlag einer schweren Granate ließ selbst diesen stählernen Koloß schwanken.
„Stellungswechsel! Hundert Meter vorziehen!“
„Verdammt, hier sind wir aus der Hölle ins Fegefeuer gekommen.“
„Wir müssen zurück, Herr Oberfeld.“
Pausenlos detonierten nun Werfergranaten um den „Tiger“, auf dem Turm und dem Heck auseinander. Dreck klatschte gegen die Kinonausblicke.
„Zurück! Zurücksetzen, Hölzl!“
Rumpelnd rollte der „Tiger“ rückwärts. Einige Zeit später erreichten sie eine Senke und hielten.
„Panzer! Panzer!“
Dieser Schreckensruf pflanzte sich von vorn nach rückwärts fort. Und wenig später hörten sie auch in ihrer Stahlkiste den Befehl des Chefs:
„Alle ‘Tiger’ nach vorn!“
Sofort rollten sie wieder aus ihren Verstecken und Bereitstellungen heraus und fuhren in die HKL, der zweiten Welle von Rotarmisten entgegen, die sich der Front bereits bis auf Einbruchsentfernung genähert hatte.
Richter schoß mit dem MG: in einer schrägen Staffelung rasselten Feindpanzer heran. Sie blieben gruppenweise stehen, um zu schießen, und schaukelten dann weiter, während andere feuerten.
„Stopp! - Von links anfangen. Entfernung achthundert. Zehn Uhr!“
Gröschl richtete. Der Panzerturm glitt schnell herum. Eine kleine Nachkorrektur, und dann peitschte die erste Granate hinaus. Sie jagte rechts am Turm des T 34 vorbei und verschwand rauchend im Niemandsland.
Jetzt feuerte der Russe. Das Geschoß galt Oberfeldwebel Schütze und traf dessen „Tiger“ vorn an der schrägen Fläche. Wie eine Rakete stob es fast senkrecht empor.
Gröschl hatte den Feind nun mitten im Visier, und diese Granate

des gefürchteten Achtacht-Geschützes durchschlug die Panzerung des Gegners.
Schütze hatte zur gleichen Zeit getroffen. Kurz danach erwischte es einen dritten und vierten T 34. Die übrigen verschwanden in einer Bodenwelle.
Bölter sah, wie die Infanteristen den eingedrungenen Feind warfen. Er beobachtete eine Fülle schnell wechselnder Bilder: Männer, die miteinander kämpften, andere, die aufsprangen, mitten im vollen Lauf von einer MG-Garbe erfaßt wurden und zu Boden stürzten. Einmal bemerkte er etwa hundert Meter vor dem eigenen Wagen einen schwerverwundeten Russen, der von einem Kameraden an den Füßen zurückgezogen wurde.
Das alles, was sich in blitzschneller Folge hier vor ihm entrollte, war der Krieg mit all seinen Schrecken und Ängsten.
Das war der Kampf, wie er wirklich war: gnadenlos und blutig, und in jeder Sekunde auch für ihn und seine Besatzung voll tödlicher Gefahr, wie es die Granate verdeutlichte, die soeben haarscharf über seinen Turm hinwegzischte. Keine Zeitung hätte dazwischengepaßt. So erschien es ihm wenigstens, als er unwillkürlich den Kopf einzog.
„Wo kam das her?“ fragte er.
„Von halbrechts aus der Senke!“ rief der Fahrer.
Eine Pedalbewegung von Gröschl ließ den Turm in diese Richtung herumschwenken. Durch sein Visier sah der Richtschütze plötzlich den Oberrand eines Panzerturmes, der aus dem Gebüsch herauswuchs und dessen langer Kanonenrüssel sich jetzt etwas nach unten bewegte.
„Achtung!“ warnte er.
Hölzl ließ den „Tiger“ mit einem Satz vorrollen. Er kam vier Meter weit, als der nächste Abschuß aus der 7,62-cm-Kanone des T 34 herausspritzte.
Der P VI stand wieder. Gröschl hatte nachgerichtet. Er hielt eine Handbreit unter den Turm und drückte den Abfeuerknopf. Der Turm des Gegners wurde durch den Aufschlag vom Unterwagen heruntergefegt.
Russen wurden sichtbar. Das MG ratterte los. Die Panzerbesatzung verschwand. Eine Minute später hämmerte die Kanone von Schütze wieder durch den Morgen. Auch er kam auf einen Panzer zum

Schuß und vernichtete ihn.
„Flieger!“ schrie Diehls durch die Sprechverbindung, als er plötzlich die niedrig daherfliegenden Schlachtflieger auftauchen sah. Sie kamen mit mindestens zwanzig Maschinen. Ihre Bomben - fünfzig Kilo schwer - heulten der Erde entgegen. Auch auf Bölters „Tiger“ rauschte eine solche Bombe herunter, fegte knapp zwei Meter über den Turm hinweg und schmetterte ein Dutzend Meter weiter hinten in den Boden.
Dunkle Erdfontänen wurden durch die Zweizentimeter-Kanonen der nächsten „Schlächter“ aufgewirbelt. Granaten hämmerten und knallten gegen Turm und Bug des Kampfwagens. Er schüttelte ihn förmlich, und die Ohren der Männer schmerzten von dem höllischen Lärm. Dann waren die „Schlächter“ vorübergebraust. Sie drehten in einem weiten Bogen und kamen wieder zurück. Aus ihren Waffen züngelten Abschüsse. Ein paar Flak-Geschütze der Flamen richteten sich gen Himmel. Sie feuerten in schneller Schußfolge und trafen eine der Maschinen. Steil stürzte sie der Erde entgegen, jagte noch über den „Tiger“ hinweg und schmetterte vor der HKL in den Boden.
Der Aufschlagbrand ballte sich wie eine Wolke in die Höhe, grellrot, dann weiß vom brennenden Benzin. Motoren segelten durch die Luft. Tragflächen torkelten wie riesige Blätter herum, und am Boden schwelten die Überreste weiter.
Wie dieser 19. März verging, wie sie es schafften, stundenlang im härtesten Feuer des Gegners auszuhalten, wußten sie nachher selbst nicht mehr, als sie bei beginnender Abenddämmerung, fast völlig verschossen (keine Munition mehr) zum Stützpunkt Badejew zurückfuhren.
Doch auch jetzt hatten sie noch keine Ruhe.
„Aufmunitionieren, auftanken und den Gangschalter nachsehen!“ wurde befohlen.
Mit den Männern des Trosses und anschließend in der Werkstatt, schufteten sie herum, bis der „Tiger“ wieder einsatzbereit war. Todmüde fiel Bölter später auf sein Lager. Seine Nerven vibrierten noch von den Strapazen dieses Tages, an dem die wenigen P VI die Front wieder einmal vor dem Zusammenbruch gerettet und zehn Feindpanzer abgeschossen hatten.
Am 20. März waren sie mit dem ersten Büchsenlicht erneut ein-

satzbereit. Oberfeldwebel Schütze kam zu Bölter hinüber. „Ich habe so das Gefühl, als würde es heute wieder heiß hergehen, Hans!“ meinte er mit der für ihn charakteristischen Kaltschnäuzigkeit, die Bölter immer wieder bewundern mußte. Er nickte und sagte:
„Wie wir den Russen kennen, wird er alle Hebel in Bewegung setzen, um diesmal sein Ziel zu erreichen.“
Oberleutnant Diehls kam zu ihnen herüber.
„Alles klar?“ fragte er nach der Begrüßung.
„Alles in Ordnung!“ erwiderte Leutnant Meyer.
„Dann können wir ja. Wieder wie gestern: Unterstützung der ‘Legion Flandern’ und der Polizisten“.
Zehn Minuten später brachen sie auf. Im Turmluk stehend, beobachtete Bölter die zurückbleibenden Troßmänner, die hinter ihnen herwinkten. Dann betrachtete er die übrigen drei „Tiger“, die aus dem Stützpunkt vorrollten, um den Kampf aufzunehmen und sich der Überzahl der russischen Panzer zu stellen.
Die Geräusche der Schlacht verdichteten sich mehr und mehr. Als Bölter das Heulen der ersten „Stalin-Orgel“-Salven hörte, zuckte er unwillkürlich zusammen.
Gleich darauf vernahm er den Befehl von Oberleutnant Diehls: „Gefechtsbereitschaft!“
Er glitt hinunter auf seinen Sitz. Das Turmluk wurde verriegelt. Der Richtschütze meldete ihm, daß die Waffen geladen und gesichert seien.
Sie fuhren nun bereits durch flache Einschlagtrichter, stießen in Senken hinunter, schoben sich mit röhrenden Motorengeräuschen wieder empor.
Grenadiere winkten ihnen zu. Ihre Gesichter erschienen Bölter wie die von alten Männern. Sie waren übernächtigt, schmutzüberkrustet und von der dauernden Anspannung hager geworden. Wenn einer hier Unvorstellbares leistete, dann waren es diese Grenadiere, die in ihren Löchern hockten, die Stahlgiganten des Gegners erwarteten und sie ansprangen, um sie mit Nahkampfmitteln außer Gefecht zu setzen.
„Rabamm, rabamm, rabamm!“
Drei Granaten gingen dicht vor dem „Tiger“ nieder.
Für ein paar Sekunden waren im Ausblick nur Dreckfontänen und

zuckende Blitze zu sehen. Stahl dröhnte unter dem Aufprall der Splitter.
„Zu den Höhen hinüber, Hölzl!"
Der Fahrer schlug etwas ein. Die Panzerketten mahlten herum, und mit kreischenden Laufrollen schoben sich die Kolosse mit den langen Kampfwagenkanonen weiter vorwärts.
Sie erreichten die rechte Höhe, die noch immer zweihundert Meter hinter der HKL lag. Als sie oben einigermaßen gedeckt hinter einer Buschgruppe standen, öffnete Bölter das Luk.
Er spähte durch sein Fernglas in Richtung Nordwesten und sah auf einmal die dichten Wellen erdbraun gekleideter Gestalten, die sich durch eine flache Senke vorwärts schoben. Hinter ihnen hielten noch Transportwagen, die weitere Bataillone Rotarmisten in die Schlacht karrten.
Jetzt tauchten die Russen auf der trichterübersäten Plaine auf. Die eigenen Gefechtsvorposten, die in den Löchern vor der HKL hockten, eröffneten das Feuer.
Ihre MG 42 rasten los. Lange Feuerstöße lichteten die ersten, dicht hintereinander vorstürmenden Wellen. Dann sah Bölter, wie die Grenadiere sich aus den Vorpostenständen zurückzogen, und kurz darauf war wieder die Hölle los.
Das Gros der Angreifer hatte die Ebene erreicht, die sich binnen weniger Sekunden mit einem Gewimmel menschlicher Leiber füllte.
In diesem Augenblick rauschten Werfergranaten über die HKL hinweg. Schwere Werfer schleuderten ihre mächtigen Geschosse, sechsfach und mit feurigen Schwänzen, auf die Angreifer. Kreisrunde, zuckende Flammen sprühten, schwarzgebrannte Flecke blieben an den Einschlagstellen zurück.
„Achtung, Chef an alle: Panzer aus Richtung Höhe 67,9. Herankommen lassen, bis sie auf gleicher Höhe sind. Dann Feuer in die Flanke!"
Einige Sekunden später sah auch Bölter die stählerne Phalanx der T 34 und KW 1, die den ersten Angriffswellen der Russen folgten, um die liegengebliebenen Rotarmisten aufzunehmen, sie weiter vor zu führen und ihnen den Weg in die deutschen Stellungen freizuschießen.
Es war ein atemberaubendes Bild, zu sehen, wie diese Panzer

durch die Senke rollten und ihre Spuren weit hinten am Rand des einsehbaren Bereiches zusammenliefen.
„Alles klar, Gröschl?!
Der Richtschütze nickte.
Ladeschütze Richter hatte bereits die nächste Granate griffbereit. Die Erregung in der Enge des Stahlkastens wuchs. Erst als Oberleutnant Diehls Stimme wieder durch den Funksprechverkehr hörbar wurde, klang sie langsam ab.
„Von jetzt ab Feuer frei nach eigener Maßgabe!“
Weiter vorn krachte der Abschuß der ersten Achtacht-Kanone vom P VI des Oberfeldwebels Schütze. Bölter sah die grelle Einschlagflamme.
„Den T 34, der eben aus der Senke hochkommt!“ befahl er.
„Ziel erkannt!“
Die Granate peitschte hinaus. Sie traf den russischen Tank zwischen den Ketten unter dem Bug. Für eine Sekunde sah es so aus, als würde der Feindpanzer aus seiner Schrägstellung nach hinten kippen. Er wippte aber mit dem Bug wieder herunter und blieb liegen. Ein paar Tankisten booteten aus, wurden vom Feuer der MG erfaßt und verschwanden irgendwo.
Von nun an krachte es ununterbrochen. Ein wahrer Feuerorkan tobte über dem Land.
Die Sowjetpanzer schwenkten auseinander. Sie rollten in einer breiten Kette vor. Wo sie Abschüsse sehen konnten, dorthin hielten sie mit ihren Kanonen.
Nach dem vierten Schuß schossen sich vier T 34 auf Bölters „Tiger“ ein, der auf der Höhe stand.
Ein paar Meter unterhalb des Kampfwagens krachten die Einschläge in den Boden. Der nächste Schuß lag keine drei Meter vom Bug entfernt. Ein dichter Busch wirbelte vor den Fahrerausblick und blendete Hölzl.
Aber Gröschl konnte sehen. Er schoß, und ein weiterer T 34 ging in Flammen auf.
„Rückwärts herunterrollen!“
Der „Tiger“ setzte zurück. Zwei Granaten zischten noch über ihn hinweg, dann war er hinter dem Hügel und für kurze Zeit in Sicherheit.
Der Fahrer riß, durch sein Luk greifend, den noch immer vor dem

Ausblick hängenden Busch herunter. Sie umrundeten den Hügel, erreichten eine Querrinne und rollten darin weiter, direkt auf die Ebene zu. Keine dreißig Meter vor ihnen tauchten an einer Biegung ungefähr zehn Rotarmisten auf. Bölter, der bereits wieder den Kopf aus dem Turmluk hinausgestreckt hatte, um besser sehen zu können, duckte sich, als eine MPi-Garbe auf ihn zuzischte. Bach jagte einen Feuerstoß aus dem Funker-MG und zwang die Russen in Deckung.

„Links einschlagen, die Wand hoch!“

Hölzl schwenkte. Sie gingen die Vierzig-Grad-Steigung an. Der Motor röhrte dumpf im ersten Gang. Meter um Meter schoben sie sich empor. Als die Kanone mit dem Turm über dem Höhenrand auftauchte, knallte von irgendwoher ein Schuß.

Die Granate traf den Turm schräg und riß den „Tiger“ etwas herum. Die Männer im Wagen waren für Sekunden wie betäubt von dem Getöse.

Rasant ließ Hölzl den „Tiger“ sofort vorschnellen. Das war gut so, denn die nächste Granate, die ihnen gegolten hatte, flitzte schon dicht hinter dem Heck des „Tigers“ her.

Hölzl ließ den Panzer auf der Stelle herumkreisen. Die Gleisketten rissen tiefe Furchen in den Boden.

Wieder blitzte es auf. Diesmal sahen der Kommandant, der Fahrer und auch der Richtschütze den Abschuß. Durch das schnelle Drehen hatte der Gegner sie wieder um Haaresbreite verfehlt. Gröschl schoß. Aber auch er hatte nicht richtig gezielt, denn die Achtacht-Granate schmetterte dicht vor dem T 34 in das Gebüsch und schleuderte eine Erdfontäne empor.

Die nächsten Schüsse erfolgten fast gleichzeitig. Noch ein drittes mal hatten sie Glück, denn die feindliche Granate, aus höchstens hundert Meter abgeschossen, prallte ab und jaulte zur Seite. Ihr Schuß aber saß. Die Panzergranate bohrte sich durch den Stahl des Gegners. Durch den Druck der Detonation im Innern des T 34 flogen alle Luken auf. Flammensäulen zischten empor. Der Koloß war besiegt.

Sie rollten nun rund fünfzig Meter vor und sahen, daß Schütze sich im Duell mit einem T 34 befand.

„Da, Herr Oberfeld!“ schrie Hölzl plötzlich, als er den KW I erblickte, der schräg hinter Schützes Panzer auftauchte.

Der schwere Turm drehte sich. Die 12,2-cm-Kanone dieses Giganten schwenkte auf Schütze ein. Wenn dessen Granate den Kameraden traf, war er erledigt.
Gröschl ruckte den Turm des „Tigers“ mit schnellem Pedaldruck herum. Gleichzeitig kurbelte er bereits die Höhe ein.
Der Feuerstrahl aus der Kanone des KW I zeigte, daß der harte Abschußknall von ihm kam.
Sie sahen die rauchende Feuerspur der Granate, die den „Tiger“ von Schütze in die Kette traf und ihn bewegungsunfähig machte.
Gröschl richtete noch etwas nach. Jetzt hatten sie Zeit, einen wirklich sicheren Schuß abzugeben. Dann hatte er genau die Stelle im Visier, die er anrichten wollte. Er drückte die elektrische Abfeuerung, die das Verwackeln verhinderte. Die Granate zischte hinaus, jagte dem KW I entgegen.
Mit einer grellen Aufschlagdetonation, bei der die Panzergranate den Stahl des gegnerischen Kampfwagens zum Schmelzen brachte und funkensprühenden, flüssigen Panzerstahl verstreute, wurde der KW I getroffen. Der Turm rumpelte nach vorn, und die lange Kanone zeigte erdwärts.
Vorn ging eine Luke auf. Sie sahen für eine winzige Zeitspanne einen Russen, dann war er verschwunden.
In den Flammen, die aus dem Kampfraum des Panzers hervorprasselten, fand die übrige Besatzung ein furchtbares Ende.
„Im Rücken alles rein, Schütze!“ rief Bölter dem Kameraden zu.
„Setzt euch vor mich, ich werde die Kette reparieren!“
Im „Tiger“ waren nur der Richt- und Ladeschütze zurückgeblieben. Sie schossen - selbst lahm und bewegungslos - noch einen T 34 ab.
Der Panzerfeind drehte vor diesem Stahlriegel ab, konnte aber die vordersten Gräben der „Legion Flandern“ erreichen.
Einzelne Pak-Bedienungen setzten noch einige T 34 außer Gefecht, aber die übrigen kurvten über die Gräben und schütteten sie zu. Sie schossen mit Sprenggranaten in die sich noch verteidigenden Kampfstände hinein und löschten alles Leben aus.
Drei Männer, die einen T 34 angingen, wurden von dem MG des nächsten Feindpanzers aufgefaßt und mit einem langen Feuerstoß niedergekämpft.
Oberleutnant Diehls rief die anderen P VI. Er allein stemmte sich

zu diesem Zeitpunkt gegen die Flut der mindestens zwanzig T 34, die die vordersten deutschen Stellungen erreicht hatten und in deren Gefolge auch russische Sturmtruppen herangekommen waren.

„Einer ist übrig, Herr Leutnant!“ rief Bölter.

„In Ordnung, macht voran, ich drehe und fahre zum Chef.“ Leutnant Meyer ließ seinen „Tiger“ herumkommen. Er rollte nun in schneller Fahrt dem Kampffeld entgegen. Als er die Feindpanzer erkennen konnte, die die Gräben zusammendrückten, ballte er die Fäuste.

„Schießen!“ rief er erregt, und noch einmal: „Schießen!“ Die erste Granate verließ das Rohr und ließ einen T 34 im Graben liegenbleiben. Zwei Grenadiere lösten sich aus der Nähe der Ketten dieses Giganten, sprangen hoch, warfen Handgranaten in die Luks und verschwanden wieder.

Der Leutnant umkurvte den brennenden T 34 und sah sich zwei anderen Gegnern gegenüber. Etwas krachte in seine Flanke hinein. Aber die Granate drang nicht durch.

Wie ein wütendes Ungeheuer wuchtete der „Tiger“ herum. Ein Abschußblitz sprang aus der Kanone und setzte einen weiteren Feindpanzer außer Gefecht. Die übrigen schwenkten und rollten in der HKL nach Süden und Südosten weiter.

Oberleutnant Diehls fing sie ab. Er ließ sie aber noch einmal drehen, und so geschah es, daß die drei Männer, die die „Tiger“-Kette eben fertig hatten, sich dem Feuerhagel von sechs oder sieben T 34 gegenübersahen.

Der Fahrer ließ den Wagen sofort herumrucken, und die Kanonenbedienung fiel in das geballte Feuer der beiden anderen P VI ein. Strahlenförmig rollten vier der sieben Feindpanzer auseinander. Schüsse in die Hecks und Flanken ließen einige von ihnen binnen kurzer Zeit aufbrennen. Als lodernde Fackeln lagen sie am Rande der deutschen HKL.

Einer aber entkam. Er rollte nach Südosten, hatte die HKL bereits passiert und fuhr dann nach Badejew hinein. Seine Kanone jagte Sprenggranaten heraus, die in die Häuser des Trosses hineinpeitschten und dort eine schwere Verheerung anrichteten. „Achtung, der erreicht unser Spritlager!“ warnte einer der Troßmänner den Oberleutnant.

Der griff nach einer Tellermine und rannte geduckt über die Straße. Eine Sprenggranate flog dicht über ihn hinweg. Der Luftdruck schleuderte ihn zu Boden, doch das wiederum rettete ihn vor dem Kugelregen aus dem MG, das die Dorfstraße perforierte. Wenig später hatte er die Stelle erreicht, die der T 34 passieren mußte, wenn er das Benzindepot angreifen wollte.
Diehls warf die Tellermine auf den Boden und hechtete zur Seite, als ein neuer Feuerstoß aus dem MG ihm entgegenzischte. „Da, er hat die Fässer gesehen!“
Der T 34 schwenkte herum. Er blieb stehen, und seine Kanone richtete sich genau auf das Spritlager.
„Er muß vorfahren!“ rief ein Unteroffizier und griff zur Panzerbüchse.
Er traf den Koloß in die Flanke. Wenn seine Granate auch nicht durchdrang, so hatte er doch erreicht, daß der T 34 vorrollte, ohne geschossen zu haben.
Noch zwei Meter, noch einen Meter...
Dann war es soweit!
In einer grellen Stichflamme wurde der Bug des T 34 mindestens einen halben Meter angehoben. Die Wucht der Detonation mußte ihm die Wanne aufgerissen haben, da Benzin ausfloß. Mit blaffendem Schlag entzündete es sich, und aus den lodernden Flammen, die den Panzer umhüllten, tauchten die ausbootenden Tankisten auf. Sie rannten schreiend zur Seite, liefen mit brennenden Kleidern bis zu den Schneewehen am Straßenrand und wälzten sich darin. Einige Zeit später wurden sie von den Troßleuten gefangengenommen und versorgt.
Den ganzen 21. März über war vor allem die Landschaft um die große Rollbahn vom Lärm des Panzerduells erfüllt. Schnelle Vorstöße und Rochaden, geschickte Hinterhalte, versteckte Auffangstellungen wechselten einander ab.
Bölter spürte, wie die Müdigkeit ihn zu übermannen drohte. Pervitin mußte her. Sie hatten gar keine andere Wahl. Sie mußten kämpfen, schießen und noch einmal schießen, wenn sie lebendig wieder aus dieser tosenden Hölle herauskommen wollten. Immer wieder nickten die Männer in den kurzen Pausen ein. Wenn sie zurück mußten, weil ihre Granaten verschossen waren, hockten sie im Winkel eines Faßstapels, rauchten Zigaretten, schliefen ein

und rappelten sich wieder auf, wenn Bölter sie rief.
Sie kletterten steifbeinig in die Stahlkästen, fuhren abermals nach vorn, standen wenig später im Kampf mit Panzern und russischen Sturmgeschützen und mußten sich ihrer Haut wehren. Bis zum Mittag des 21. März lagen weitere zehn abgeschossene russische Panzer in der HKL und rechts und links der Rollbahn. Als sie gegen 14.50 Uhr wieder aufmunitioniert die Front erreichten, ging plötzlich ein Orkan von Raketengeschossen auf sie nieder. Mit ohrenbetäubendem Getöse zogen die feuerschwänzigen Geschosse der ersten Salven über sie hinweg. Das hohe Heulen peitschte vorbei, wurde von der nächsten Lage aufgenommen, und auf einmal zuckte, blitzte und krachte es direkt vor ihnen, kam näher und näher.
Grelle Blitze stoben in den Kampfraum. Ein unerhörtes Geratter und Geklirre betäubte sie. Es war, als wanke die Erde unter den schweren Stahlkästen. Die Panzer glichen Schiffen, die auf den Wogen der Detonationswellen schwankten, sich überlegten und wieder zurückpolterten.
Flammen stoben herein. Vor den Ausblicken zuckte Feuer. Durch den übermächtigen Luftdruck krachten sämtliche Luken auf. Dann war es vorbei, und sie wunderten sich alle, daß sie es überlebt hatten, daß ihr Panzer noch fahrbereit war und sie weiterrollen konnten.
Doch schon sahen sie die nächste Gruppe der gegnerischen Panzer, zu einem Breitkeil gestaffelt, heranrollen.

Aus über zweitausend Meter Entfernung eröffneten sie das Feuer. Sie schossen wie auf dem Exerzierplatz, und als die russische Artillerie nach ihnen griff, rollten sie in eine neue Stellung, unterfuhren das Feuer und nahmen den Kampf wieder auf. Einer der „Tiger“ kam nicht durch. Ein russisches Sturmgeschütz jagte ihm aus einer geschickt getarnten Stellung eine Granate vom Kaliber 12,2 cm entgegen. Schon der erste Schuß saß. Durch die „Schere“ beobachtete Bölter dieses Duell. Er sah, wie die ganze Kuppel des P VI wegflog.
„Aufpassen, Gröschl, das Sturmgeschütz hinter dem Kugelbusch. Entfernung achthundert, genau zwölf Uhr!“
„Ziel erkannt!“

Noch ehe dieser Gegner einen zweiten Schuß abfeuern konnte, hatte Gröschl ihn angerichtet. Der Schuß jagte aus dem Rohr, flitzte dem Sturmgeschütz entgegen und ließ dort, wo er stand, eine zehn Meter hohe Flamme emporstoßen.
„Treffer!"
Sie schützten die vier Kameraden, die ihren schwerverwundeten Kommandanten heraushoben und zurücktrugen.
„Hinten drauf! Macht schnell!"
Mit den fünf Kameraden rollte der „Tiger" zurück, bis sie hinter der HKL den Verbandsplatz erreichten und den Schwerverwundeten abliefern konnten.
Anschließend fuhren sie wieder vor. Sie kamen gerade rechtzeitig an, um in das letzte Gefecht eingreifen zu können, das sich vorstoßende T 34 mit den zwei noch vorn stehenden „Tigern" lieferten.
Durch seine Sehschlitze in der Kuppel sah Bölter im Siegelsystem alle Bewegungen. Er ließ seinen Kampfwagen herumschwenken, als er die beiden T 34 erkannte, die auf der Flanke vorstießen und an den „Tigern" vorbeizukommen trachteten.
Im Gefecht mit diesen beiden Gegnern erhielt auch ihr Wagen erneut einen Treffer, ohne das dieser aber den „Tiger" außer Gefecht hätte setzen können.
Noch einmal tauchte Bölter aus dem Turm empor.
Es mußte sein, denn nun konnte er genügend sehen. Eine gute Übersicht war vielleicht das Wichtigste beim Kampf gegen feindliche Panzer, die sich irgendwo durch eine Senke oder hinter Kusseln vorwärts schoben.
Doch es war nichts anderes mehr zu entdecken als zerschossene, brennende und qualmende Panzer.
Der Kampf war zu Ende. Auch an diesem 21.3.1943 hatten die Russen es nicht geschafft, die deutsche HKL zu durchbrechen. Daß es ihren zahlenmäßig weit überlegenen Kräften nicht gelungen war, hatten weitgehend die wenigen „Tiger" verhindert, die auch heute wieder achtzehn Feindpanzer abgeschossen hatten. Immer mehr zeigte es sich, daß die deutsche Panzerwaffe nun einen Kampfwagen hatte, der jedem anderen überlegen war. Pioniere gingen vor, um den „Tiger" zu sprengen, der nicht zurückgezogen werden konnte, weil eine Pak ihn noch zweimal so

schwer getroffen hatte, daß nichts mehr zu machen gewesen war. Vierzig Panzer hatten die Russen binnen dreier Tage an der Einbruchsstelle bei Krassny Bor verloren. Nun war scheinbar das Panzerpotential der Russen an dieser Stelle erschöpft.
Es wurden nun keine Kampfwagen mehr eingesetzt. Dafür versuchte die russische Infanterie - geschützt durch schwere Pak, die in den nächsten Nächten vorgezogen und gut getarnt eingebaut wurden -, das Blatt zu wenden.
Diese Kampftaktik wurde noch zwei weiteren „Tigern" zum Verhängnis.
Wie es Bölter gelang, vom 22. bis zum 30. März den vielen aus Verstecken und Schweigestellungen abgeschossenen Granaten zu entgehen, wie er es immer wieder schaffte, den Hinterhalten zu entkommen und feindliche Pak abzuschießen, das war selbst für ihn ein unlösbares Rätsel.
An jedem Tag wurden sie wenigstens einmal aus einer getarnten Pak-Stellung angeschossen. Zweimal standen sie mehrere Stunden hindurch im Feuer der russischen Artillerie. Ein drittes Mal mußten sie ausbooten und zu Fuß zurücklaufen.
In der Nacht gingen sie dann wieder vor, stießen auf russische Kampftrupps, schossen sich mit dem Gegner herum, während die Troßmänner bereits dabei waren, den lahmgeschossenen „Tiger" fahrbereit zu machen.
Und auch diesmal gelang es wieder. Sie fuhren den „Tiger" zurück und arbeiteten die Nacht durch, um ihn bis zum ersten Büchsenlicht fahrbereit zu bekommen.
Immer wieder stießen sie vor, schlugen abgeriegelte Frontvorsprünge frei oder säuberten das Vorfeld von den russischen schweren MG, die in der Nacht vorgezogen worden waren.
Hier, bei Krassny Bor, im Kampf gegen russische Pak, Sturmgeschütze und massierte Infanterie, trugen die „Tiger" wesentlich dazu bei, daß die Front gehalten werden konnte.
Am 1. April war der Kampf zu Ende gegangen, und an diesem Tag trat alles vor dem Abteilungsgefechtsstand an. Major Richter verlieh Oberleutnant Diehls das Eiserne Kreuz I. Klasse. Dann gab er die vorzugsweise Beförderung von Oberfeldwebel Schütze zum Leutnant bekannt. Und zum Schluß rief er den Namen von Oberfeldwebel Bölter auf.

„Oberfeldwebel Bölter, der Führer hat Ihnen für Ihre Tapferkeitstaten in den vergangenen Wochen das Deutsche Kreuz in Gold verliehen. Ich habe die hohe Ehre, es Ihnen heute überreichen zu dürfen."

Er winkte dem Adjutanten, nach vorn zu kommen, nahm das Deutsche Kreuz aus der Schatulle und heftete es dem Oberfeldwebel an die rechte Blusenseite.

Schließlich war es am 11. April wieder einmal soweit. Es sollte versucht werden, die verlorengegangene Rollbahn zurückzugewinnen. Aber der Angriff drang nicht durch.

Am nächsten Morgen fuhren drei „Tiger" vor, um den vorfühlenden Feind zu halten. Unter ihnen auch Stabsfeldwebel Sanderring, einer der ganz „alten" Panzermänner.

Bei diesem Angriff zeigte es sich, was die langen russischen Panzerbüchsen auch gegen „Tiger" ausrichten konnten.

Einer der Rotarmisten, die sich in den Boden gewühlt hatten, als die P VI auftauchten, richtete den Panzer des Stabsfeldwebels an und schoß aus einer Entfernung von fünfzig Metern. Die Granate dieser Panzerbüchse durchschlug den Kinonblock. Stabsfeldwebel Sanderring war sofort tot. Der „Tiger" rollte zurück. Ein einziger Rotarmist hatte das erreicht, was oftmals mehreren T 34 nicht gelungen war: einen „Tiger" auszuschalten.

Die zweite Ladogasee-Schlacht war am 6. April endgültig zu Ende gewesen.

Am 22. Juli 1943 begann die dritte Ladogasee-Schlacht. Sie war zeitlich auf den sowjetischen Großangriff im Mittelabschnitt der Ostfront abgestimmt.

Trommelfeuer schmetterte auf die deutsche HKL hernieder. Starke Luftangriffe setzten ein, um die deutschen Artilleriestellungen vor Beginn des Angriffes zu zerschlagen.

Und schließlich griffen die Divisionen der 67. Sowjetarmee über die Stellungstruppen hinweg an. Mit fünf Divisionen war auch das XXX. Gardeschützenkorps an der Offensive beteiligt. Die 8. Sowjetarmee stieß von Osten vor.

Dem XXX. Gardeschützenkorps gelangen zwei örtliche Einbrüche. Der eine am Gleisdreieck bei Posselok 6, westlich der Ssinjawino-Höhe, der andere am Bahnhof Rangun bis zum Newa-Ufer.

Selbst der tapferste Einsatz der 11. ostpreußischen und der 23. brandenburgischen Division konnte diese Einbrüche nicht verhindern.
In den nächsten Tagen versuchten die Russen, an diesen Stellen eine Entscheidung zu erzwingen.
Die deutsche 18. Armee setzte ihre Reserven ein. Die 121. ID an der Ostfront, die 28. Jägerdivision an der Nordfront westlich der Ssinjawino-Höhe.
Zwanzig Tage lang verteidigte die 11. ID und wehrte die Angriffe von sieben feindlichen Divisionen ab. Die Divisionsartillerie gab in diesen Tagen 95.000 Schuß ab.
In den ersten Augusttagen verlegten die Angreifer dann den Schwerpunkt an die Ostfront zwischen Woronowo und der Kirow-Bahn. Vom 2. bis 4. August griffen sie hier mit neunundzwanzig Bataillonen an, um durch diesen Flankenstoß auf Mga die Ssinjawino-Verteidigung aus den Angeln zu heben.
Weder dieser Großangriff noch eine anschließende Panzerattacke vermochten die Stellungen der hier verteidigenden 5. Gebirgsdivision und der 1. ID zu durchbrechen. Daß es auch mit dem Panzerangriff nicht gelang, war mit ein Verdienst der „Tiger"-Panzer. Die 1. Kompanie, die seit dem Sommer 1942 hier kämpfte, war ebenso an den Abwehrerfolgen beteiligt wie die 2. und 3. Kompanie, die am 22. Juli - aus Frankreich kommend - im Kampfraum eintrafen.
Vom Stützpunkt Znigri aus fuhren die „Tiger" in den Einsatz. Bölter war fast immer dabei. Es kam zu Panzerduellen, zu nächtlichen Frontfahrten zu den eingegrabenen Russen, zu Erkundungsvorstößen und zu Gegenstößen mit Begleitinfanterie.
Oberleutnant Diehls führte die Erste. Seine Hauptstützen waren Leutnant Schütze, Leutnant Heer und Unteroffizier Lötsch, der am 30. Juli einen harten Einsatz fuhr, um am nächsten Tag mit Unteroffizier Federizzi und Unteroffizier Hornung abermals vorzurollen und eingebrochene Feindgruppen zu werfen. Von den Russen besetzte Bunker wurden im direkten Beschuß vernichtet. Immer wieder wurden „Tiger" getroffen und mußten in die Werkstatt. Fieberhaft wurde hier gearbeitet. in den Nächten gingen die Werkstattmänner hinaus, um die Ketten ausgefallener P VI zu schweißen.

Sei es im Bunkerdorf oder im Stützpunkt „Balzerweg“, überall, wo „Tiger“ bereitstanden, herrschte Großkampfstimmung.
Erst Ende August flaute die dritte Ladogasee-Schlacht ab. Abermals hatten die Rote Armee hunderttausend Mann verloren. 344 feindliche Kampfwagen wurden abgeschossen, dazu 307 Flugzeuge. Das begehrte Ziel war wieder nicht erreicht worden.
Noch während die Abteilung 502 das Instandsetzen und Überholen der Panzer und Fahrzeuge durchführte, traten die Russen abermals zum Angriff an. Sie hatten sich dazu den rechten Flügel der Nordfront bei Newel ausgesucht. Fast die gesamte schwere Panzerabteilung 502 wurde im Eiltransport nach Newel gefahren. Neuer Kommandeur der Abteilung war inzwischen Major Willy Jähde geworden. Am 8. Oktober brachen die Panzer von Tossno auf. Sie wurden auf dem Bahnhof verladen.
Newel war zwei Tage zuvor von sechzig sowjetischen Panzern überraschend genommen worden, denen russische Infanterie auf Lkw folgte.
Die 58. ID und die Abteilung 502 sollten die Stadt im Gegenangriff zurückgewinnen. Es gelang der Division, den durchgestoßenen Feind abzufangen. Nördlich Newel, im Raume Aluntowo und Medwedko, hielten die eintreffenden Regimenter den Angriffen stand.
In vier Schlachten stürmten die Russen gegen diesen Südpfeiler der Nordfront an.
Hier war es, wo ein Teil der 1. Kompanie, die von der Verladerampe in den Kampf geworfen wurde, vom Gegner auf der Rollbahn umzingelt wurde.
Der Zug unter Leutnant Meyer wurde völlig vernichtet. Der Leutnant, einer der tapfersten Panzerkommandanten, erschoß sich, als die Rotarmisten ihn gefangennehmen wollten
Wenige Tage später mußte Gatschina aufgegeben werden. Auf der Rollbahn Gatschina-Wolossowo-Narwa ging es zurück. Überall dort, wo die Situation kritisch wurde, tauchte Major Jähde auf und setzte sich selbstlos für seine Panzermänner ein.
Bei Wolossowo waren es der Major und der Abteilungsadjutant, die mit den beiden letzten voll aufmunitionierten „Tigern“ gegen die starken Panzerkräfte der Russen anrollten. Nachdem Major Jähde neun Feindpanzer vernichtet hatte, wurde sein P VI ebenfalls

getroffen und er selbst verwundet. Aber er blieb bei der Truppe. Sein Adjutant hatte mit dem zweiten „Tiger" sechs Feindpanzer abgeschossen.
Aus dem Raum Pustoschka wurde dann die Abteilung am 19.1.1944 wieder zur Ladoga-Front zurückgeschafft. Dort brannte es wieder gewaltig.
Die Russen hatten in der Nacht zum 20. Januar bereits Krassnoje Sselo genommen und stießen nun auf Kipen vor.
Major Jähde erhielt vom Kommandierenden General des L. AK, General der Infanterie Wegener, den Befehl, eine Kampfgruppe zu bilden und mit dieser die Stellungen bei Woronowo - Ssjas - Kelewo zu halten.
„Ihre Stellung ist der wichtigste Eckpfeiler der Verteidigungsfront nördlich Gatschina", betonte der General.
Am ersten Tag des „Tiger"-Einsatzes - am 22.1.1944 - wurden zwölf Feindpanzer abgeschossen. Dennoch mußten sich die deutschen Truppen am 26. Januar absetzen.
Nach einem feindlichen Durchbruch im Raum des III. „Germanischen SS-Panzerkorps" wurden diesem zwei „Tiger"-Kompanien unterstellt, die P VI fuhren nach Wolossowo. Es waren acht einsatzbereite und drei nicht mehr fahrbereite Panzer, die geschleppt wurden.
Vierundzwanzig Feindpanzer wurden am 26. Januar abgeschossen. Die Unteroffiziere Lötsch und Engesser waren an diesen Abschüssen beteiligt.
Durch diese Erfolge gegen die ungestüm nachdrängenden Angreifer erhielten die sich absetzenden Infanteriedivisionen etwas Luft. Die russischen Panzerkeile gerieten, wenn auch nur vorübergehend, ins Stocken.
Gerade als die „Tiger" in Richtung Narwa verladen wurden, erhielt Bölter, seit dem 1.5.1943 Leutnant, die Nachricht, daß sein Freund, der Chef der 1. Kompanie, Oberleutnant Diehls, auf der Fahrt mit dem Kübelwagen durch einen Splitter tödlich verwundet worden war.
Im neuen Einsatzraum wurde die Abteilung abermals aufgeteilt und eingesetzt. Während die 2. Kompanie bei Narwa im Abwehrkampf stand, rollten die 1. und 3. Kompanie südlich Pleskau und bei Idritza gegen den Feind.

Die Nacht von Gründonnerstag auf Karfreitag verbrachte die Panzerbesatzung Bölter im Kampfwagen, der zur Sicherung des Regimentsgefechtsstandes eingesetzt war, um eventuellen russischen Angriffen begegnen zu können.
Die fünf Männer dösten vor sich in. Aus der Ferne dröhnten Geräusche zu ihnen herein. Dort fuhren russische Panzer in ihre Bereitstellungen vor.
Langsam wurde es Morgen.
„Ich gehe eben mal in den Gefechtsstand, um zu sehen, was für uns anliegt", sagte Bölter zu seinen Kameraden.
Er schwang sich hinaus. Das Grollen aus der russischen HKL wurde lauter, als er zum Gefechtsstand hinüberging und sich dabei die schmerzenden Beine vertrat.
Er hatte mit dem Regimentsführer eine kurze Besprechung. „Kann ich mich hier irgendwo langmachen, Herr Oberstleutnant?" fragte er abschließend.
„Sie können nebenan schlafen, Bölter."
Aber bevor er sich niederlegte, brüllte auf einmal ein fürchterlicher Feuerschlag auf. Ein Blick auf die Uhr zeigte dem Leutnant, daß es eben sechs Uhr gewesen war.
Aus Hunderten von Rohren eröffneten die Russen den neuen Großangriff in diesem Einsatzraum. Binnen weniger Sekunden hatte sich das Feuer zu einem einzigen, nicht enden wollenden Dröhnen und Brüllen gesteigert.
Fauchend und tosend heulten die ersten Salven vieler „Stalin-Orgeln" herüber, schmetterten in die HKL hinein, um sie zum Angriff reifzuschießen.
Ringsum hämmerten Granaten in den Boden. Der Regimentsgefechtsstand wankte und schwankte. Tausende von Granaten gingen im Regimentsabschnitt nieder, denn diesmal wollten die Angreifer hier den Durchbruch versuchen; hier in der hart ostwärts des Bahndammes und dann im rechten Winkel nach Westen abbrechenden HKL, die sich an die Dörfer Wadrino und Bol. Ussy anlehnte.
Die Schlacht um Pleskau erreichte ihren Höhepunkt. Zwei Stunden lang dauerte das Trommelfeuer. Dann griffen die Rotarmisten diese Stellungen der 8. ID an.
Sie stürmten in dichten Wellen. Sturzkampfbomber jagten ihnen entgegen, warfen Dutzende kleiner Bomben, schossen aus MG und

Kanonen.
Die Feindinfanterie blieb liegen. Nun versuchten die Russen, mit dreißig Panzern aus der Flanke durchzustoßen. Sie fanden den neuralgischen Punkt, an dem keine schweren Abwehrwaffen standen.
Diese dreißig Panzer schafften den Einbruch.
Bölter wußte davon noch nichts, als er seinen „Tiger" so dicht wie möglich an den Regimentsgefechtsstand herandirigierte, um im Notfall in den Stahlkasten schlüpfen und abrauschen zu können.
Mit letzter Kraft kam ein verwundeter Melder in den Regimentsgefechtsstand.
„Feindlicher Panzerangriff, Herr Oberstleutnant! Die Panzer sind in die HKL eingedrungen, sie walzen die Infanterie nieder!"
„Bölter, das ist etwas für Sie!" sagte der Regimentskommandeur. „Fahren Sie hin und ..."
Bölter stürzte aus dem Bunker. Im selben Augenblick schlugen vier Granaten dicht vor dem Unterstand in den Boden. Der Luftdruck schleuderte den Panzerleutnant in den Bunker zurück. Benommen richtete er sich auf.
Der Regimentskommandeur blickte ihn flehentlich an.
„Bölter, Sie müssen hinaus und den Panzerangriff abschlagen! Wenn die Russen hier durchkommen, ist die Front erledigt. - Es hilft nichts, Sie müssen es wagen!"
Bölter spürte die Furcht, die nach ihm griff. Aber er sah auch die Umrisse seines „Tigers": Noch niemals hatten Infanteristen auf ihn vergebens gewartet, und das sollte auch heute nicht der Fall sein. Er spannte sich zum Sprung, und als die nächste Lage Granaten niedergegangen war, schnellte er sich aus dem Bunker ins Freie und lief los.
Er kam keine zehn Schritte weit, als er die fürchterlichen, kreischenden und jaulenden Geräusche der herankommenden Salven der „Stalin-Orgeln" hörte.
Blitzschnell warf er sich in einen ausgezackten Trichter und ließ das Inferno platzender Granaten über sich ergehen.
Dicker Korditqualm und Erdstaub nahmen ihm den Atem. Faustgroße Erdbrocken prasselten auf ihn herunter. anschließend krachten Artillerie- und Werfereinschläge. Bölter kroch zurück, wurde dreimal von Splittern geritzt und lag schließlich, nach Atem rin-

gend, im Gefechtsstand.

„Ich gehe, Herr Oberstleutnant“, sagte er, als er sah, daß nun auch dieser Offizier zu resignieren schien. „ich gehe!“

Was der Melder konnte, das würde und mußte auch er schaffen. Nach der nächsten Salve jagte Bölter los. Er rannte um sein Leben. Der Luftdruck einer platzenden Granate riß ihn zu Boden. Noch

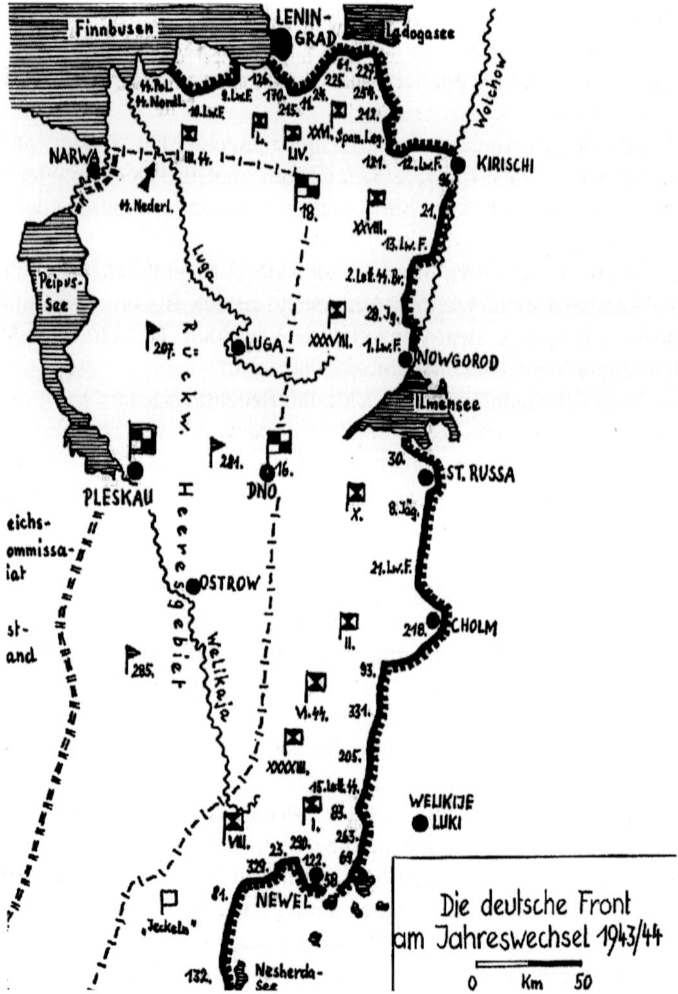

Die deutsche Front am Jahreswechsel 1943/44

hatte sich der Qualm nicht verzogen, als er bereits wieder auf den Beinen war. Mit jagenden Lungen erreichte er den „Tiger". Die Turmluke war schon von Richtschütze Gröschl geöffnet worden, als er auf den Turm sprang, um im Panzer unterzutauchen. Die Luke wurde zugedreht.
Überall gingen Granaten nieder, prasselten Splitter gegen das Stahlgehäuse.
Hölzl rollte, ohne den Befehl abzuwarten, in Richtung HKL los. Es bedurfte keiner Kommandos mehr bei ihnen. Sie waren eine verschworene, aufeinander eingespielte Besatzung. Jeder wußte, was in den einzelnen Situationen zu tun war.
Sie rollten durch eine Balka, und wenig später sahen sie die auf dem Gelände verstreuten Feindpanzer, die jenseits des Niemandslandes aus de Wald herausrollten.
Bölter erkannte schwere und schwerste Sturmgeschütze, die auf den Flanken vorrollten, ab und zu stehenblieben und ihre 12,2- und 15,2-cm-Granaten in die deutschen Kampfstände schickten. „Sie formieren sich um Angriff, Herr Leutnant!" rief Hölzl, der sie durch den Fahrerausblick gut erkennen konnte.
Diese feindlichen Panzer waren noch ungefähr tausend Meter entfernt, als Gröschl den ersten Schuß abfeuerte.
In schnellster Schußfolge jagten die beiden Männer hinter der „Achtacht" die Granaten hinaus. Drei, vier T 34 standen nach wenigen Minuten auf der freien Feldfläche.
Die T 34, KW I und Sturmgeschütze rollten weit auseinander und eröffneten das Feuer auf den einen deutschen „Tiger".
Granaten flitzten über den Turm hinweg.
Und dann schrie Gröschl eine Warnung. Aber für den gerade wieder Schießhalt einlegenden Fahrer war es zu einer Reaktion bereits zu spät.
Heulend kam es auf sie zu. Greller Feuerschein peitschte herein, und dann gab es einen mordsmäßigen Krach. Der „Tiger" wippte und bockte unter dem Schlag der Granate, die den Bug getroffen hatte. Dicker Qualm hüllte sie für wenige Sekunden ein. Doch der Treffer war von dem „Tiger" ohne Schaden hingenommen worden. in jedem anderen Panzer wären sie jetzt bereits erledigt gewesen. Röhrend schaukelte der P VI nach rechts, erreichte eine flache Senke, tauchte im Buschwerk unter, und nur der Richtschütze und

der Kommandant sahen noch die Feindpanzer. Ein Sturmgeschütz wanderte ins Visier hinein, blieb stehen. Aus seinem Rohr spritzte die Abschußflamme.
Gröschl drückte die Abfeuerung.
Zielsicher jagte die Granate dem Sturmgeschütz entgegen, bohrte sich durch den Panzerstahl und verwandelte den Gegner in ein glosendes Wrack.
Sofort schwenkte Gröschl die Kanone einem T 34 entgegen. Er rollte eben wieder nach vorn. Gröschl ging mit, bis der Gegner Schießhalt machte. Eine winzige Korrektur, dann krachte der Schuß. Der Treffer brachte die offenbar noch im Rohr liegende Granate des T 34 zur Detonation. Aus dem Panzer schlugen Flammen heraus. Er war erledigt. Rechts und links flitzten in einem Kilometer Entfernung schnelle russische Panzer am „Tiger" vorbei.
„Sie wollen uns umgehen!" berichtete Bölter den Kameraden. Seine Stimme klang bemerkenswert ruhig. Diese scheinbare Ruhe übertrug sich auf die vier Männer der Besatzung.
Rumms!
Wieder schmetterte ein Treffer in die Seite des „Tigers", tief unten mußte der Schuß gesessen haben. Die linke Gleiskette klirrte. Wenn sie nur nicht kaputt ist! dachte Bölter. „Dreißig Meter vorziehen!" befahl er.
Die Kette war nicht beschädigt. Der „Tiger" gehorchte dem Fahrer wie zuvor. Hinter einer kleinen Bodenwelle waren sie vorübergehend in Sicherheit.
„Verstärkung muß her! Wie sieht es aus, haben Sie Verbindung, Bach?"
„Wir erhalten Verstärkung, Herr Leutnant; Oberfeldwebel Göring und Unteroffizier Sperling sind zu uns unterwegs."
„Hoffentlich kommen sie durch das Sperrfeuer!"
Jetzt erst wurde es auch Bölter bewußt, daß das russische Feuer weiter zurückverlegt hatte, um die eigenen Sturmtruppen nicht zu gefährden.
Auf einmal krachte es auf der rechten Flanke.
„Das ist Göring, Herr Leutnant! - Göring ruft, daß er die auf der Flanke rollenden T 34 angreift."
Sekunden später schoß es auch weit links vom „Tiger" des Leut-

nants.
„Dann muß das Sperling sein“, stellte Bölter zufrieden und nun wieder voll Zuversicht fest.
Die beiden „Tiger“ kamen wie die wilde Jagd angebraust. Sie hatten das feindliche Sperrfeuer durchdrungen und stießen nun auf die beiden Flankenkeile der russischen Panzerbrigade.
Oberfeldwebel Gering schoß nacheinander vier T 34 ab. Die übrigen drehten und verzogen sich in die Senken und Balkas. Unteroffizier Sperling war auf die schweren Sturmgeschütze gestoßen. Der erfahrene Panzerkommandant, hoch dekoriert und eiskalt in seinen Aktionen, wartete immer einen Abschuß eines Sturmgeschützes. Dann ließ er seinen „Tiger“ bis auf sechshundert Meter Entfernung heranrollen, gut zielen und schießen. Sie hatten dazu über eine Minute Zeit, denn so lange dauerte es, bis die Sturmgeschütze nachgeladen hatten. Die schweren 12,2- und 15,2-cm-Geschosse waren in Granate und Kartusche getrennt. Das bedingte eine längere Ladezeit, und diese Phase nutze Sperling konsequent aus. So schoß er die beiden schweren Sturmgeschütze ab, die ihm den Weg nach vorn verlegten, und traf ein drittes so beträchtlich, daß es qualmend abdrehte und im Wald verschwand. Dazwischen versuchten die Russen nun, in der Mitte bei Leutnant Bölter durchzustoßen.
Die zweite Stunde des Kampfes ging bereits zu Ende. Aber noch immer waren die fünf Männer im „Tiger“ so rasch wie in der ersten Sekunde.
Sie schossen drei T 34 binnen zweier Minuten ab. Dann rochierten sie wieder nach links, rasselten mit 25 Stundenkilometern Fahrt durch die Senken und Löcher, daß sie sich alle anklammern mußten, und erreichten eine schmale, dichte Schonung. Sie stießen hindurch und standen am jenseitigen Ende plötzlich einigen T 34 gegenüber, deren Besatzungen anscheinend beratschlagten, wie sie diesen „Tiger“ außer Gefecht setzen könnten.
Drei Schüsse jagte Gröschl hinaus, bevor die überraschten Russen das Feuer erwiderten. Zwei von ihnen aber schossen nicht mehr zurück, denn sie standen bereits in hellen Flammen.
Rechts und links des „Tigers“ fauchten Granaten in das Wäldchen hinein. Eine streifte den Turm, so daß es höllisch klirrte. „Rückwärts, dreißig Meter zurücksetzen. - Stopp! Rechts einschla-

gen und durch!“
Sie walzten durch die Schonung, hörten die durch das Gehölz schmetternden Granaten und drehten nach etwa dreihundert Metern wieder auf die Lichtung zurück. In schneller Fahrt jagte Hölzl den „Tiger“ hundert Meter aus der Deckung heraus, drehte auf klirrenden Ketten herum, zeigte den T 34 die Schmalseite, und abermals schossen Gröschl und Richter in unvorstellbar schnellem Takt.
Vier, fünf Granaten verließen das Rohr.
Die T 34, die diesen Überfall überstanden, fuhren nun ihrerseits nach vorn und in das Waldstück hinein, um in Deckung zu gelangen.
In weitem Bogen rollte Bölter mit seiner Besatzung zu seiner alten Stellung zurück. Noch einmal nahm er den Kampf gegen vorfühlende Feindpanzer auf. Dabei schoß Gröschl einen T 34 ab, der noch über tausend Meter entfernt war.
Drei Stunden wogte der Kampf schon hin und her. Die russische Panzerbrigade hatte bereits über zwanzig Wagen verloren, als Göring und Sperling auf gleicher Höhe mit Bölter standen. Nun konnten sie sich gegenseitig unterstützen und sich die Ziele ansagen.
Oberfeldwebel Göring meldete den fünften und sechsten Abschuß. Den siebten brauchte er nicht zu melden, denn dieses grandiose Feuerwerk an explodierenden Kartuschen, die das Ende des voll getroffenen Panzers anzeigte, sah Bölter durch den Ausblick in der Kuppel.
Plötzlich schossen sich vier Feindpanzer auf Sperlings „Tiger“ ein.
„Achtung, Sperling! Links ein Sturmgeschütz!“ warnte Bölter den Kameraden. „Ich übernehme den T 34!“
Zwei Schüsse schmetterten in den Gegner hinein, der Sperling aufs Korn genommen hatte. Der Tank geriet sofort in Brand. In diesem Augenblick feuerte das schwere Sturmgeschütz, das vom ersten Schuß des „Tigers“ nicht voll getroffen worden war. Und dieser Schuß war ein Volltreffer. Die 15,2-cm-Granate schmetterte frontal gegen den Bug und riß die gesamte Schweißnaht auf. Zum Glück drang auch diese Granate nicht durch, aber nun mußte Unteroffizier Sperling das Kampffeld verlassen, denn der leichteste Schlag würde sie endgültig vernichten.

„Muß zurückfahren, Bug aufgerissen!" meldete der Unteroffizier sich ab, nachdem der Qualm sich verzogen hatte. Bölter, der das Schlimmste befürchtet hatte, atmete auf.
„Gut, Sperling, flattern Sie los!"
Der Unteroffizier lachte, und Bölter sah, wie sein „Tiger" lahmgeschossen, aber noch fahrbereit, zurückfuhr.
Eine Granate aus der Panzerkanone von Oberfeldwebel Göring veranlaßte das sowjetische Sturmgeschütz, rasch zu drehen und zu verschwinden.
Nun hatte Sperling vier Panzer und Sturmgeschütze abgeschossen, während Göring auf sieben vernichtete Gegner gekommen war. Auf das Abschußkonto von Bölter kamen fünfzehn Panzer. Doch jetzt meldete sich Gröschl:
„Es geht nicht weiter, Herr Leutnant. Unsere Kanone schlägt bis zur roten Markierung zurück."
„Das zwingt uns, zurückzufahren."
„Die Russen haben ja auch aufgesteckt!" rief Hölzl dazwischen.
„Tatsächlich! Nichts mehr zu sehen!" sekundierte Gröschl.
Die Tankisten hatten tatsächlich aufgegeben. Ihre Verluste gegen diese drei „Tiger" waren zu hoch. Der drohende Panzerdurchbruch, der sich unzweifelhaft zu einer Katastrophe für den gesamten Frontabschnitt ausgeweitet hätte, war durch den Zug Bölter vereitelt worden.

In den übrigen Abschnitten der Front kämpften die „Tiger"-Besatzungen von Leutnant Ruppel, Leutnant Schürer, Feldwebel Bockelmann, Feldwebel Laube und andere. Auch sie erfüllten ihre Pflicht unter ständigem persönlichen Einsatz, immer gegen eine Übermacht gepanzerter Feindfahrzeuge.
Bis zum 9. April 1944 versuchten die Russen noch ihr Glück. Dann waren auch sie am Ende. Sie hatten ihre groß angelegte Durchbruchsschlacht verloren. Sieben sowjetische Schützendivisionen waren unter blutigen Verlusten zurückgeschlagen worden. 73 Feindpanzer wurden - überwiegend von der schweren Panzerabteilung 502 - abgeschossen.
Die Kämpfe flauten ab. Der Ort Robinjaty nahm die Männer auf. Hier war Leutnant Hans Bölter am Morgen des 25. April vor der versammelten Mannschaft angetreten, um das ihm am 16.4.1944

verliehene Ritterkreuz in Empfang zu nehmen.
Im Ruhequartier Robinjaty übernahm Leutnant Bölter nach seiner Rückkehr aus dem Urlaub die 3. Kompanie vertretungsweise. Das einsetzende sonnige Wetter machte diese Zeit zu einer letzten schönen Ruhepause. Sieben Wochen sollte sie dauern. Eine Zeit, in der die Abteilung unter dem neuen Kommandeur Major Schwaner ihre höchste Kampfstärke seit ihrem Bestehen erreichte. Die 2. Kompanie lag einige Ortschaften hinter Robinjaty in Ruhe, während die Stabskompanie nach Iborska in Estland verlegte. Inzwischen hatte Hauptmann Leonhardt die Dritte wieder übernommen.
Am Abend des 22.6.1944 eröffneten die Sowjets gegen zwanzig Uhr nordwestlich von Ostrow ein gewaltiges Trommelfeuer. Aus ihrer Bereitstellung hörten sie das dumpfe Grollen der Schlacht.
Eine Woche zuvor war Hans Bölter noch das Panzerkampfabzeichen der II. Stufe verliehen worden, und jetzt sah es so aus, als sollten sehr bald neue Panzergefechte bevorstehen.
Vorerst gingen im Abschnitt der 121. ID nordostwärts von Ostrow auf einer Breite von zwei Kilometern pausenlos Granaten aller Kaliber nieder. Aus über dreihundert Geschützen und fünfzig „Stalin-Orgeln" schlug das Vernichtungsfeuer in die deutsche HKL, um sie hier für den Großangriff der Russen aufzureißen.
Nach zwei Stunden stürmten sowjetische Schützendivisionen an dieser Stelle vor. Sie durchstießen die von Granattreffern umgewühlte HKL und erreichten das Höhengelände bei Sujewo. Die Ortschaften Schapkow, Bajewo und Wankowo fielen ihnen in die Hände, und am Abend des 23. Juni gingen russische Infanterie und vor allem Panzer mit aufgesessenen Schützen entlang des Höhenzuges Sujewo - Judino in Richtung auf die Rollbahn Pleskau - Ostrow vor.
Wenn der Gegner die HKL hier überrannte, konnte er eine Stunde darauf in Ostrow sein.
Am Abend des 23. Juni verließen die „Tiger" der Dritten Robinjaty und stellten sich an der Rollbahn bereit. Vierzehn P VI rollten dann los. Im offenen Luk stehend, führten die Kommandanten die Wagen vorwärts. Es ging zunächst über die Rollbahn. Bölter sah die zurückrollenden Pferdewagen mit den daraufliegen-

den Verwundeten. In den Gesichtern der Soldaten standen Grauen und Vorwurf zugleich. „Warum seid ihr nicht eher gekommen?“ rief einer der Männer zu Bölter empor.
Dieser biß die Zähne aufeinander. Es gab zu viele „Warum“, auf die er keine Antwort wußte.
Im Laufe der Nacht erreichten zehn „Tiger“ der 2. und elf „Tiger“ der 3. Kompanie nach dreißig Kilometer Straßenmarsch den Einsatzraum.
Oberst Löhr, der Führer der 121. ID, gab den Chefs und dem Abteilungskommandeur den Kampfauftrag:
„Angriff am 24.6.44, X-Zeit, aus den Bereitstellungsräumen. 3. Kompanie aus Pyljai, 2. Kompanie vier Kilometer nordwestlich davon, hart westlich der Ortschaft Sseschtkino. Im Zusammenwirken mit dem neu herangeführten GR 94 Gegenangriff entlang des Weges Staatsgut Kirowo - Schapkowo und Zurückgewinnung des Höhengeländes bei Sujewo.“
Die 2. Kompanie rollte bei Angriffsbeginn mit dem GR 94 vor. Dichtes Artilleriefeuer schmettete auf die „Tiger“ herunter. Hinter dem Staatsgut, am Wald, blieben die Grenadiere liegen. Fahrer, Funker und Kommandanten der Panzer sahen die grellen Blitze der Einschläge. Granaten und Raketengeschosse bohrten sich in den Boden.
Die „Tiger“ gelangten an ihr Angriffsziel, jedoch ohne die Infanterie. Sie mußten deshalb das gewonnene Ziel wieder aufgeben und gegen Abend die erreichten Räume verlassen.
Da der Angriff des rechten Nachbarn - des Pionierbataillons 121 - besser lief, wurde die 3. Kompanie diesem Bataillon zugeführt. In schneller Fahrt rollten die elf „Tiger“ vorwärts. Bölter führte die erste Gruppe an. Sie kamen in das feindliche Gelände bei Sujewo, und gegen Mittag rollte Bölters VI, dicht gefolgt von einigen weiteren Kampfwagen, auf das Höhengelände vor. Hier aber saßen die Russen in den ehemaligen deutschen Bunkern und in dem dichtverzweigten Grabensystem. Aus allen Gräben zischten Abschüsse russischer Panzerbüchsen. Gezieltes Feuer auf Sehschlitze und Winkelspiegel der Kuppeln setzte ein.
Immer wieder feuerte Gröschl in die erkannten Kampfstände hinein. Geschosse knallten gegen die Flanken. Eine Panzerbüchsengranate schmetterte in die Kanonenblende.

In direktem Beschuß gelang es den heraufgekommenen „Tigern“, Bunker, Werferstellungen und MG-Stände auszuschalten. Einige Feindpanzer, die vorrollten, wurden in zusammengefaßtem Feuer vernichtet. Dennoch erlitten die nachfolgenden Angriffsgruppen hohe Ausfälle. Immer wieder schickten die „Tiger“-Kompanien einzelne Panzer zurück, um weitere liegengebliebene Gruppen vorzuholen und die Granatwerfer- und MG-Stellungen der Russen, die das Feuer wieder eröffnet hatten, endgültig zum Schweigen zu bringen.

Die feindlichen Gegenstöße wurden im Laufe des Nachmittags abgewiesen und hierbei wiederum sieben Feindpanzer abgeschossen.

Trotzdem endete dieser Tag mit einem Mißerfolg. Der Panzer von Leutnant Carius stand auf der Höhe wie auf einem Präsentierteller. Er erhielt einen schweren Treffer zwischen Walzenblende und Turm - und das vom eigenen Chef, der den „Tiger“ für einen Gegner angesehen hatte.

Carius jedoch, seit dem 4.5.1944 der Ritterkreuzträger der 2. Kompanie, focht das nicht an. Es gelang ihm sogar, Leutnant Naumann von der 3. Kompanie zu warnen, als dieser über eine Höhe hinwegfahren wollte.

Doch Naumann empfing den Warnruf offenbar nicht, sondern fuhr weiter und sah sich plötzlich mehreren schweren russischen Sturmgeschützen gegenüber. Diese eröffneten das Feuer, und bald darauf stand der „Tiger“ von Leutnant Naumann in Flammen. Die Besatzung bootete aus. Sie blieb seit diesem Tag spurlos verschwunden.

Funker-Obergefreiter Egon Kleine, vom „Tiger“ unter Unteroffizier Loewe von der 3. Kompanie, hörte die Warnung, die Carius rief:

„Achtung, Iwan! -Achtung Iwan! (Iwan = Spitzname für Russen)“

Er empfing auch andere deutsche Kommandos, die aber von Russen dazwischengerufen wurden, um die „Tiger“ zu verwirren. Und diese Befehle lauteten:

„Fahren Sie vor!“ - Über die Höhe!“

Später stellte sich heraus, daß es ehemalige deutsche Soldaten des „Komitees Freies Deutschland“ gewesen waren, die diese Falschmeldungen durchgaben.

Auch der P VI von Feldwebel Wesely erhielt einen schweren Treffer von einem russischen Sturmgeschütz. Damit hatte die linke Kampfgruppe, die von Leutnant Carius geführt wurde, bereits zwei Ausfälle.
Aber auch bei der rechten Gruppe, die von der 3. Kompanie gebildet wurde, waren mehrere Panzer getroffen worden. Der „Tiger" von Unteroffizier Loewe erhielt einen Treffer ins rechte Laufwerk. Es gelang Loewe, den Panzer mit eigener Kraft zurückzubringen. Bei dieser Rückfahrt konnte er noch die Besatzung des Wagens Diehl aufnehmen.
Beide „Tiger-Kompanien wurden gegen zweiundzwanzig Uhr von den Höhenrücken zurückgezogen.
Mit den anderen einsatzbereiten Panzern rollte Leutnant Bölter nach Pyljai zurück. Hier wurde noch in der Nacht versorgt. Ein Teil der zweiten Kompanie kam wenig später ebenfalls in Pyljai an, während ein Zug der Zwoten in Schapkowo bei der Infanterie zurückgehalten wurde.
Am 25. Juni blieben die „Tiger" in Pyljai liegen. Nur ein Zug der 2. Kompanie unter Leutnant Carius rollte nach vorn und vereitelte beim I. GR 94 in Schapkowo feindliche Gegenstöße.
Am Abend des 26. Juni wehrten die „Tiger", von Hauptmann Leonhardt geführt, einen russischen Angriff mit Panzerunterstützung ab und vernichteten zwei KW I. Der Kampf tobte weiter. Bis zum 30. Juni schossen die Panzer VI der Abteilung zwei Sturmgeschütze, fünfundzwanzig Panzer - T 34 und KW I -, achtzehn Pak und mehrere Artilleriegeschütze ab.
Immer wieder wurden Funksprüche an die eingeschlossenen und bedrängten Grenadiere und Panzergrenadiere abgesetzt: „Haltet aus! 'Tiger' von Westen im Anmarsch!"
Wenn dieser Funkspruch die dezimierten Kompanien und Kampfgruppen erreichte, dann standen sie den Kampf durch, bis schließlich auch die Panzer erschienen, röhrend über die Plaine rollten und die drohende Gefahr beseitigten.
Am 3. Juli wurde die gesamte Abteilung dem II. AK unterstellt. lediglich die 1. Kompanie, diesmal von Leutnant Bölter geführt, blieb im Raume Idritza beim X. Armeekorps.
Erst am 12. Juli erhielt Hans Bölter Befehl, im Eisenbahnmarsch mit seinen sechzehn „Tigern" in Richtung Dünaburg zu verlegen.

Als Bölter Major Schwaner die Kompanie meldete, war der Abteilungskommandeur glücklich über diese große Verstärkung und darüber, daß er endlich die gesamte Abteilung wieder beisammen hatte.
Aber die 1. Kompanie war bereits vom II. AK auf dem Papier verplant, noch ehe sie im Kommandoraum des Korps eingetroffen war.
Noch am gleichen Abend wurde vom Kommandieren General, Generalleutnant Wilhelm Hasse (Hasse erhielt am 25.8.1944 das Ritterkreuz und am 14.1.1945 als General der Infanterie das Eichenlaub. Er starb 1945 in russischer Gefangenschaft) die Aufteilung der 1. Kompanie in zwei Halbkompanien befohlen. Fünf „Tiger" wurden zur Verstärkung der 3. Kompanie nach Vensavai zur 225. ID kommandiert. Die fünf übrigen Panzer rollten als neue Einsatzgruppe zur 81. ID nach Gut Vazsaliena, zwanzig Kilometer ostwärts Dünaburg. Dadurch war die Abteilung wieder auf drei Infanteriedivisionen aufgeteilt.
Mit der Hälfte der 1. Kompanie fuhr Leutnant Bölter zur 225. ID, wo bereits die 3. Kompanie stand. Am Nachmittag des 14. Juli wurde er mit der Führung der „Kampfgruppe" beauftragt, die aus der 3. Kompanie und seiner halben Kompanie bestand. „Sie fahren zum Bataillonsgefechtsstand des II. GR 377 und besprechen mit dem Kommandeur einen Gegenstoß!" Leutnant Bölter fuhr los. Auf dem Bataillonsgefechtsstand in Gaideliai wurde festgelegt, daß die „Tiger" um 19.15 Uhr über die Höhe 175 vorgehen und das jenseits dieser Höhe liegende Dorf Stosjunai wiedergewinnen sollten.
Um 19.15 Uhr rollten die P VI an. Bereits vor der Höhe peitschte ihnen das feindliche Abwehrfeuer entgegen.
Eine Pak traf den „Tiger" Bölters, aber zum Glück prallte die Granate ab, weil sie schräg aufgeschlagen war.
Wieder arbeiteten Gröschl und Richter exakt und schnell. Bevor die Pak zum zweitenmal schießen konnte, erhielt sie einen Volltreffer. Die Bedienung floh.
Panzerbüchsentreffer hagelten auf den Kampfwagen nieder. Es krachte und klirrte. Bölter sah die Flammen durch den Winkelspiegel von allen Seiten aufblitzen.
„Festhalten!" brüllte Hölzl, als sie einen Graben erreichten.

Jäh stieß der Bug des „Tigers“ hinunter. Der Motor brüllte laut auf, als Hölzl mit Vollgas durch den Graben jagte und ihn zuquetschte. Russen tauchten vor ihnen auf. Bach schoß aus dem Funker-MG, und der Gegner ging fluchtartig in Deckung. Sie zogen als stählerner Stoßkeil mitten durch die sowjetischen Stellungen. In ihrer Spur folgten die Männer des II. Bataillons nach und säuberten die Löcher und Gräben. Kurz nur, jedoch hart und erbittert wurde um das Vorfeld der Höhe 175 gekämpft.

Jetzt nahmen die Panzer den schrägen Hang unter die Ketten, sie schoben sich höher, und dann hatte Bölter, der vorn fuhr, den Höhenrücken erreicht.

Aufblitzende Flammen zeigten ihm die Stellungen der russischen Pak.

„Achtung, an alle: Pak auf der Höhe!“

Sie schoben sich ins Schußfeld der Pak, rochierten, jagten über das Plateau. Direkt vor dem Bug wurde eine Kanone sichtbar, die gerade schoß.

Die Granate traf die Schräge des Bugs und stieg wie eine Rakete senkrecht in den Abendhimmel.

Sie rumpelten weiter. Dann waren sie vor der geschickt in den Boden eingebauten Pak. Der Bug schob sich über den Schutzschild. Es krachte ohrenbetäubend.

Der schwere „Tiger“ walzte die Pak in den Boden.

Alle P VI standen jetzt auf der Höhe. Ihre Kampfwagenkanonen knallten. Sie schossen über Kreuz, und die Flammenspuren der Leuchtspur aus den MG zwangen die hier oben liegenden Russen zum Rückzug.

Sprenggranaten hämmerten in die Bunker hinein. Immer mehr Grenadiere kamen auf die Höhe nach und besetzten das Gelände.

„Funkspruch an das Regiment: ‘Wir haben Höhe erreicht und halten!’“

Genau eine Minute nach dem Absetzen dieses Funkspruches wurde die Höhe von einem Granatenhagel überschüttet. Die Russen eröffneten das Feuer. Dicht nebeneinander gingen die Granaten nieder. Bölter sah, daß sich die Feindartillerie näher und näher an die einzelnen „Tiger“ heranschob.

Die „Tiger“ rollten nun kreuz und quer über die Hochfläche, und immer wieder entkamen sie dem niederhämmernden Stahlteppich.

„Sie haben irgendwo ihre Beobachter, Herr Leutnant", meinte Feldwebel Bockelmann von der 3. Kompanie.
Bölter suchte die Gegend ab. Sein Blick verhielt auf den Höhen südlich des Swentoji-Baches.
Das kann nur von dort kommen!"
Sie schossen auf die erkennbaren russischen Stellungen von der Höhe. Im Feuer mit Sprenggranaten wurden Kampfstände, MG-Stellungen und auch Pak vernichtet.
„Zwei Panzer nach rechts zum Ende der Hochfläche. Wir fahren mit Laube direkt zum Rand vor!"
Die vier „Tiger" setzten sich in Bewegung. Sie erreichten den jenseitigen Rand der Höhe, und hier entdeckte Feldwebel Karl Laube zuerst die russischen Panzer, die am Hinterhang aufgestellt waren.
„Feindpanzer am Hinterhang. Entfernung zweitausendfünfhundert Meter!" meldete er.
Leutnant Bölter beobachtete durch sein Fernglas, indem er den Kopf aus dem Turm hob. Er sah sie jetzt ebenfalls. Es waren T 34 und KW I. Wenn sie losrollten, würde es für die Infanterie kritisch werden, die links und rechts von der Höhe weiter vorprellen wollte. Die Männer würden mitten in das Feuer hineinlaufen.
„Feuer eröffnen!"
Aus zweieinhalb Kilometer Distanz schossen die schweren Kampfwagenkanonen.
Die Granaten schmetterten vor den getarnten russischen Panzern in den Boden. Nach zehn Schüssen ließ Bölter das Feuer einstellen.
„Munitionsverschwendung, bei dieser mistigen Schußlage!"
„Herr Leutnant. Zweitausend voraus, in der Senke!"
„Das sieht aus wie eine 'Stalin-Orgel', die dort in Stellung gehen will. - Gröschl, die müßtest du aber kriegen."
In der Senke ging tatsächlich ein Raketensalvengeschütz in Stellung. Zwei Wagen mit Munition und ein Mannschaftstransportwagen folgten. Die erste Granate verließ das Rohr des P VI. Sie schlug rechts neben dem Salvenwerfer ein. Der dritte Schuß traf einen der Munitionswagen. In einem grausigen Feuerwerk flogen die Raketengeschosse in die Luft. Dann wurde auch die „Katjuscha" voll getroffen und ausgeschaltet.
Auf einmal blitzte es schräg unten und auf der Gegenhöhe hell auf. Granaten rasierten scharf über die Panzertürme hinweg.

„Feind-Pak!“ - Alle eröffnen das Feuer!“
Die „Tiger“ waren bis an den Rand der Höhe herangerollt. Aus ihren Langrohrkanonen peitschten die Abschüsse. Granaten schlugen in die feindlichen Stellungen und vernichteten Geschütze und Bedienung. Nacheinander wurden sechs Feind-Pak abgeschossen. Aber wenig später zeigte es sich, daß die eigene Infanterie dem feindlichen Artilleriefeuer schutzlos preisgegeben war und sich nicht länger halten konnte.
„Wir müssen das erreichte Ziel wieder preisgeben, Bölter“, sagte der Bataillonskommandeur, als sich der Leutnant zu ihm begab, um die Direktiven für die Nacht zu erhalten. „Das Regiment ist einverstanden, daß wir uns bis in die nächste Mulde zurückziehen und dort abwarten.“
„Gut, Herr Major. ich hole meine Panzer ebenfalls dorthin zurück und bilde mit ihnen einen Riegel.“
„Bataillonsgefechtsstand ist die zerschossene Kate in der Mulde. Stellen Sie sich zu zweiundzwanzig Uhr dort bereit.“
Auch bei der Gruppe Carius hatte es an diesem Tag schwere Kämpfe gegeben. Hier hatte sich vor allem der „Tiger“ von Feldwebel Kerscher besonders hervorgetan. Kerscher war weit über die Höhe 173,3 hinausgefahren und hatte mit seiner Kanone bis zum Ufer des Ricu-Sees alle Feindstellungen vernichtet. Die russische Infanterie hatte sich in dichten Gruppen zurückgezogen. Lediglich die Halbkompanie der Ersten unter Leutnant Baumann verhielt in der Bereitstellung bei der 132. ID, etwa acht Kilometer ostwärts, in der Nähe des Gutes Solonja.
Der nächste Tag verlief ruhig. Bölter inspizierte seine „Tiger“ und tauschte mit den anderen Kommandanten Vermutungen darüber aus, ob die Russen überhaupt noch einmal angreifen würden.
Am 16. Juli wurde die Gruppe Baumann zur Angriffsspitze der 132. ID verlegt. Sie sollte als Stoßkeil den Angriff entlang der Straße Babascki - Borony nach Süden anführen und die feindlichen Widerstandsnester ausschalten. Aber es kam wieder einmal ganz anders. Leutnant Baumann trat, wie befohlen, um sechzehn Uhr an. Im ersten Ansturm wurden die vorderen sowjetischen Infanteriesicherungen überrollt. Aber aus dem bald darauf auftauchenden Dorf Dubinovo erhielt er völlig überraschend starkes Pak-Feuer. Nicht weniger als acht Pak wurden erkannt.

„Schießen! Schießen! rief der Leutnant.
Das Duell Pak gegen Panzer begann. Aber die Pak hatte den Vorteil der gut getarnten Stellung für sich. Der erste „Tiger“ erhielt einen schweren Treffer, so daß die Besatzung aussteigen mußte. Dann fiel der zweite aus, ehe die erste Pak durch einen Volltreffer erledigt wurde.
Dann aber traten die drei übriggebliebenen Panzer in Aktion. Ihre Kanonen jagten Granaten zum Gegner hinüber. In schnellen Rochaden manövrierten sie die Pak aus. Dennoch stand drei Minuten später ein dritter „Tiger“ in Flammen. Die Besatzung bootete ebenso wie die der beiden ersten Panzer aus und wurde von Kameraden aufgenommen.
Das Gefecht mußte bei Einbruch der Dunkelheit abgebrochen werden, denn Leutnant Baumann erfuhr, daß die eigene Infanterie nicht angetreten war. Drei „Tiger“ waren ausgefallen. Der Gegner hatte in diesem erbitterten Kampf sechs schwere und vier mittlere Pak verloren.
Doch dieser Erfolg tröstete nicht über den Verlust des Großteils der Kampfkraft der Gruppe Baumann hinweg.
Am späten Abend erhielt Leutnant Bölter den Befehl, mit der Halbkompanie der Ersten, die mit der 3. Kompanie zusammengelegt war, aus dem Einsatzraum der 225. ID in einem Achtzig-Kilometer-Marsch über Dünaburg - Gut Vaschalina zur 81. ID zu fahren.
In der Gluthitze des Sommers, die auch die Nächte unerträglich warm bleiben ließ, mußte eine unvernünftig hohe Marschleistung vollbracht werden. Doch man hatte Bölter auch den Grund genannt:
„Bei der 81. ID brennt es, und wenn Sie nicht am anderen Morgen mit Ihren ‘Tigern’ dort sind, dann kann die Front zusammenstürzen.“
Bölter wußte, was das für alle Soldaten in diesem Großabschnitt bedeutete. Er feuerte seine Männer an. Die Panzer rollten ohne Ausfälle in den Gefechtsraum der 81. ID, und sofort wurde Bölter mit drei weiteren „Tigern“ zur Sicherung am Ortsrand von Silene eingesetzt. Die Divisionsführung befürchtete hier einen russischen Angriff.
In dieser Nacht kamen die Russen jedoch nicht. Von Müdigkeit

übermannt, oftmals am Rand der Erschöpfung, riß Leutnant Bölter sich immer wieder selbst hoch. Er verließ den „Tiger“ und ging zu den anderen Wagen hinüber, um sich von der Wachbereitschaft zu überzeugen.
Als die Sonne des 18. Juli aufging, atmeten alle auf. Nun würden sie bald in die Ruhequartiere zurückrollen können. Aber auch diesmal kam es anders, als die Panzermänner es sich in ihren Wunschträumen ausgemalt hatten.
Bölter hatte sich gerade im provisorischen Quartier auf der Strohschütte ausgestreckt, als ein Melder hereingestampft kam.
„Leutnant Bölter sofort zur Besprechung zum Gefechtsstand des Grenadierregiments 189. - ich bringe Sie hin, Herr Leutnant!“
Oberst Konstantin Meyer empfing den Leutnant mit einem Händedruck.
„Gut, daß Sie kommen, Bölter. Sie sind der letzte. Dann können wir beginnen.“
Bölter grüßte zum Sturmgeschützhauptmann hinüber, nickte den anderen zu und setzte sich.
„Kameraden“, begann Meyer, „der Feind hat seinen Angriff südostwärts Silene eingestellt und ist nach Süden abgezogen. Für uns ist ein Nachstoß mit allen motorisierten Waffen und verlasteter Infanterie beabsichtigt. Ziel des Nachstoßes ist es, unsere ehemalige HKL zwischen Ricu und Suadi-See wieder zu erreichen. Uns stehen fünfzehn Sturmgeschütze, Zwozentimer- und Achtacht-Flak sowie Ihre Panzer zur Verfügung.“
Er nickte Bölter zu.
„Wir treten um vierzehn Uhr von Silene aus nach Süden an und stoßen direkt auf Plauskiety vor. Von hier aus stürmen wir in Richtung Urbany weiter.“
Leutnant Bölter blickte sich um. Er stand im offenen Turmluk seines „Tigers“. Hinter sich sah er die vertrauten Gesichter der Kameraden.
Weiter rechts herausgestaffelt, kletterten eben die Grenadiere auf die zehn Sturmgeschütze. Noch etwas weiter zurück bestiegen die Männer des lettischen Grendierbataillons die Transportfahrzeuge.
„Panzer - marsch!“
Bölter stieß den Arm hoch. Die „Tiger“ setzten sich in Bewegung und erreichten den Weg nach Süden. Dicker graubrauner Staub

waberte empor und hüllte bald die gesamte Stoßgruppe ein. Ab und zu sah Bölter durch sein Fernglas, wie russische Vorposten oder Nachhuten aufsprangen und zurückrannten.
Als zwei LKW aus einem Waldstück heraus auf die Landstraße rollten, schoß Gröschl. Die erste Granate wirbelte den hinten fahrenden Wagen von der Straße herunter. Ein nächster Schuß riß den ersten Wagen auseinander.
„Schnell weiter!" befahl der Oberst, der mit seinem SPW (Schützenpanzerwagen) nach vorn fuhr und neben Bölter hielt. Plauskiety tauchte bereits auf, und noch immer war von russischem Widerstand nichts zu spüren.
„Das gefällt mir nicht, Bölter!" rief der Chef der Sturmgeschütze über Sprechfunk.
Einen Kilometer weiter aber krachten plötzlich aus Waldstücken und Gräben die Abschüsse der russischen Pak.
„Sturmgeschütze schwenken in den Wald hinein. Die 'Tiger' rollen weiter vorwärts!" wurde befohlen.
Während die fünf Sturmgeschütze, die ohne Begleitinfanterie in den Wald eindrangen, um die in den Flanken aufgestellten Pak zu vernichten, ließ Bölter mit Vollgas weiterfahren.
Kurz darauf sichteten sie die frontal vor ihnen stehende Pak. Granaten zischten an ihnen vorüber. Erst als sie sicher waren, die angerichtete Kanone auch zu treffen, machte Hölzl einen schnellen Schießhalt.
Der Abschuß krachte. Eine zehn Meter hohe Stichflamme stob aus der Pak-Stellung heraus, und das Geschützrohr zeigte jetzt steil nach oben.
Sie stießen durch, vernichteten fünf schwere Pak und erreichten um 17.30 Uhr die Ortschaft Urbany, zwei Kilometer südostwärts Plauskiety.
„Verdammt, die Infanterie ist nicht nachgekommen, Herr Leutnant!" rief der am Schluß fahrende „Tiger"-Kommandant. Bölter tauchte aus dem Turm auf. Er hörte das Infanteriefeuer und die tackenden Abschüsse der schweren russischen MG. „Das kommt aus den beiden Waldstreifen. - Da ist russische Infanterie hinter uns!"
„Drehen, Sprenggranaten laden!"
Die Russen hatten von Westen her aus dem Waldstück die Vor-

marschstraße gesperrt. Auf rasselnden Ketten drehten die „Tiger". Ihre Granaten machten die Straße frei. Dann knallte es auch aus der rechten Flanke.
„Achtung, Panzerbüchsen!"
Die Granaten hämmerten gegen die Flankenpanzerung der „Tiger" und drangen nicht durch. Aber wenn sie frontal in die Kinonblöcke oder zwischen die Kanonenblende trafen, konnten sie gefährlich werden.
Aus den fünf „Tiger"-Kanonen peitschten die Abschüsse. Sprenggranaten schlugen am Waldrand ein. Sämtliche MG schossen auf die immer wieder schemenhaft sichtbar werdenden Rotarmisten. Die „Tiger" rollten nach links und rechts von der Straße herunter und suchten im Gelände Deckung. immer bedenklicher wurde jetzt die Flankenbedrohung aus Westen, immer dichter das feindliche Artilleriefeuer. Um zwanzig Uhr befahl Oberst Meyer den Rückzug der Panzerspitze aus Urbany und Versorgung in Silene, nachdem Leutnant Bölter gemeldet hatte, daß die Munition zur Neige gehe.
Die P VI rollten langsam zurück und nahmen die in Stellung gegangene Infanterie auf, deckten deren Rückzug und ihr Eingraben in der Linie Südrand Ulacz - See - Domini, ungefähr vier Kilometer südostwärts Silene.
Erst als sich die Infanterie eingegraben hatte, fuhren die Panzer nach Silene zurück.
Auch die Gruppe Baumann, die einen der drei abgeschossenen „Tiger" wieder klarbekommen hatte und mit drei P VI und zwei unterstellten Sturmgeschützen beim GR 436 (der 132. ID) eingesetzt war, trat zum Gegenstoß an und gewann einige Kilometer zurück. In Höhe Dzierku mußte aber auch dieser Angriff eingestellt werden. Sieben Pak wurden vernichtet. Ein „Tiger" erhielt einen Treffer ins Laufwerk.
Am 19. Juli stellte der Feind seine Angriffe auf der gesamten Korpsbreite ein. Wieder mußte die 1. Kompanie in einem Achtzig-Kilometer-Landmarsch nach Sarasai verlegen, wo sie Korpsreserve wurde. Eine Stunde nach Mitternacht des 22.7.1944 wurde die schwere Panzerabteilung 502 durch den Chef des Stabes des II. AK fernmündlich alarmiert.
Starke sowjetische Panzerverbände waren am vorhergehenden

Abend auf dem Nordufer der Düna bei der 290. ID bis in Höhe von Kraslau durchgebrochen. Die Panzerkampfgruppe hatte um neunzehn Uhr Gut Kazanova erreicht, passierte wenig später Gut Kombuli und befand sich im weiteren Vorgehen auf Izvalta, das nur achtundzwanzig Kilometer ostwärts Dünaburg lag.
Die 290. ID ging zurück. Sie war dem II. AK unterstellt worden und hatte Befehl erhalten, bei Izvalta eine Auffanglinie einzurichten.
Die schwere Panzerabteilung 502 sollte mit sämtlichen einsatzbereiten „Tigern" dorthin rollen und den zu erwartenden Versuch der Russen, mit starken Panzerkräften auf Dünaburg durchzustoßen, vereiteln.
Im Abteilungsgefechtsstand bei Gorki, zweieinhalb Kilometer südwestlich der Eisenbahnlinie nach Dünaburg, erhielt Leutnant Eichhorn den Befehl, mit vier P VI, aus Pestki vorrollend, gegen fünf Uhr die Straße nach Izvalta zu erreichen und zum Gefechtsstand der 290. ID Verbindung aufzunehmen. Leutnant Bölter sollte mit sechs „Tigern" nachfolgen.
Die 2. Kompanie, geführt von Leutnant Carius, die erst gegen acht Uhr am Abteilungsefechtsstand sein konnte, erhielt Befehl, die 1. Kompanie zu begleiten.
Major Schwaner erhielt volle Handlungsfreiheit. Als eine Stunde später Bölter mit der 1. Kompanie eintraf, setzte Major Schwaner sie gegen Leikumi und Lielie - Truli an.
Leutnant Eichhorn erhielt den Auftrag, mit zwei „Tigern" auf der Straße Izvalta - Dünaburg zurückzufahren und vom Bahnhof Naujene, fünfzehn Kilometer vor Dünaburg, nach Norden aufzuklären und den Verbleib von fünfzehn bei Barsuki gesichteten Feindpanzern festzustellen und zu melden.
Währenddessen fuhr Bölter mit seinen „Tigern" bereits in Richtung Keikumi. Fünfhundert Meter südwestlich der Ortschaft erhielt er plötzlich Feuer. Die Russen waren bis hierher durchgerollt und hatten sich mit acht Panzern und mehreren Pak eingerichtet.
„Angriff!" befahl Bölter. „Weit auseinanderziehen und dann von beide Flanken einschwenken. Nur meiner und der Wagen des rechten Nachbarn stoßen frontal vor!"
Wieder begann der gnadenlose Vernichtungskampf der deutschen „Tiger". Diesmal standen ihnen die neuen Typen der Sowjetpanzer

gegenüber. die aus dem T 34 entwickelten bedeutend stärkeren KW 85.
Gröschl setzte den ersten KW 85 mit drei Schüssen außer Gefecht. Der „Tiger“ von Bölter erhielt einen Treffer, der zum Glück abprallte, weil Hölzl rechtzeitig eingeschwenkt hatte. Aus sechs Panzerkanonen peitschten die Abschüsse. Drei, vier, dann fünf Feindpanzer brannten. Ein sechster wurde lahmgeschossen und barst nach zwei weiteren Schüssen in einer grellen Flammenrosette auseinander.
„Die LKW mit angehängter Pak!“ rief Hölzl, als er sah, wie eine weitere Pak nach vorn gefahren und in Stellung gebracht wurde. Der „Tiger“ hielt. Gröschl schoß, und die Granate knallte in das Führerhaus des Lastwagens hinein. Russen sprangen herunter. Mit ratternden Stößen jagten beide MG ihre Feuerstöße hinaus. Der zweite Schuß ließ den nächsten Wagen binnen einiger Sekunden in hellen Flammen auflodern. Pak-Munition detonierte und schleuderte glühenden Stahl durch die Luft.
Mit krachendem Schlag wurde einem P VI die rechte Kette heruntergeschossen. Dann erwischte es den zweiten „Tiger“. Die vier übrigen aber rollten weiter vor.
Bölter dirigierte sie nach vorn. Sie schossen sich einen Weg nach Leikumi frei und riegelten hier die russische Nachschubstraße ab. Eine sowjetische Versorgungskolonne, die bis dicht vor die Ortschaft fuhr, wurde von dem geballten Feuerschlag der vier „Tiger“ erfaßt und brannte völlig aus. Immer wieder flogen Wagen mit Munition in die Luft. Damit war dieser Panzervorstoß überaus erfolgreich gewesen.
Die 2. Kompanie, die der 1. Kompanie mit zwei Stunden Abstand gefolgt war, stieß gegen dreizehn Uhr bei Malaniva überraschend auf zwanzig schwere und schwerste feindliche Panzer. Leutnant Carius, der diese Bewegungen gesehen hatte, fuhr im VW-Kübel mit Oberfeldwebel Kerscher zur Erkundung vor. Als sie die Rollbahn Dünaburg - Rositten erreichten, sahen sie in wilder Flucht zurückflutende Last- und Kraftwagen. Von einem Unteroffizier erfuhren sie, daß russische Panzer hinter ihnen seien. Wenig später hörten sie von einem Oberleutnant, daß jenseits Krivani eine Sturmgeschützabteilung von Feindpanzern zusammengeschossen worden sei.

Carius und Kerscher fuhren zurück. Sie führten die 2. Kompanie heran und nahmen den Kampf auf. Es war die I. Panzerbrigade „Josef Stalin“, über die nun die Hölle hereinbrach.
In einem erbitterten Gefecht wurden siebzehn „Josef-Stalin“-Panzer und fünf T 34 abgeschossen. Die feindliche Panzerspitze war vernichtet, eine große Gefahr gebannt.
Am 27.7.1944 erhielt Leutnant Otto Carius für diesen schlachtentscheidenden Einsatz das 535. Eichenlaub. Es war nur durch ihn gelungen, die 290. ID zu retten und eine neue Abwehrlinie aufzubauen. Mit ihm waren Leutnant Nienstedt, Leutnant Eichhorn und die Oberfeldwebel Kerscher und Göring erfolgreich gewesen. In dauernden Gefechten und immer neuen Unterstellungen ging der glühendheiße Juli zu Ende. Immer wieder mußten die „Tiger“ als „Feuerwehr“ eingreifen, wenn es irgendwo brannte. Im Kampf gegen Feindinfanterie, Pakriegel und Panzerkeile galt es, sich jeden Tag aufs Neue zu bewähren.
Der Monat August begann mit einem „Tiger“-Verlust. Dicht vor Birsen lief ein P VI auf Minen und blieb mit zerstörtem Laufwerk und gerissener Wanne liegen. Ein zweiter fuhr sich im Sumpf fest. Zehn Feind-Pak wurden vernichtet.
Am 4. August war auch Hans Bölter wieder mit fünf „Tigern“ der 1. Kompanie im Einsatz. Er sollte zum GR 390 rollen, vor Kirkelai über Kalai nach Süden antreten und dieses Regiment freischlagen. in einem rasanten Angriff drehte die fünf P VI durch die russische Front. Feind-Pak und Infanterie wurden ausgeschaltet.
Die fünf Panzer feuerten im Salventakt. Sie bildeten eine kampfstarke, geschlossene Einheit, von Leutnant Bölter dirigiert und geführt. Acht Pak und zwei feindliche Infanteriekompanien, die im Durchzugsweg der „Tiger“ lagen, wurden vernichtet.
In der Nacht zum 6. August rollte Bölters Streitmacht, inzwischen auf sieben „Tiger“ angewachsen, zur Sicherung an die Straße Schönberg - Birsen bei Pauperiai vor. Bölter wußte noch nicht, daß sich nur drei Kilometer südlich von ihm ein Verband von fünfunddreißig Panzern und vierzig russischen Lkw in einem Wäldchen bereitstellte und dort mehrere Pak in Stellung brachte. Wohl waren dumpf durch die Nacht grummelnde Geräusche zu vernehmen, aber sie konnten nicht lokalisiert werden.
Wie es sich später herausstellte, handelte es sich um Teile der 6.

sowjetischen Garde-Panzerarmee, eine Eliteformation mit gut ausgebildeten, tapferen Kämfern.
Hauptmann Leonhard, der die aus der 1. und 2. Kompanie gebildete Gruppe führte, erhielt eine Aufklärermeldung, die diese bedrohliche Panzeransammlung meldete. Sofort setzte er Leutnant Bölter mit seinem Zug „Tiger" an.
Mit insgesamt vier Panzern rollte Bölter in überraschendem Vorstoß mitten in diese Massenansammlung hinein.
Aus vier Rohren jagten die Sprenggranaten in die vollbeladenen Lastwagen hinein. Flammen stoben gen Himmel, Detonationen krachten und schleuderten Munition und Material durch den Wald. Mehrere Pak wurden vernichtet.
Die Feindpanzer, die dahinter standen, griffen nun nicht - wie vorausberechnet - nach Norden in Richtung Schöneberg an, sondern - drehten sofort nach Osten ab.
„Bölter, Sie erhalten noch zwei 'Tiger' unter Leutnant Eichhorn zugeführt. Leutnant Plaßmann übernimmt mit vier Wagen Ihre alte Riegelstellung, und Sie fahren entlang der Straße Schöneberg - Birsen nach Süden und fallen den nach Osten rollenden Feindpanzern in die Flanke!" wurde anschließend befohlen.
Die 81. ID befahl wenig später, diesen Angriff einzustellen, nach Jasiskiai abzudrehen und gegen einen erwarteten Panzerangriff zu sichern.
Da aber dort kein Panzer zu sehen war und Hauptmann Leonhardt noch immer den Feind entlang der Straße Birsen - Schöneberg vermutete, schlug er vor, wieder an diese Straße zurückzukehren. Der Vorschlag wurde genehmigt. Leutnant Eichhorn stieß auf dieser Straße bei der Verbindungsaufnahme zur Infanterie auf feindliche Pak. Er vernichtete sie nach kurzem Feuergefecht und fuhr dann weiter, um eine eingeschlossene Artillerieabteilung freizuschlagen, was ebenfalls gelang.
Die gesamte Abteilung 502 war an diesem Tag durch viele Marschbewegeungen in Atem gehalten worden. Dennoch kam es nicht zur Kampfberührung mit Feindpanzern.
Am nächsten Tag erst, als ein feindlicher Panzerangriff bei Suostas gemeldet wurde, griff Bölter um zwölf Uhr mit sechs „Tigern" an. Auf dem Weg zu dem Waldstück 1200 Meter nördlich Suostas flutete ihm bereits zurückgehende eigene Infanterie entgegen.

„Panzer und Pak in der Ortschaft!“ rief ihm ein Feldwebel zu. „Wir fahren weiter! Feuer aufnehmen, sobald der Gegner erkannt ist!“ ließ Bölter durchgeben.
Im Breitkeil rollten die „Tiger“ vor. Sie gewannen vierhundert, fünfhundert, dann sechshundert Meter. Starkes Pak- und Panzerfeuer schlug ihnen plötzlich entgegen. Sie erwiderten den Beschuß, rollten in Senken und Löcher, um einigermaßen geschützt zu sein.
„Geballtes Abwehrfeuer aus Suostas!“ meldete Bölter Hauptmann Leonhardt.
„Ich setze die übrigen ‘Tiger’ mit Infanterie zum umfassenden Angriff von Westen her an, Bölter. Sobald Sie uns hören, rollen Sie ebenfalls vor!“
Als aus Westen das eigene Panzerfeuer aufbrüllte, rollten auch die Kampfwagen Bölters wieder vor. Sie schossen im Fahren, kamen näher und näher heran, jagten Feindpanzer in die Luft und drangen in die Ortschaft ein.
Als die zurückgedrängten Gegner von Süden angriffen, hatten sich die „Tiger“ bereits postiert. Sie schossen vier Angreifer ab. „Hinterher!“ befahl Bölter, als der Rest drehte. Mit Vollgas stießen sie nach und vernichteten noch zwei Pak. Eine davon war eine von den Russen erbeutete deutsche Achtacht-Pak 43. Mit ihr hatten die Russen bereits zwei deutsche „Tiger“ außer Gefecht gesetzt. Am 9. August gelang es Oberleutnant Schürer, der nun die 2. Kompanie führte, den eingebrochenen Feind aus der deutschen HKL am Memele-Fluß hinauszuwerfen und dabei zwei schwere Sturmgeschütze, einen T 34 und zwei KW 85 abzuschießen. Am 11. August wurde die Abteilung wieder einmal alarmiert und der 81. ID unterstellt, bei der es erneut brannte.
Mit neun „Tigern“ der 1. und 3. Kompanie rollte Leutnant Bölter sofort los. Mit Hauptmann Leonhardt fuhr er zur Einweisung im Kübel voraus. Sie erhielten den Auftrag, um zwölf Uhr zum Gegenangriff und zur Wiedergewinnung der verlorengegangenen HKL anzutreten. Das GR 189 und die 3./ GR 226 würden diesen Angriff infanteristisch unterstützen.
Der Angriff begann pünktlich. Gegen 14.30 Uhr wurde die Memele erreicht. Da jedoch die „Tiger“ beim Umfahren eines Bachabschnittes zu weit vom Ziel - der Ortschaft Breiline - abgekommen

waren, holten sie abermals nach Norden aus und fuhren mitten in das schwere Abwehrfeuer hinein. Die Begleitinfanterie blieb nach tausend Metern liegen. Schrittweise drang Bölter mit den Panzern vor. Pak wurde abgeschossen, MG-Nester in den Häusern am Ortsrand außer Gefecht gesetzt.

Von allen Seiten drangen nun Nahkampftrupps auf die „Tiger" ein. Mit MG-Garben und MPi-Feuerstößen, durch blitzschnelle Drehungen und rasante Spurts, konnten sich die Panzermänner ihrer Haut wehren.

„Wir müssen den Ortsrand verlassen, Herr Leutnant, sonst schaffen die Russen es noch, uns umzulegen!"

Hans Bölter dachte nach. Es blieb ihm keine andere Wahl, denn sie hatten keine Begleitinfanterie, die sie schützen und abschirmen konnte.

„Wir fahren sechshundert Meter zurück!"

Die „Tiger" drehten und zogen ab.

Am nächsten Tag rollten die „Tiger" Bölters wieder vor und stellten die Verbindung zwischen dem GR 174 und dem GR 501 her. Dann bahnten sie dieser Kampfgruppe einen Weg nach vorn und erreichten tausend Meter nördlich Anes-Memele ein ausgebautes Grabensystem.

Aus einem Waldstück peitschte der Infanterie das russische Abwehrfeuer entgegen.

„Wir stoßen über den Graben vor!" rief Bölter den anderen über Sprechfunkverbindung zu. Noch während sie auf den eineinhalb Meter breiten Graben zurollten, sah Bölter, daß dieser einer starken russischen Kampfgruppe als Bereitstellung diente. Er war dicht mit Rotarmisten besetzt. Durch die Winkelspiegel erkannte er mongolische Gesichter.

„Wir rollen hinüber. Feuer aus allen Waffen!"

Trotz der Gefahr, durch Nahkampftrupps niedergekämpft zu werden, fuhr Bölter mit seinen „Tigern" vor. Aus allen MG und Kanonen spritzten die Abschüsse. Die Russen versuchten überhaupt nicht, zu entkommen. Dieser Panzerangriff traf sie wie ein Schock. Granatwerfer gingen noch in Stellung, da erreichte Bölters „Tiger" den Graben und wuchtete hinein. Die breiten Ketten walzten zwei Werfer ein. Rechts und links hallten Geschrei, Schießen und das Knirschen und Mahlen der Ketten.

Es packte Hölzl dermaßen, daß er versucht war, den „Tiger“ noch herumzureißen. Aber seine Hände krampften sich um das Steuer, daß die Knöchel weiß hervortraten. Diese Russen hätten die folgende eigene Infanterie erbarmungslos zusammengeschossen. Nun waren sie es, die dem Tod entgegenblickten und schrien und doch nicht entkommen konnten.
Zwei mit Munition und Sprit beladene Lkw wurden von der Panzerkanone Böltes getroffen und barsten in krachenden Explosionen auseinander. Das Chaos war vollkommen.
Nun aber erreichten die „Tiger“ eine breitgefächerte Pak-Front. Aus dem Hinterhang feuerten Feindpanzer.
Sie waren mitten in eine feindliche Großbereitstellung hineingefahren. Wäre dieser Gegner losgebrochen, bevor sie hier waren, dann hätte es böse ausgesehen.
Der erste P VI erhielt durch die Pak einen Frontaltreffer, der seine Panzerung durchschlug. Bölter sah aus den Augenwinkeln, wie der „Tiger“ zu brennen begann. In einer Sumpfstelle fuhr sich der zweite Panzer fest.
Drei, vier, schließlich sieben Pak wurden vernichtet. Vier Feindpanzer teilten dieses Schicksal ebenfalls.
Nun hatte auch die russische Artillerie mit 17,5-cm-Granaten in den Kampf eingegriffen. Keine zwanzig Meter neben Bölters „Tiger“ erhielt ein Kameradenpanzer einen Volltreffer in den Motor. Flammen leckten daraus empor.
„Aussteigen!“ rief Bölter.
Die Besatzung büchste aus. Sie lief mitten in den nächsten Einschlagwirbel hinein, der wiederum einen P VI in den Kühler traf und auch ihn außer Gefecht setzte.
„Rest greift weiter an!“ befahl Bölter.
Sie mußten die Chance nutzen. Sie hatten die Gräben und die Pak-Riegel überwunden, und nun erreichten sie auch den Ortsrand zweihundert Meter nördlich von Anes - Memele.
Hier, in einem Wäldchen vor dem Fluß und am Südufer der Memele, hatte der Feind wiederum starke Pak-Riegel eingerichtet und schwere Sturmgeschütze in Hinterhangstellungen eingebaut. Konzentrisches Feuer hämmerte auf die „Tiger“ herab. Sie schossen zurück, sahen aber, daß sie den kürzeren ziehen würden. „Wir gehen in die Hinterhangstellung zurück!“

Die drei P VI erreichten diese Stellung, und wenig später sah Bölter, der außerhalb des Panzers hing und beobachtete, wie der feindliche Gegenstoß den im Sumpf steckengebliebenen „Tiger" erreichte. Der kritischste Punkt der Schlacht war gekommen. Nun galt es, den richtigen Entschluß zu fassen.
Bölter tat es.
„Gegenstoß in den russischen Angriff hinein!"
Sie rumpelten wieder vor. Ihre Sprenggranaten schlugen in die Feindgruppen und warfen sie zu Boden. Aus sechs MG jagten im Dauerfeuer die Garben hinaus. Der Feind blieb liegen. „Ein 'Tiger' schleppt den Kameraden ab. Wir fahren noch etwas vor und sichern euch!"
Der dritte P VI schwenkte zum Sumpfloch ein, und schon sprangen zwei Männer heraus, um die Schlepptrosse anzubringen. Das russische Artilleriefeuer verstärkte sich. Und während Bölter sowie der andere „Tiger" noch immer feuerten, hörte er hinter sich die Einschläge der Feindartillerie und dann einen unerhört harten Trefferschlag.
Er spähte zurück. Dann meldet sich der getroffene „Tiger": „Haben Treffer! Feind-Pak hat Panzerung am Turmansatz durchschlagen. Wir booten aus!"
Während die Besatzung das tat, fiel der Funker durch einen Artillerietreffer. Die übrigen Männer wurden von den beiden anderen „Tigern" aufgenommen.
Noch einmal mußte Bölter sich jetzt vor dem prasselnden Artilleriefeuer in die Hinterhangstellung zurückziehen.
Gegen 19 Uhr erhielt seine Kampfgruppe den Auftrag, den angesetzten Infanterieangriff auf das Wäldchen nordostwärts Anes - Memele durch Feuer zu unterstützen und nach erfolgter Inbesitznahme auf den Ort selbst anzutreten. Inzwischen waren zwei „Tiger" durch die Werkstattgruppe wieder zurechtgeflickt worden und hatten die Kampfgruppe erreicht.
Um zwanzig Uhr trat Bölter an. Im massierten Abwehrfeuer fielen zwei Panzer aus. Nun entschloß Bölter sich dazu, während er mit seinem P VI die Feindinfanterie beschoß, die beiden übrigen noch fahrbereiten Wagen zur Bergung der ausgefallenen Panzer anzusetzen.
Unter seinem Feuerschutz gelang es, zwei „Tiger" abzuschleppen

und dem feindlichen Zugriff zu entziehen.
Der 12. August ging zu Ende. Der 13. August zog herauf. Bölter wurden zwei in der Nacht instand gesetzte und fünf „Tiger“ der 2. Kompanie zugeführt. Hauptmann Leonhardt, nun Abteilungsführer, übernahm die gesamte Kampfgruppe und führte den Angriff auf den russischen Brückenkopf Anes - Memele.
„Sie fahren durch einen ausholenden Angriff dem Feind mit Ihrer Kampfgruppe in die Flanke!“ entschied Hauptmann Leonhardt bei der Besprechung.
Der 13. August war ein Sonntag. Bereits gegen vier Uhr rollte Böltes „Tiger“ an die HKL. Der klare Himmel verkündete einen heißen Sommertag, und in der Enge des Kampfraumes würde es noch um etliche Grade heißer sein.
„Dort in das Wäldchen hinein, Hölzl!“ befahl Bölter. „Das ist die Bereitstellung!“
Hölzl drehte ein, und wenig später hielten sie in der Deckung des Waldes.
„Herr Leutnant, ein Funkspruch vom ‘Tiger’ neben uns. Er hat Batterieausfall und will wegen eben wieder einsetzenden feindlichen Störfeuers angeschoben werden.“
„Danke, Bach!“ erwiderte der Leutnant.
„Also los, Hölzl, fahren Sie zu!“
Sie verließen ihre ideale Tarnung neben einem Schuppen und fuhren in schneller Fahrt über eine freie Fläche in Richtung des stehenden P VI.
Lassen wir Fahrer Hölzl aus seiner Sicht über die nächsten dramatischen Minuten berichten:
„Schon während der Fahrt hörten wir Abschüsse aus der Flanke, in Turmrichtung, halb zehn Uhr.
Und noch ehe sie den anderen ‘Tiger’ erreichten, erhielten wir einen schweren Treffer, einen glatten Durchschuß in der Bodenwanne hinter dem Fahrersitz. Der ‘Tiger’ brannte, und jemand rief: ‘Ausbooten’!’
Unser Richtschütze, Sebastian Gröschl, war gleich tot. Auch der Ladeschütze, Josef Richter, starb. Das Geschoß riß ihm den ganzen Unterkörper weg. Der Funker, unser Richard Bach, wollte herausspringen. Aber noch in der Luke wurde er von einer feindlichen MG-Garbe getroffen und starb ebenfalls. Leutnant Bölter erlitt

schwerste Verbrennungen im Gesicht und an beiden Händen. Mit letzter Kraft gelang es ihm, den Panzer zu verlassen und ein paar Meter wegzukommen.
Ich versuchte ebenfalls, den Lukendeckel zu öffnen. Leider stand die Kanone genau über dem Fahrerluk. Obgleich nun der 'Tiger' bereits lichterloh brannte, und die Hitze mit jeder Sekunde unerträglicher wurde, kroch ich unter Aufbietung der letzten Kräfte nochmals in den Panzer zurück bis zur Drehbühne und drehte mit Hilfe der Richtmaschine die Kanone zur Seite. Leider vergaß ich in der Aufregung, die Kopfhörer und das Kehlkopfmikrophon abzunehmen. Beim Hinausspringen aus der Luke rissen mir die Kabelschnüre die Haut vom Hals herunter. Verbrennungen sämtlicher Grade waren die Folge.
Nach einem abenteuerlichen Flug mit einer Ju 52 landete ich schließlich im Lazarett Troppau."
Soweit der Bericht von Herbert Hölzl.
Was geschah nun mit Hans Bölter?
Der Leutnant, seit einiger Zeit zum Eichenlaub vorgeschlagen, wurde mit derselben Ju 52 ebenfalls ins Lazarett Troppau abtransportiert. Er hatte hier das Glück, einen hervorragenden Hautspezialisten vorzufinden, der ihn sofort operierte und vorbildlich versorgte. Diesen Ärzten verdankt es Bölter, daß heute kaum noch Narben jener schrecklichen Verwüstungen zu erkennen sind. Und noch eines Mannes sei an dieser Stelle gedacht: des Funkers im Begleit-SPW namens Helmut Scheffer, der den Funkspruch von Bölter aufnahm und mit dem SPW sofort wegfuhr, die beiden Schwerverwundeten barg und zurückschaffte.
Unteroffizier Gröschl, Oberschütze Josef Richter und Gefreiter Richard Bach wurden auf dem Soldatenfriedhof dicht hinter der Front bestattet.
Leutnant Hans Bölter hatte bei der Zerschlagung der Bereitstellung der 6. Garde-Panzerarmee einen geplanten Durchbruch der Russen verhindert. Hierfür und für die vorausgegangenen Abwehr- und Angriffskämpfe wurde ihm als 581. deutschen Soldaten am 10.9.1944 das Eichenlaub verliehen.
Der Kampf der schweren Panzerabteilung 502 ging weiter. Hans Bölter aber wurde mit Wirkung vom 1.7.1944 zum Oberleutnant befördert.

Am 3.8.1944 hatte er das Verwundetenabzeichen in Gold erhalten. Ende Oktober war Bölter so weit hergestellt, daß er nach Salzburg zur Verleihung des Eichenlaubs fahren konnte. Himmler (Reichsführer SS) hatte nun anstelle Hitlers diese Zeremonie übernommen. Im anschließenden Gespräch meinte er zu Hans Bölter: „Die Lage sieht nicht rosig aus, Bölter. Uns fehlen zwanzig voll ausgerüstete mechanische Divisionen. Aber mit einem bißchen Glück werden wir trotz der schwierigen Lage, die durch die feindlichen Luftangriffe entstanden ist, die Situation meistern." Dieser Ansicht war Bölter nicht. Und auch Otto Carius, der einen Tag später sein Eichenlaub bei Himmler abholte, war entgegengesetzter Meinung und sagte es auch.

Nach völliger Genesung kehrte Oberleutnant Bölter zur Panzerersatz- und Ausbildungsabteilung 500 nach Paderborn zurück. Dort gab er seine im Westen und Osten gemachten Kampferfahrungen an die jungen Panzersoldaten weiter.

Einige Zeit später holte ihn Major Jähde zu sich an die Unteroffiziersschule nach Eisenach. Auch dort bildete Bölter junge Soldaten aus.

Inzwischen ging der Krieg mit Riesenschritten seinem Ende entgegen.

Mitte Februar 1945 wurden die Ausbildungspanzer in Eisenach - darunter auch „Tiger" und „Königstiger" - zu einer Kampfgruppe zusammengefaßt und nach Kassel verlegt. Zusammen mit den ebenfalls hierher transportierten Panzermännern und Fahrzeugen der Panzerersatz- und Ausbildungsabteilung 500, Paderborn, wurde diese Kampfgruppe gegen die Amerikaner eingesetzt. Noch einmal übernahm Bölter, seit dem 1.1.1945 Hauptmann, eine Panzerkampfgruppe. Bölter stieg wieder in einen „Tiger" und rollte zum Ortsausgang von Kassel vor, wo amerikanische Panzer und Pak standen.

Die ersten Gefechte begannen. Ein „Sherman"-Panzer barst auseinander.

Kassel mußte aufgegeben werden, um die Zivilisten in der Stadt zu schonen. Die Kampfgruppe Bölter zog sich in den Harz zurück und kämpfte im Raum Braunlage.

Im April stand Bölter eines Tages auf einem bewaldeten Höhenzug als Sicherung, als zwölf „Shermans" durch einen Hohlweg die

Höhe hinaufkrochen. Kaltblütig schoß Bölter den letzten und den ersten Panzer ab. Damit waren sämtliche zwölf Kampfwagen der Amerikaner hoffnungslos eingekeilt.
Der feindliche Vormarsch war solcherart gestoppt, und die eigenen Kräfte konnten sich absetzen. Hier hätte Bölter noch ein wahres Blutbad unter den Feindpanzern anrichten können. Aber der Krieg neigte sich seinem Ende zu. Bölter wollte nicht mehr tun, als für die Sicherheit der ihm anvertrauten Truppen notwendig war. Die Kampfgruppe setzte sich in die Gegend des Brockens ab. In der Nähe von Stecklenbach erbat Bölter über Funk neue Einsatzbefehle.
Gerade als er in einer Gastwirtschaft Pellkartoffeln mit Butter zum Mittagessen verzehrte, wurde Panzeralarm gegeben.
„Wir wollen versuchen, uns ohne Kampf abzusetzen", sagte er zu seinem Adjutanten. Aber als sie ihren Panzer erreichten, eröffneten die Amerikaner das Feuer. Bölters „Tiger" war der letzte einsatzbereite Kampfwagen, und der Hauptmann nahm den Kampf auf. Binnen weniger Minuten lagen drei zerschossene „Sherman"-Panzer auf der Ebene vor dem Dorf.
Aus einer schweren amerikanischen Zwillings-Pak erhielt Bölter in dieser Phase des Kampfes einen Volltreffer in den Turm. Sein Richtschütze Kraus war sofort tot. Die übrige Besatzung bootete aus.
Sie erreichten - wie Hasen beschossen - den Wald, und Bölter stellte jedem seiner Männer frei, sich nach Hause durchzuschlagen. Ungefähr fünfundzwanzig Soldaten schlossen sich ihnen in den nächsten Stunden an. Versprengte vieler Einheiten. Tagsüber versteckten sie sich in Scheunen und Strohschobern, und in der Nacht marschierten sie weiter. Es wurde Mai, und bald befand sich Bölter nur noch allein auf der Flucht, weil jeder eine andere Heimatstadt hatte.
Kurz vor Erfurt, wo sich Bölters Frau und seine Kinder befanden, stieß er auf eine amerikanische Postenkette. Er wurde an seiner schwarzen Panzeruniform mit den vielen Orden erkannt. Schnell verschwand er in einem Gebüsch. Die Amerikaner forderten ihn auf, herauszukommen. Als er dies nicht tat, jagten sie aus MPi Garben in das Gebüsch hinein.
In der kommenden Nacht floh er weiter und erreichte schließlich

Gispersleben. Dort wußte er einen Garten seiner Schwiegermutter mit einer Laube. Er versteckte sich darin, und der Zufall wollte es, daß am anderen Tag seine Frau und die Schwiegermutter erschienen und den Garten in Ordnung bringen wollten.
Fünf Tage blieb Bölter in der Laube. Seine Frau brachte ihm Zivilkleidung, und als Zivilist getarnt, ging er über die Landstraße von Gispersleben nach Erfurt. So erreichte er seine Wohnung. Erst nachdem der Krieg ein paar Wochen beendet war, meldete er sich und erhielt einen Personalausweis.
Nachdem inzwischen seine beiden Kinder in den Westen gelangt waren, floh er selber mit seiner Frau Mitte Juni 1950 auf einem zusammengebastelten Krad nach Westdeutschland und kam so wieder nach Mühlheim-Ruhr zurück, wo er als technischer Angestellter in einer großen Fabrik Arbeit fand.
Johann Bölter wurde am 19. Februar 1915 als Sohn eines Maschinisten in Mühlheim-Ruhr geboren. Am 1.4.1933 trat er als Freiwilliger in die 3. Schwadron des Reiterregiments 10 in Züllichau ein. Er wollte Berufssoldat werden.
Ein Jahr darauf kam er zur mot. Aufklärungsabteilung 4 nach Leipzig und wurde hier an einem der ersten deutschen Panzerwagen ausgebildet. Wieder ein Jahr später wurde Bölter zur 8. Kompanie des Panzerregiments 1 der 1. Panzerdivision versetzt. Hier wurde er am 1.8.1935 Unteroffizier. Damit war Hans Bölter einer der ersten Soldaten der neuen deutschen Panzerwaffe. Sein damaliger Kompaniechef war Hauptmann Hochbaum.
Als der Polenfeldzug ausbrach, war er bereits Feldwebel und zog mit seiner Kompanie, die nun von Hauptmann von Köckeritz geführt wurde, in den Krieg.
Als einziger Unterführer führte Feldwebel Bölter einen schweren Zug Panzer IV. Er erlebte den polnischen Kavallerieangriff bei Pomorska und den vor Petrikau, wo die polnischen Reiter mit gezogenem Säbel auf seinen Panzer zusprengten und durch mehrere Schüsse aus der Kanone vertrieben wurden.
Feldwebel Bölter schoß in Polen vier Panzer ab und bekämpfte polnische Pak- und Artilleriestellungen. Er wurde mit dem EK II ausgezeichnet.
Im Westfeldzug machte Feldwebel Bölter den Panzerraid der 1. PD durch Frankreich mit. Kurz vor Sedan, als das Grenadierregiment

der Division vor einem als Bauernhaus in einem Hohlweg getarnten Bunker liegenblieb, fuhr Bölter den Hohlweg hinauf und schaltete den Bunker durch einige gutgezielte Schüsse durch die Scharten aus. Dafür erhielt er das Eiserne Kreuz I. Klasse, und war damit der erste Träger dieser Auszeichnung im Unteroffizierskorps. Diese Auszeichnung war zugleich für die von ihm während der Panzerschlacht südlich Orleans abgeschossenen sieben französischen Panzer verliehen worden.

Als Erkundungszug eingesetzt, schoß er wenig später an einer Straßensperre zwei Panzer und eine Pak ab. Am 26.7.1940 erhielt er das Panzerkampfabzeichen in Silber. Bereits am 2.7.1940 hatte er das Verwundetenabzeichen in Schwarz erhalten.

Mit Beginn des Rußlandfeldzuges fuhr Bölter, seit dem 1.10.1940 Oberfeldwebel, im Zuge der Bewegungen seiner Division mit seinem Panzer IV die ersten Einsätze. Der Vormarsch brachte ihn bis wenige Kilometer vor Leningrad. Er schoß zehn Feindpanzer ab, bevor er selbst von einer russischen Pak getroffen wurde. Er und seine Männer wurden jedoch nicht verwundet. Erst einige Tage später - man schrieb bereits Oktober - wurde er bei einer Erkundung außerhalb seines Panzers verwundet und mußte in ein Heimatlazarett. Nach der Ausheilung kehrte Bölter zur Ersatzabteilung des Panzerregiments 1 nach Erfurt zurück. Dort übernahm er den Fahnenjunkerzug zur Ausbildung.

Im Spätherbst 1942 meldete er sich wieder zur Front. So kam Bölter nach einem Weihnachtsurlaub in der Heimat im Januar 1943 zur 1. Kompanie der schweren Panzer-Versuchsabteilung 502 nach Leningrad. Hier stieg er zunächst in einen Panzer III ein und errang auch damit Erfolge.

Kurz vor Beginn der 2. Ladogasee-Schlacht erhielt er einen „Tiger". Die weiteren Einsätze sind bereits beschrieben worden. Hans Bölter hatte insgesamt 139 Feindpanzer abgeschossen und war damit nach SS-Obersturmführer Michael Wittmann der erfolgreichste Panzerkommandant des Zweiten Weltkrieges.

Zwei weitere Asse der schweren Panzerabteilung 502

Nach diesem Abschnitt, der überwiegend der Persönlichkeit von Hans Bölter gewidmet war, sei an zwei weitere „Tiger“-Kommandanten erinnert, die ebenfalls bei 502 kämpften und im vorangegangenen Abschnitt mehrfach erwähnt wurden.
Es sind Otto Carius und Willy Jähde. Ihre Einsatzschilderungen ergänzen nicht nur den vorangegangenen Abschnitt, sondern tragen zum weiteren Verständnis des Einsatzes der schweren Panzerabteilung 502 im Nordabschnitt der Ostfront bei. Darüber hinaus lassen sie einige weitere Asse der Tigerwaffe mit ihren Einsätzen zu Wort kommen.

OBERLEUTNANT OTTO CARIUS

Der jüngste Eichenlaubträger des Heeres

„Leutnant Carius, Sie fahren als Einzelpanzer Sicherung!“ Major Willy Jähde, Kommandeur der schweren Panzerabteilung 502, lächelte dem jungen, schlanken Offizier zu, der sich vor einer Minute bei ihm gemeldet hatte. Das schmale, lange Gesicht des Leutnants mit der hohen Stirn hatte einen durchgeistigen Zug. Dennoch wußte Jähde, daß Carius eisenhart war und er sich auf ihn verlassen konnte.
„Ob wohl wieder Russen durch den Sumpf gekommen sind, Herr Major?“
„Bestimmt! Vor einer Stunde wurde unsere Verpflegungskolonne beschossen. Sie fahren also zuerst allein vor. Ihre Kompanie zieht später nach.“
Leutnant Carius verließ den Gefechtsstand in Tschernowo, und wenig später legte Unteroffizier Köstler, der Fahrer des Tigers, den Gang ein. Sie rollten los.
Durch sein Glas beobachtete der Leutnant. Die Straße vor dem Bug des Panzers stieg nach rechts hin an und verschwand nach zweitausend Metern hinter der Höhe.
„Von dort soll der Rest unserer Abteilung zu uns stoßen, Clajus.“ Der Richtschütze, Unteroffizier Clajus, ein trinkfester Student älteren Semesters, nickte weise.

Es ruckte plötzlich im Panzer. Ein Klirren zeigte, daß etwas mit der Kette nicht in Ordnung war.
„Aussteigen, Kette nachsehen!“
Die Besatzung, außer dem Funker am Gerät, sprang hinaus. Unteroffizier Köstler machte sich an der Kette zu schaffen.
„Da kommen unsere Panzer, Herr Leutnant!“ rief Clajus und deutete nach rechts, wo auf der Rollbahn an der Höhe die vordersten Panzer auftauchten.
„Da sind Infanteristen aufgesessen!“ sagte Clarius und hob sein Fernglas. Er brauchte zwei Sekunden, um zu sehen, wen er vor sich hatte.
„Der Iwan! Einsteigen!“
Wie ein Blitz verschwanden die Männer durch die Luken. Die Russen schienen sich nicht an dem einzelnen seitlich der Straße stehenden Tiger zu stören. Sie rollten weiter.
Leutnant Carius wollte eben „Feuer frei!“ rufen, als Clajus bereits abfeuerte. Die Granate traf den knapp sechzig Meter entfernt auf der Rollbahn fahrenden T 34 genau zwischen Turm und Wanne. Er drehte schwarz qualmend in den Graben ab und blieb dort liegen. Die Begleitinfanterie sprang hinunter und verlief sich im Gelände. Elf weitere Feindpanzer rollten nun in ausbrechender Panik durcheinander. Einer fuhr auf den anderen auf. Andere drehten. Ein T 34 hielt direkt auf sie zu; er war das nächste Opfer von Clajus. In schneller Schußfolge peitschten die Granaten aus der 8,8-cm-Kampfwagenkanone des Tigers. Richt- und Ladeschütze arbeiteten verbissen, kaltblütig und sicher. Der Turm drehte sich ruckweise nach rechts und links, von der Ölhydraulik getrieben. Der zweite, dritte, vierte Feindpanzer brannten in den nächsten drei Minuten. Diesem deutschen Panzer war auch der T 34 nicht gewachsen. Von zwölf Feindpanzern entkamen zwei. Zehn waren nach einem nur wenige Minuten dauernden Gefecht von diesem einen Tiger vernichtet worden und lagen qualmend, brennend und zerschossen auf der Rollbahn und in den beiden Straßengräben.
Der Feindvorstoß kam zum Erliegen. Erst gegen Abend wurde der Einzelpanzer zurückgerufen. Die Kompanie war nicht gekommen.
„Wir fahren Einsatz bei Schelkunicha“, gab der Zugführer seiner Besatzung weiter, als der Abteilungskommandeur ihm über Funk den neuen Auftrag gegeben hatte: „Die Flak übernimmt hier die

Sicherung."
Zwei Tage später - der Einsatz von Schelkunicha war vorüber - wurde Carius mit einem Panzer der 3. Kompanie unter Feldwebel Dittmar wieder an das Straßenkreuz zurückbefohlen. Sie richteten sich in der Nachbarschaft der 8,8-cm-Flak ein.
Die Sowjets kamen gegen Mittag. Beide Tiger standen dicht an der Straße, als sich die sowjetischen Panzer aus Richtung Witebsk näherten. Diesmal hatten sie ihre Turmluks geschlossen. Sie kamen von der südlichen Höhe, hinter der sich die russische HKL befand, und bewegten sich nach Norden in Richtung Newel. Fünf Panzer zählte Leutnant Carius. Sie fuhren ohne Sicherungshalte und schienen nur Augen für die halbrechts vor ihnen liegende Höhe zu haben. Plötzlich drehten sich die Panzertürme der T 34 dorthin.
„Sie haben unsere Flak erkannt, Herr Leutnant", ließ sich Dittmar über Sprechfunk vernehmen.
Fast gleichzeitig begannen die fünf Sowjetpanzer zu schießen. Die Granaten zischten der Flak-Stellung entgegen. Unmittelbar darauf erwiderte die Flak das Feuer der Russen.
„Feuer frei!" befahl auch Carius.
Beide Panzer schossen fast gleichzeitig. Der erste T 34 blieb getroffen liegen. Ein zweiter wurde von der Flak durch Volltreffer zur Explosion gebracht. Drei Minuten dauerte dieses Gefecht, dann lagen fünf zerschossene, brennende Feindpanzer auf der Straße.
„Wir machen jetzt einen Erkundungsvorstoß zur Russenhöhe!"
Beide Tiger rollten nach Süden. Schon bald, am Fuße der Höhe, stießen sie auf russische Infanterie, die mit Panzerbüchsen feuerte. Es dröhnte im Tiger. Aber die Granaten prallten von der starken Frontpanzerung ab. Otto Carius stellte fest, daß es den Russen gelungen war, weitere Verstärkungen durch den Sumpf einzuschleusen.
Alls die Dämmerung einsetzte, kehrten die beiden Panzer in ihre alte Stellung zurück. Leutnant Carius erhielt über Funk den Auftrag, das im Süden hinter der Höhe liegende Dorf am anderen Morgen zu nehmen. Verstärkungen sollten ihm zugeführt werden. In der Nacht trafen tatsächlich zwei weitere Tiger und drei 2-cm-Vierlingsflak ein.

Als die kleine gepanzerte Kampfgruppe noch vor Morgengrauen losrollte, war auch schon das Infanterieregiment im Anmarsch, das hinter ihnen die Ortschaft nehmen und vom Feind säubern sollte. Die Tiger und die Vierlingsflak rumpelten durch die Nacht. Im offenen Turm stehend, beobachtete Carius die Höhe und das nun auftauchende Dorf. Noch fiel kein Schuß.

„Der Iwan hält uns anscheinend für eine eigene Kolonne", wisperte Köstler.

„Haaalt! - Feuer auf das Dorf eröffnen! Aber nicht links von der Rollbahn schießen."

Aus den Vierlingen und den vier Panzerkanonen peitschten die Abschüsse. Granaten krachten in die Häuser hinein. Russische Infanterie versuchte, sich nach Süden davonzumachen. Maxim-MG ratterten los.

Entgegen dem Befehl des Leutnants feuerte ein Vierling auch auf die Häuser links von der Straße. Der von Osten kommende Wind trieb dicke Rauchwolken herüber und versperrte den Tigern die Sicht.

„Hinein in das Dorf!"

Die vier Panzer preschten vor und überollten drei russische Pak, ehe diese einen einzigen Schuß abgeben konnten.

Wenige Tage später entbrannte ein Gefecht bei Ssergeizewo. Das Dorf war in deutscher Hand. Dicht dahinter saßen jedoch die Sowjets, die sich zum Angriff auf das Dorf bereitstellten. Mit vier Panzern und Infanterie traten die Russen in der Nacht zum 15. November an. Alle vier Panzer wurden abgeschossen. Der Gegner brach diesen Angriff ab.

Am 23. November 1943 erhielt Leutnant Carius für diese Einsätze das Eiserne Kreuz I. Klasse.

Beim Vorstoß am 2. Dezember 1943 auf einen russischen Stützpunkt blieb Carius' Tiger mitten in einem Graben stecken und saß rettungslos fest. Die Sowjets schossen ununterbrochen. Carius holte sich Hilfe von Oberfeldwebel Zwetti, dem Kommandanten des zweiten Tigers der Rotte. Im Granatwerferfeuer hängte er seinen Panzer bei Zwettis Wagen an. Er war mitten in der Arbeit, als ein Granatsplitter ihm die Schläfe verschrammte. Nur einen Zentimeter weiter, und es wäre aus gewesen.

„Zieh den Splitter 'raus!" bat er Unteroffizier Kramer, den neuen

Richtschützen. Clajus hatte Studienurlaub erhalten. Als Kramer den Splitter heraushatte, begann die Wunde stark zu bluten. Zwetti legte ihm einen Druckverband an.
Der Panzer konnte herausgezogen werden.
In der Frühdämmerung des nächsten Tages konnten Carius' zwei Tiger über eine Pionierbrücke den Graben überqueren. Nun rollten sie bis dicht vor die Russenstellungen. Die beiden Pak, die die Minensperren sicherten, wurden von Zwetti abgeschossen. Die Sowjets eröffneten aus einigen Dutzend Panzerbüchsen das Feuer. Granaten klackerten gegen Panzerstahl. Bald war kein Sehschlitz mehr in Ordnung.
„Den Erdwall auf Verdacht abschießen!"
Beide Panzer feuerten auf den Graben am Vorderhang. Erdbrocken spritzten empor. Jetzt warfen die Russen sogar Handgranaten. Einige Stunden vergingen. Die eigene Infanterie kam nicht nach. Plötzlich ertönte Zwettis Stimme:
„Unter Ihrem Wagen Öl oder Wasser!"
„Danke, Zwetti! - Köstler, lassen Sie den Motor laufen." Die böse Ahnung des Leutnants bewahrheitete sich schnell. Das Thermometer stieg auf 110 Grad. Die Russen hatten mit ihren Panzerbüchsen und Granatwerfern den Kühler leckgeschossen. Es gelang, durch das Minenfeld zurückzukommen und die Brücke zu erreichen. Obwohl diese in der Mitte einknickte, kamen sie hinüber, und bald darauf waren die beiden Panzer wieder im Sumpfwald in Sicherheit.
Am 15. Dezember 1943 erhielt Leutnant Carius das Verwundetenabzeichen in Silber. Am nächsten Tag vernichtete er mehrere russische Panzer, die bei Lowetz an der Rollbahn Witebsk - Newel angriffen.
Als kurz darauf russische Schlachtflieger anflogen, drehte Richtschütze Kramer seine Kanone hoch, drückte auf gut Glück ab und traf einen Schlächter in die Tragfläche. Die Maschine stürzte hinter dem Panzer ab. Wenige Tage später wurde Carius' Panzer von einer russischen Rakete getroffen. Alles qualmte, aber der Panzer war nicht durchschlagen, und seine Besatzung blieb wohlauf. Otto Carius wurde am 27. Mai 1922 in Zweibrücken in der Pfalz als Sohn eines Rektors geboren. Er besuchte das Humanistische Gymnasium und legte im März 1940 die Reifeprüfung ab.

Am 25. Mai 1940 erhielt er seinen Einberufungsbefehl zum Infanterie-Ersatz-Bataillon 104 nach Posen. Dort verlebte er seinen 18. Geburtstag außerhalb der Familie mit den Kameraden seiner Kompanie. Er konnte sich nicht - wie zu Hause - ans Klavier setzen oder Cello oder Violine zur Hand nehmen.
Bis vor wenigen Monaten noch wollte Carius Musik studieren. Dann aber hatte der Maschinenbau es ihm angetan, und aus diesem Grunde hatte er sich auch zur Panzerabwehr, einer Truppe mit „viel Technik", gemeldet. Doch dort wurden gerade keine Freiwilligen benötigt, und so kam er zur Infanterie nach Posen. Die Verlegung nach Darmstadt, näher zu seiner Heimatstadt, war

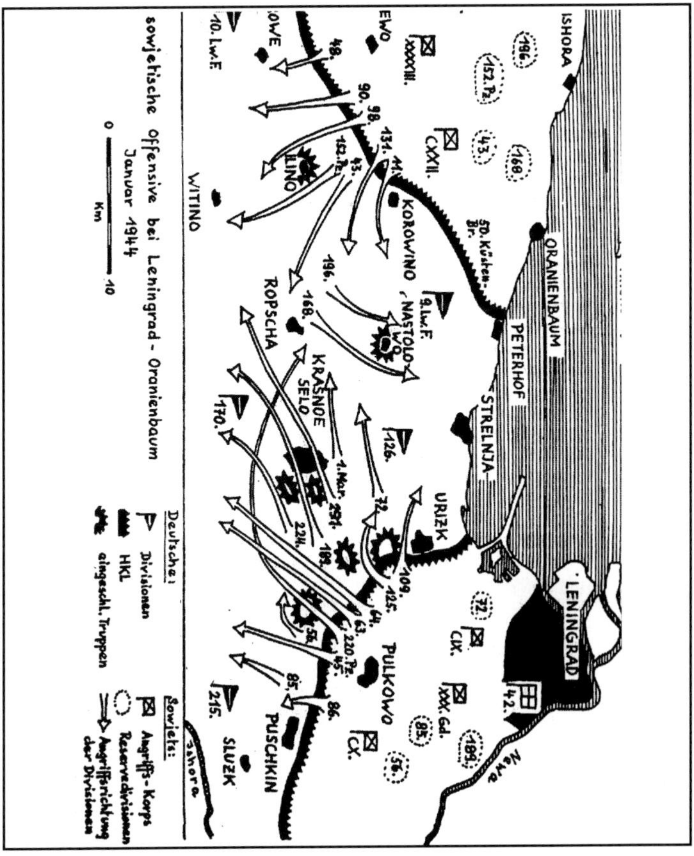

ein Lichtblick. Als hier sein Kompaniechef Freiwillige für die Panzerwaffe suchte, war Otto Carius dabei.
So wurde er bei der Panzer-Ersatzabteilung 7 in Vaihingen noch einmal Rekrut. Sein Kommandant war hier Unteroffizier Dehler. Carius wurde Ladeschütze. Die Abteilung war mit den „38 T“ - den tschechischen Beutepanzern mit seiner 3,7-cm-Kanone und zwei MG - ausgerüstet.
In Putlos in Holstein erlernte er das Einmaleins der Panzerei und das Scharfschießen. Im Oktober 1940 wurde hier das Panzerregiment 21 aufgestellt, das kurz vor dem Rußlandfeldzug auf dem Truppenübungsplatz Ohrdruf in die neugebildete 20. Panzerdivision eingegliedert wurde. Carius gehörte zur 1. Kompanie. Zu Beginn der Offensive im Osten, am Morgen des 22. Juni 1941, war die 1. Kompanie an einem Waldrand südlich Kalwarya bereitgestellt. Sie erreichte am Abend nach einhundertzwanzig Kilometern Stadt und Flugplatz Olita.
Abends jedoch griffen russische Schlachtflieger an. Alles warf sich in Deckung. Unteroffizier Deahler fluchte, denn sein Ladeschütze, Gefreiter Carius, hatte sich auf seine Kommisbrotstulle geworfen. Am nächsten Tag galt es für Carius, Granaten zu mannen, denn in der Panzerschlacht bei Olita ging es bereits heiß her. Der Übergang über den Njemen wurde erzwungen. Der Vorstoß auf Wilna begann, und am 24. Juni drangen sie in diese Stadt hinein. Es ging weiter in Richtung Minsk. Am 8. Juli fuhr der Panzer von Unteroffizier Dehler Spitze. Bei Ulla überquerten sie auf einer Pontonbrücke die Düna; jenseits des Flusses, aus dem Waldrand, schossen die Russen. Als sie schon fast diesen Waldrand erreicht hatten, dröhnte ein harter Schlag gegen den Panzer. Ein metallisches Krachen, der Schrei eines Kameraden war alles, was Carius vernahm. Sie büchsten aus, und als Otto Carius in den Straßengraben kroch, stellte er fest, daß er im Gesicht blutete. Ein paar Zähne waren angeschlagen, drei oder vier Stahlsplitter saßen im Gesicht. Eine russische 4,7-cm-Pak hatte den Panzer beim Funkersitz durchschlagen. Der Funker verlor den linken Arm, und Carius mußte sich auf den Hauptverbandsplatz die lockeren Zähne entfernen lassen.
Per Anhalter fuhr er am nächsten Tag bereits wieder hinter seiner Einheit her. Vor Witebsk erreichte er seine Kompanie. Es folgte

eine Reihe schwerer Kämpfe, die in der Abwehrschlacht bei Jelnja und Smolensk ihren Höhepunkt fanden. Am 1. August 1941 wurde Carius zum Unteroffizier befördert.
Drei Tage darauf erhielt er seinen Marschbefehl nach Erlangen zur Panzer-Ersatzabteilung 25. Hier wurde ihm am 18. August das Panzerkampfabzeichen in Silber verliehen. Er machte seinen Kfz.- und Panzer-Führerschein, und anschließend wurde er zum 8. Offiziersanwärterlehrgang nach Wünsdorf bei Berlin kommandiert. Gleichzeitig mit seiner Beförderung zum Feldwebel wurde ihm dort am 1. Februar 1942 mitgeteilt, daß er - mit zwei Kameraden - das „Klassenziel nicht erreicht" hätte. Der Inspektionschef tröstete sie:
„Ich bin sicher, daß Sie das Ziel an der Front erreichen werden."
Dieser Mann, den sie alle verehrten, war Major Ernst Philipp, der schon am 28. November 1940 als Oberleutnant im Panzerregiment 1 das Ritterkreuz erhalten hatte.
Feldwebel Carius fand das Panzerregiment 21 in der Winterstellung von Gshatsk wieder. Das Regiment hatte fast alle Fahrzeuge verloren. Nur eine Kompanie besaß noch Panzer. Als endlich neue Panzer eintrafen und die 10. Kompanie damit aufgefüllt wurde, übernahm Carius wieder seinen Zug. Bis Ende Juni 1942 dauerten die Abwehrkämpfe in der Winterstellung bei Gshatsk und ostwärts Wjasma. Dann wurde die Division nach Ssytschewka verlegt. Als Pionierzugführer in der Stabskompanie lernte er ein neues Spezialgebiet kennen.
Am 1. Oktober 1942 wurde er nun doch zum Leutnant befördert. Bald darauf erhielt er den Auftrag, mit seinem Pionierzug vor den Panzern Minen zu räumen. Während des Aufnehmens schossen die Russen aus MG und Schnellfeuergewehren. Carius erhielt einen Streifschuß an der Hand. Aber er blieb bei der Truppe und wurde wenig später zu seiner alten 1. Kompanie versetzt. Sein früherer Kommandant, August Dehler, war inzwischen Feldwebel geworden. Nun fuhren sie zusammen im gleichen Zug ihre Einsätze.
Im Januar 1943 sollte Leutnant Carius vor seiner Urlaubssperre noch einen Heimaturlaub nehmen. Einen Tag vor der Abfahrt winkte August Dehler seinen Panzer aus der Erdbox heraus. Während der Panzer heraufrollte, rutschte Dehler auf der glatten schrägen Auffahrt aus und stürzte vor die linke Kette. Die Besat-

zung schrie auf. Der Fahrer brachte den Panzer zum Stehen, aber die Kette war schon über den Oberschenkel hochgerollt. Deahler war sofort tot. Otto Carius hatte seinen besten Freund verloren. Während des Urlaubs erreichte ihn ein Versetzungsbefehl zur Ersatzabteilung 500 nach Putlos. Dort erfuhr er, daß fronterfahrene Offiziere und einige Kompanien der Ostfront an einem neuen Panzertyp - dem Tiger - ausgebildet werden wollten.
Lehrgangsleiter war Hauptmann von Lüttichau.
Die Kommandierten zogen nach Paderborn in den Standort der Ersatzabteilung. Hier sollten in Zukunft alle Tiger-Kommandanten ausgebildet werden. Carius kam zur 2. Kompanie. Nach vorübergehender Verlegung in die Bretagne, wo erprobt und geübt wurde, wurde seine schwere Panzerabteilung 502 am Fronleichnamstag eilig nach dem Osten mit Bestimmungsort Gatschina abtransportiert. Als die dritte Ladogasee-Schlacht begann, wurden am 21. Juli die Tiger abermals verladen, und in Sniigri, einer kleinen Bahnstation bei Mga, war Endstation.
Von der Rampe weg wurde die 3. Kompanie in den Einsatz geworfen. Als die 2. Kompanie entladen hatte, waren Hauptmann Oehme und Leutnant Grünewald von der Dritten bereits gefallen. Schlachtflieger feuerten auf alles, was sich regte, und in diesen Hexenkessel geriet die 2. Kompanie hinein.
In den Kämpfen bei Ssinjawino, am Masurenweg und beim Bunkerdorf gelang es, wichtige Stellungen zurückzugewinnen. Während der oben erwähnten Abwehrschlacht bei Newel zeichnete sich Leutnant Carius mehrfach aus.
Als die Tiger der Abteilung Gatschina erreichten, lag der Bahnhof bereits unter schwerem russischen Artilleriebeschuß. Die hier schon eingesetzte 1. Kompanie hatte schwere Verluste. Sie war auf der Rollbahn von Sowjets umzingelt worden.
Major Jähde hatte zu warten versucht, bis er alle Kompanien geschlossen einsetzen konnte, aber ihm blieb keine andere Wahl. „Major Jähde", sagte Otto Carius, „war der beste Kommandeur, den wir jemals bei der Abteilung 502 hatten. Als Mensch war er uns immer ein Vorbild, weil er sich für seine Männer restlos einsetzte. In kritischen Situationen war er immer wieder bei uns. So kannten wir ihn, und so werden wir ihn nicht vergessen." Gatschina wurde aufgegeben. Truppen der Heeresgruppe Nord

marschierten auf der Rollbahn Gatschina - Wolossowo - Narwa zurück.
Die Nachhut bildeten die Tiger. Als die Sowjets einen deutschen Divisionsgefechtsstand in der Nähe des Knotenpunktes Wolossowo eingeschlossen hatten, setzte sich Carius sofort dorthin in Marsch, sprengte eine Lücke in die Umklammerung und holte den Stab heraus. Der Divisionskommandeur fuhr als letzter auf Carius' Panzer zurück.
Danach hatte Carius, zusammen mit einem Infanteriebataillon, eine Nachhutstellung bei Opolje zu halten, bis der Rückmarsch wieder fortgesetzt werden konnte. Seine vier Tiger standen am Südrand der Rollbahn, dahinter lag das Bataillon in Stellung. Während der Nacht rückte das Bataillon ab, und so stand der Zug Carius allein. Trotzdem hielt Carius die Stellung und schoß zwei Pak ab. Seine Lage wurde immer kritischer. Bei seiner Abteilung, mit der er gute Sprechverbindung hatte, war noch immer nicht der Befehl zum weiteren Zurückgehen eingegangen.
Gegen Morgen meldete Feldwebel Wesely, daß der Kühler seines Panzers leckgeschossen sei. Eine halbe Stunde später dasselbe Mißgeschick bei einem zweiten Panzer! Als schließlich der Rückzugsbefehl eingetroffen war, mußten diese beiden Panzer von den anderen mitgeschleppt werden.
Beim ersten Büchsenlicht sahen sie einen Kübelwagen ihnen entgegenfahren. Es war Major Jähde, der es nicht ausgehalten hatte und der vorgefahren war, um seine Panzerbesatzungen zurückzuführen. In Wolossowo trafen sie den Rest ihrer 1. Kompanie wieder.
Im Abschnitt des III. SS-Korps mußte der Narwa-Brückenkopf gegen immer stärkere russische Angriffe gehalten werden. Carius hatte sich mit seinem Zug bei dem Kommandeur der 11. SS-Panzergrenadierdivision „Nordland", SS-Brigadeführer und Generalmajor Fritz von Scholz, als ihm neu unterstellt zu melden. Der Befehlswagen des Generals stand an einem Haus unweit der Hauptkampflinie, noch vor den Regimentsgefechtsständen. Brigadeführer von Scholz begrüßte ihn folgendermaßen: „Na, dann wollen wir mal zuerst einen Schnaps auf gute Zusammenarbeit trinken." (Generalmajor von Scholz kam vom Heer. Als Generalleutnant erhielt er am 8. August 1944 als 85. deutscher Sol-

dat die Schwerter. Er fiel kurz vorher, am 28. Juli, bei der Abwehr eines russischen Angriffs im Narwa-Abschnitt.)
Schließlich wies der General ihn in die Lage ein und schloß: „Ich habe mir eine neue Brückenkopflinie zurechtgelegt. Ihre Aufgabe wird es sein, den Männern vorn zu helfen, die jeweils günstigste Stellung zu erreichen, die dann ausgebaut und gehalten werden muß. Da der Russe in meinem Divisionsabschnitt zunächst nur mit schwachen Vorhuteinheiten im Gelände sitzt, dürfte es nicht allzu schwer sein, ihn zurückzudrängen und meinen Männern den Ausbau ihrer Kampflinie zu ermöglichen."
Damit war die Aufgabe für Leutnant Carius umrissen. Ostwärts Narwa stellte er seine Panzer auf. Nach Norden lief die Front bis zum Stadtrand diesseits der Narwa und sprang nach einer kurzen Strecke auf das Westufer des Flusses über, wo sie bis zur Mündung in die Ostsee die HKL bildete.
Die auf dem Ostufer der Narwa stehenden Panzer gerieten in höchste Gefahr, als die Sowjets begannen, die einzige noch intakte Brücke zu beschießen. Wenn die Brücke zerstört wurde, saß man in der Falle.
Carius trug dies Generalmajor von Scholz vor. Auf dem Westufer stieß er auf einen Wagen mit Korpsständer, und heraus sprang - Generalfeldmarschall Model. Carius machte Meldung, und dann prasselte ein Unwetter auf ihn herunter. Zu Wort kam er nicht, denn schon saß er wieder im Panzer und fuhr auf das Ostufer der Narwa zurück. Er nahm folgenden Befehl des Feldmarschalls mit: „Sie sind mir dafür verantwortlich, daß kein Russenpanzer einbricht! Keiner Ihrer Tiger darf durch Beschuß ausfallen! Wir brauchen hier jedes einzelne Rohr!"
Vier sowjetische Pak wurden bald darauf außer Gefecht gesetzt. Dann war die Division in ihrer Stellung abwehrbereit, und die Panzer wurden zu anderer Verwendung herausgezogen.
Carius fuhr im Kübelwagen nach Lembitu. Er sollte dort seinen kranken Kompaniechef ablösen.
Der Chef stand hier mit zwei Panzern. Kommandant des zweiten Tigers war Feldwebel Albert Kerscher, einer der besten Kommandanten der Abteilung. Die Sowjets hatten sich hinter dem Bahndamm südlich Lembitu eingenistet. Doch die Anzeichen dafür, daß die Sowjets bald angreifen würden, mehrten sich.

Bis zum 15. März herrschte eine trügerische Ruhe. An diesem Tage erhielt der Panzer von Carius einen Granatwerfertreffer und mußte von dem Panzer Kerschers abgeschleppt werden. Am Tage darauf kam Oberfeldwebel Zwetti mit zwei Wagen, um Carius abzulösen.
Ein Saunabad in der Ruhestellung ließ Otto Carius die trockene Rippenfellentzündung wieder ausschwitzen, an der er seit geraumer Zeit litt, ohne sich krank gemeldet zu haben. Vierundzwanzig Stunden später war Carius' Panzer von Oberfeldwebel Delzeit, dem Waffenfachmann, repariert, und da inzwischen Zwetti an beiden Wagen Defekte hatte, sollte er gleich wieder abgelöst werden. Am anderen Morgen traf Carius wieder im alten Stützpunkt ein. Da alles ruhig war, legte er sich schlafen.
Durch russisches Trommelfeuer wurde er geweckt. Der gesamte Abschnitt der 61. Infanteriedivision lag unter starkem Artilleriefeuer aller Kaliber. Als die Feuerwalze nach einer halben Stunde nach rückwärts sprang, gelang es den Besatzungen, endlich in die Panzer zu kommen. Sie fuhren nach vorn.
Schon bald kamen ihnen einige Landser ohne Waffen, dann eine Dreisieben auf einer Zwölf-Tonnen-Zugmaschine entgegen. Schließlich stürzten etwa dreißig weitere Soldaten, wieder ohne Waffen, an ihnen vorbei, ohne die Panzer zu beachten. Carius rannte zu ihnen hin. Er erfuhr, daß die Russen ihren Angriff begonnen hatten und sich schon der Rollbahn näherten. Drei Stützpunkte wären geräumt.
Sofort fuhr Carius, dicht gefolgt von Feldwebel Kerscher, zu dem eigenen Stützpunkt am Gehöft. Plötzlich sah er links auf der offenen Fläche einige Panzer, dahinter russische Infanterie. „Kerscher, nach links ausholen! Sechs T 34 fahren auf die Rollbahn zu!"
Während der Feldwebel einschlug, um dieser Kampfgruppe den Weg zu verlegen, ließ Carius selber auf die fünf am Bahndamm stehenden Pak einschwenken, die ihre Flanke bedrohten und in diesem Augenblick am gefährlichsten waren. Die ersten Granaten schlugen schon um seinen Tiger herum ein. Einmal klirrte es im Laufwerk. Doch der Tiger blieb fahrbereit. Dann sahen sie das Mündungsfeuer der Pak.
Alle fünf Geschütze wurden außer Gefecht gesetzt. Ein paar Gra-

naten hatten den Tiger getroffen und waren abgeprallt. Während Unteroffizier Kramer die letzte Pak aufs Korn nahm, blickte der Kommandant zufällig einmal nach links. Er sah einen T 34, der kehrtgemacht hatte und nun auf Kerschers Panzer zurollte. „Hallo, Kerscher", ein T 34 genau hinter dir!" warnte Carius den Kameraden.

Kerscher ließ abdrehen. Der Turm schwenkte herum, und der erste Schuß aus der Langrohrkanone des Tigers war ein Volltreffer. Der Feindpanzer rutschte brennend in einen Bombentrichter und blieb liegen.

Nun griffen sie die fünf übrigen T 34 an. Wieder arbeitete Richtschütze Kramer schnell und sicher. Seine Füße auf der Schwenkwippe kamen nicht zur Ruhe. Der Turm bewegte sich nach rechts, wenn er mit der Fußspitze auftrat, und nach links, wenn er die Hacken benutzte. Die fünf Panzer blieben abgeschossen liegen. Zwischen Lembitu und der Stelle, wo der Bahndamm im Wald verschwand, war kein deutscher Soldat mehr zu sehen. Nur am rechten Flügel der Division „Feldherrnhalle" nahm ein MG am Nachmittag das Feuer wieder auf. Die beiden Panzer waren allein auf sich gestellt. Durch das selbständige Eingreifen der Panzer von Carius wurde der Durchbruch der Russen im Rücken des III. SS-Panzerkorps und der Heeresteile im Narwa-Brückenkopf verhindert.

Am Nachmittag griffen die Sowjets zum zweiten Male an. Wieder kamen sie mit Panzern über den Bahndamm. Es gelang den beiden Tigern, fünf T 34 und einen KW 1 abzuschießen.

„Die Russen stellen sich zu einem neuen Angriff hinter dem Bahndamm bereit ", meldete Carius eineinhalb Stunden nach dem zweiten Angriff. Zehn Minuten später kam ein dritter Tiger zu ihnen nach vorn und verstärkte die kleine Streitmacht.

In Bataillonsstärke traten die Sowjets mit Panzerunterstützung zum dritten Male an. Drei T 34 blieben brennend liegen, bevor der Feind den Angriff einstellte.

Zwei Stunden vor Mitternacht fuhren alle drei Panzer zurück, um Verpflegung, Munition und Betriebsstoff zu holen. Pro Tiger wurden hundert Granaten und zweihundert Liter Sprit benötigt. Hauptfeldwebel Sepp Rieger berichtete von der Kompanie. Für jeden Abschuß, von dem sie gehört hatten, hatte er einen Schnaps spen-

diert.
Gegen Mitternacht kehrten sie zu ihrer Stellung an dem zerschossenen Gehöft zurück. Carius fuhr weiter zum Kinderheim, dem Regimentsgefechtsstand der Infanterie. Hier besprach er mit dem Kommandeur einen Gegenstoß. Um fünf Uhr stellten sie sich zwischen Lembitu und Tirtsu zum Angriff bereit. Eine feindbesetzte Ruine wurde zurückerobert, zwei T 34 abgeschossen. Dann aber setzte starkes Artillerie- und Granatwerferfeuer ein. Die Gruppe Grenadiere hinter Carius' Panzer verlor zwei Tote und zwei Schwerverwundete. Die Männer wurden geborgen; der Angriff auf die zweite Ruine mußte als aussichtslos abgebrochen werden. Als die Sowjets zum Gegenstoß auf den Stützpunkt und das Gehöft antraten, wurden sie abgewehrt und verloren im Feuer der Tiger zwei T 34 und einen T 60.
Die Russen gaben trotz ihrer hohen Verluste den Kampf um den Brückenkopf Narwa nicht auf. Am 19. März 1944 griffen sie gegen Mittag nach starker Feuervorbereitung wieder an. Sechs T 34 und ein T 60 blieben vor dem Stützpunkt Carius liegen. Dennoch gelang ihnen ein Einbruch in die deutsche HKL.
Noch ehe die eigene Infanterie zum Gegenstoß antreten konnte, traf ein Hilferuf aus einem schmalen Bürstenwäldchen ein, wo vier russische Sturmgeschütze und zwei T 34 in Stellung gegangen waren und die deutsche HKL beschossen. Die Infanterie befürchtete, überrollt zu werden. Carius handelte sofort.
„Kerscher, mir nach!"
Sie eilten der russischen Panzerstellung entgegen. Granaten schwirrten über ihre Türme hinweg. hakenschlagend erreichten sie eine günstige Schußposition. Die eingespielten Besatzungen schossen in schneller Folge und vernichteten alle feindlichen Sturmgeschütze und Panzer. Die Infanterie atmete, von einem Alpdruck befreit, auf. Sie war durch die beiden Tigerpanzer gerettet worden.
„Jetzt auf die MG-Stände und die Infanterie!" befahl entschlossen der Leutnant.
Bei diesem Gegenstoß schossen sie weitere zwei Panzer ab und am nächsten Tage noch einmal zwei Panzer und eine Flak. Wieder einen Tag später war es Feldwebel Kerscher, der am Punkt 33,7 zwei T 34 vernichtete.
Die russischen Angriffe waren abgeschlagen.

Tags darauf blieb der Wagen von Gruber in einem Bombentrichter hängen. Bei dem Versuch, ihn herauszuziehen, durchschlug eine für den Panzerkampf mit Verzögerungszünder versehene 15-cm-Werfergranate die Funkerluke des Zugführerwagens. Der Funker wurde an beiden Beinen schwer verwundet; sein linker Unterschenkel war abgerissen.

In den Abwehrkämpfen bei Narwa, in der Zeit vom 17. bis 22. März, hatten die drei Panzer unter Leutnant Carius 38 russische Panzer, vier Sturmgeschütze und 17 Geschütze vernichtet. Die 2. Kompanie der schweren Panzerabteilung 502 wurde am 21. März 1944 im Wehrmachtsbericht genannt.

Leutnant Carius, der wesentlichen Anteil am Erfolg hatte, wurde zum Ritterkreuz eingegeben.

Ende März wurden die Panzer aus dem Abschnitt der 61. Infanteriedivision abgezogen. Sie sollten für den Kampf zur Beseitigung des „Ost- und Westsacks" aufgefrischt werden. Die Führung des Unternehmens lag in den Händen von Oberst Graf Strachwitz. In Sillamä sammelte die Abteilung.

Für Otto Carius waren diese Ruhetage ein Erlebnis. Seine Freude, wieder einmal gute Musik zu hören, war groß. Und er gewann hier Hasso, den Kompanie-Schäferhund, als Freund. Der Hund begleitete den Leutnant überall hin. Nachts hatte er den Kopf auf den Füßen seines Herrn liegen.

Das erste Unternehmen, die Wegnahme des Westsacks, stellte Carius' Panzern keine besonderen Aufgaben. Da der Boden des Angriffsgeländes für die Tiger nicht genügend tragfähig war, wurden die leichteren Panzer IV zum Angriff eingeteilt. Die Wegnahme des Westsacks gelang. Dann wurde Leutnant Carius zur Besprechung für den Ostsack-Angriff befohlen.

Der Zug Carius griff am 6. April als erste Welle an. Er fuhr in der Reihenfolge Feldwebel Kerscher, Leutnant Carius, Oberfeldwebel Zwetti, Feldwebel Gruber. Auf den Wagen von Gruber und Zweit waren je drei Pioniere aufgesessen. Eine Viertelstunde vor Angriffsbeginn hatte das Vorbereitungsfeuer begonnen. Von der Achtacht bis hinunter zum 2-cm-Vierling waren alle Geschütze vertreten. Von weiter rückwärts schoß ein Nebelwerferregiment zuerst mit Flammölraketen, dann mit Brisanzmunition. Gewaltige Stichflammen stoben beim Gegner empor und versengten die

Bäume. Als die 28-cm-Haubitzen das Feuer aufnahmen, rollte bereits der Angriff unter der Feuerglocke in Richtung Bahndamm vor.
Jenseits des Bahnüberganges drehten die Panzer ein und fuhren nach Westen am Rande des Bahndamms entlang. Sieben Pak wurden abgeschossen. Plötzlich erhielt Carius' Tiger aus dem Rücken einen Treffer. Grubers Panzer wurde das Laufwerk zerschossen. Der zweite Schuß der aus dem Wald schießenden Russenpak schlug durch und verwundete den Feldwebel und den Ladeschützen. Diese Pak konnte Richtschütze Kramer noch außer Gefecht setzen; dann schleppte Oberfeldwebel Zwetti den Panzer zurück. Das Angriffsziel wurde erreicht.
Am 15. April wurde Carius erneut zur Besprechung zu Oberst Graf Strachwitz befohlen. Es ging um die Beseitigung des russischen Restbrückenkopfes. Während der Graf seinen Plan vortrug, betrat der Adjutant den Raum.
„Was gibt es denn?" fragte Oberst Graf Strachwitz ungeduldig. Der Offizier nahm Haltung an. „Herr Graf, ich melde, daß in der Nachrichtensendung die Mitteilung durchgegeben wurde, der Führer habe Herrn Grafen die Brillanten zum Ritterkreuz verliehen. Ich darf mir erlauben, als erster dazu zu gratulieren."
Der Graf winkte ab. Er meinte, daß der Rundfunk keine amtliche Mitteilung sei und daß er jetzt nicht mehr gestört zu werden wünsche.
Nach Bereitstellung am 19. April früh gewann der Angriff das erste Zwischenziel, einen versumpften Graben, und wurde von Graf Strachwitz angehalten. Er sollte am folgenden Morgen fortgesetzt werden. In der Nacht ebneten Pioniere den Graben für die Überfahrt der Panzer ein.
Als das Nebelwerferregiment am 20. April das Feuer eröffnete, lagen die Einschläge zu kurz, und zwar genau bei den Tigern. Fürchterliche Detonationen ließen die Erde erzittern. Luken flogen durch den Luftdruck auf. Verzweifelt funkte Carius zurück. Aber der Feuerzauber ging die in der Zeittafel vorgesehenen fünf Minuten weiter auf sie nieder. Das Infanteriebataillon in ihrer Nähe wurde völlig zerschlagen. Fast alle Männer waren verwundet oder gefallen. Mit seinen Tigern überquerte Leutnant Carius den Graben, um die Bergung der Verwundeten zu sichern. Gleich darauf

traf der Befehl des Grafen ein, bis Punkt 312 vorzustoßen. Ein neues Bataillon Infanterie würde nachgeführt werden. Gerade als sich Leutnant Carius eine Zigarette anzünden wollte und Kramer ihm Feuer gab, erschütterte ein harter Schlag den Panzer. Die Kuppel des Tigers wurde aus der Schweißnaht gerissen und flog weg. Carius spürte schmerzende Schläge von Splittern an Schläfe und Gesicht. Blut lief ihm über das Kinn. Hätte er sich nicht eben zu Kramer hinuntergebeugt, um sich Feuer geben zu lassen, und hätte sich sein Kopf im Augenblick des Treffers in der Kuppel befunden, wäre er regelrecht enthauptet worden.
Wenig später wurde das russische Sturmgeschütz erkannt. Als Kramer es mit dem ersten Schuß getroffen hatte, schlug die Granate eines zweiten Sturmgeschützes hinten zwischen Turm und Wanne in den Tiger.
„Ausbooten!“ befahl Carius.
Binnen weniger Sekunden waren sie draußen und kletterten in den Nachbar-Tiger. Carius gab seinen Panzern den Befehl zum Zurückfahren auf den Panzergraben. Einer der Tiger ging dabei in Flammen auf und mußte in den Sumpf geschoben werden.
Das dritte Strachwitz-Unternehmen endete mit dem Verlust aller vier Panzer der vordersten Gruppe.
Ende April erhielt die Tiger-Kompanie den Befehl, ihrer Abteilung nach Pleskau nachzufolgen. Dort lernte Carius den neuen Abteilungskommandeur, Major Schwaner, kennen.
Am 4. Mai 1944 wurde ihm für seinen entscheidenden Einsatz im Narwa-Brückenkopf das Ritterkreuz des Eisernen Kreuzes verliehen. Da Carius unter schweren Herzasthma-Anfällen litt, durfte er einen vierwöchigen Urlaub antreten. Aber als er eben fünf Tage daheim war, rief ihn ein Telegramm zur Truppe zurück.
Sofort ging es wieder ins Gefecht. Mit vier Tigern griff Leutnant Carius an. Nur sein Wagen kam heil wieder zurück. Es gelang, in der Nacht alle ausgefallenen Panzer zurückzuschleppen, mit Ausnahme des Wagens von Oberfeldwebel Wesely, unter dem sich ein russischer Stoßtrupp eingenistet hatte. Dennoch: Die alte HKL war wiedergewonnen worden.
Am 15. Juli 1944 wurde Leutnant Carius das Panzerkampfabzeichen in Silber verliehen. Am selben Tage wurde er zum Gefechtsstand der 270. Infanteriedivision, der er zugeteilt war, befohlen. Er

erhielt den Auftrag, bei Maruga zu sichern. Wenige Tage darauf begannen Kämpfe, an die Carius Zeit seines Lebens zurückdenken sollte.
Es war in der Nacht zum 20. Juli, als die Meldung bei der Abteilung eintraf, daß die Russen ostwärts Dünaburg, im Abschnitt der 270. Infanteriedivision, durchgebrochen wären und mit neunzig bis hundert Panzern in Richtung der wichtigen Rollbahn Dünaburg-Rossitten vorstießen. Die Kompanie Carius setzte sich in Marsch. Gegen elf Uhr erreichte sie die Eisenbahnbrücke über die Düna. Hier stießen zu den sechs Tigern zwei weitere, so daß Carius nun acht Panzer zur Verfügung hatte. Auf dem Versorgungsstützpunkt der Abteilung, einem Friedhof westlich der Rollbahn, fünf Kilometer nordostwärts Dünaburg, versorgte die 2. Kompanie, während die 1. unter Oberleutnant Bölter bereits abmarschierte.
„Macht langsam, Otto!" rief Bölter dem Kameraden zu. „Bis ihr kommt, haben wir die Sache schon allein erledigt."
Gegen Mittag hatten Carius' acht Tiger versorgt und rollten auf der Straße Richtung Polozk nach Osten. Unerbittlich brannte die Hochsommersonne auf die Panzer herunter und briet die Männer im Innern der Stahlkästen. Plötzlich vernahm Leutnant Carius Kampflärm aus nördlicher Richtung.
„He, Kerscher, hörst du das?"
„Abschüsse, Herr Leutnant! Panzerkanonen!" rief Kerscher zurück.
„Wir setzen uns in den Kübel und sehen nach!"
Mit Kerscher fuhr Otto Carius dem Kampflärm entgegen. Was er bald darauf sah, ließ ihn entsetzt nach Luft schnappen. Auf der Rollbahn Dünaburg-Rossitten befand sich alles in kopfloser Flucht nach Südwesten. Lkw, Pkw und Kräder fuhren durcheinander, bis obenhin vollgepackt. Niemand hielt an. Endlich erwischten sie einen Unteroffizier, der im Straßengraben angekeucht kam. Der meldete ihnen, daß die Russen durchgebrochen und in die vor ihnen liegende Ortschaft eingedrungen seien.
Sie fuhren auf das Dorf zu. Hier stießen sie auf einen Oberleutnant von einer Sturmgeschützabteilung. Seine Abteilung befand sich nördlich Krivani. Beim Versuch, nach Süden durchzubrechen, hatte sie sieben Geschütze verloren. Der Oberleutnant sollte Entsatzkräfte herbeirufen.

„Fahren Sie zu Ihrer Einheit zurück. In spätestens zwei Stunden hauen wir Sie raus!“ versprach Leutnant Carius.
Otto Carius führte nun seine Kompanie an das Dorf heran. Auf der Anhöhe kurz vor Kriwani machte er halt und besprach den Einsatz mit den Zugführern und Kommandanten. Er sagte:
„Wir werden das Ding folgendermaßen drehen:
Zwei Panzer fahren mit Vollgas in das Dorf und überraschen den Iwan, der keinesfalls zum Schuß kommen darf. Leutnant Nienstedt führt die restlichen sechs Panzer nach.
Nienstedt, Sie bleiben so lange am Hinterhang stehen, bis ich weitere Befehle erteile. Hauptsache, daß der 'Herrgottsfunker' nicht schläft!
Nienstedt, es ist Ihr erster Einsatz bei uns, und Sie müssen sich das eine merken: Es klappt alles, wenn Sie nur warten können. Die beiden ersten sind Kerscher und ich! Sonst wäre alles klar?“
Noch einmal wurden die Funkverständigung überprüft und dann die Motoren angeworfen. Beide Tiger rumpelten los. Sie gerieten ins Blickfeld der Sowjets, doch kein Schuß fiel. Bis über die Mitte des Dorfes ließ Carius fahren. Kerscher folgt dichtauf. Alles spielte sich nun blitzschnell ab. Als Kerscher sah, daß die beiden hier stehenden T 34 ihre Türme auf den Tiger seines Leutnants einschwenkten, feuerte er und schoß beide T 34 mit einem Schuß ab. Schon hatte Carius das Ende des Dorfes erreicht und eröffnete nun das Feuer auf die hier stehenden schweren und schwersten Panzer. Schuß auf Schuß wurde hinausgejagt. Kerscher war herangekommen. Carius sichtete einen schweren Josef-Stalin-Panzer, der mit der Breitseite zu ihnen an einer Scheune stand.
„Auf ihn, Kramer!“
Beim zweiten Treffer brannte dieser wuchtige Koloß, der eine 12,2-cm-Kanone lang mit Mündungsbremse trug und an einen Königstiger erinnerte. Weitere Panzer wurden getroffen. Das Getöse steigerte sich.
„Jetzt auf die Fahrzeuge, Kerscher!“
Mit brüllenden Explosionen flogen die getroffenen Munitionswagen in die Luft. Lkw brannten oder wurden zersiebt. Das Geschmetter des Kampfes hallte den Männern in den Ohren.
„Nienstedt, rücken Sie über die Anhöhe nach!“ befahl Carius über Funk.

Nur zwei Feindpanzern war es gelungen, zu entkommen. Die Kompanie sammelte im Dorf, und drei Panzer sicherten den Dorfrand nach Osten. Das Beiwagenkrad des Kommandeurs der Sturmgeschützabteilung kam angebraust. Carius hatte mit seinen Tigern die Sturmgeschütze, wie versprochen, herausgehauen. Er ließ die vernichteten Panzer zählen. Über Mittelwelle gab er die Meldung durch:
„Siebzehn Stalin-Panzer und fünf T 34 abgeschossen!"
Es waren Panzer der 1. Panzerbrigade „Josef Stalin". Diese Gruppe hatte die stählerne Sturmspitze der Russen gebildet. Daß sie zerschlagen war, wußte die nachrückende Brigade noch nicht. Hinter einer Bodenwelle ließ Leutnant Carius sechs seiner Tiger so in Stellung gehen, daß sie die Straße unter Feuer halten konnten. Er selbst stieg zu Feldwebel Kerscher als Funker ein, da sein Wagen mit als Deckung zurückgeblieben war. Die Straße war von hier aus auf einer Länge von zirka drei Kilometern zu übersehen. Das Warten auf das sowjetische Gros begann. Dann sah Carius Rauchwolken, und bald erkannte er durch die Schere russische Panzer. Ihre Kanonen waren hochgezurrt. Auf den Panzern Infanterie. In den Abständen zwischen den Panzern Lkw mit Munition und Sprit. Wie zur Parade fuhren sie heran. Carius wartete, bis der günstigste Zeitpunkt gekommen war.
„Feuer frei!"
Was sich jetzt hier abspielte, war ein grausiges Schauspiel. Carius sprang aus dem Panzer heraus, um alles genauer sehen und seine Befehle geben zu können. Schuß auf Schuß verließ die Rohre der Tiger-Gruppe. Auf der Straße flogen Spritlaster in die Luft, blieben getroffene Panzer liegen, knatterten pausenlos Munitionsdetonationen. Das Feuer der Tiger ließ nicht nach. Bald war die russische Kolonne ein einziges Flammenmeer.
Dann war alles vorüber. Nur ab und zu wurden noch Türme durch die explodierende Munition von den Unterwagen gerissen und in die Luft geschleudert. Otto Carius zählte achtundzwanzig abgeschossene, brennende und qualmende Panzer. Das Chaos war vollständig.
Leutnant Carius fuhr zum Gefechtsstand der Abteilung in der Nähe des Gefechtsstandes der 270. Infanteriedivision. Major Schwaner beglückwünschte ihn zu diesem überwältigenden Erfolg, der den

Gegner an diesem einen Tage neunundvierzig Panzer gekostet hatte. Die schwere Panzerbrigade „Josef Stalin“ war bei ihrem ersten Einsatz aufgerieben worden. Die Vernichtung der russischen Panzerspitze war für die weiter ostwärts liegende 270. Infanteriedivision und alle anderen Einheiten nördlich und nordostwärts Dünaburg von entscheidender Bedeutung. Ohne das Eingreifen der 2./502 hätte es größte Verluste gegeben.

Am 24. Juli fuhr Leutnant Carius auf einem Beiwagenkrad über einen Feldweg von Dünaburg nach Nordwesten, um von einer Anhöhe herunter zu beobachten. Dahinter war ein Gehöft. Eben sah Carius auf das Kartenbrett, um sich zu orientieren, als Lokey, sein Fahrer schrie:

„Russen im Gehöft!“

Schon krachte es.

„Kehrt!“ befahl Carius. In der Drehung würgte Lokey die 700er Zündapp ab.

Sie sprangen ab. Lokey gelang es, im Feindfeuer heil den Straßengraben zu erreichen. Carius aber zerschmetterte ein Geschoß den linken Oberschenkel.

Kriechend versuchten die beiden, zum Dorf zu gelangen. Bald verließen den Leutnant die Kräfte.

„Hauen Sie ab, Lokey, und alarmieren Sie Leutnant Eichhorn.“

„Ich bleibe hier, Herr Leutnant!“

Lokey ließ sich nicht überreden. Langsam krochen sie weiter. Die Russen schossen, sobald einer den Kopf über die Deckung nahm, und kamen schnell näher. Dann erreichten die Sowjets den Straßengraben. Lokey erhielt einen Streifschuß, Carius noch einen Durchschuß durch den linken Oberarm und weitere vier Schüsse in den Rücken.

Bewegungslos blieben sie liegen. Das Schießen hörte auf, und plötzlich vernahmen sie Panzergeräusche. Gleichzeitig stand der Tod in Gestalt von drei Russen drei Meter hinter ihnen. Otto Carius drehte sich zu den Russen um. Der in der Mitte stehende Offizier rief:

„Ruki Wjerch!“

Die beiden ihn begleitenden Soldaten hielten ihre MPi auf den deutschen Offizier gerichtet. Dann hörten auch die Russen die Panzer. Die beiden Soldaten verschwanden blitzschnell. Der Offizier hob seine Pistole. Im selben Augenblick drehte sich Otto Carius zu den anrollenden Tigern um. Die drei Schüsse des Offiziers trafen infolge dieser Bewegung nicht tödlich. Einer ging neben der Wirbelsäule am Hals durch, ohne die Schlagader oder eine Sehne zu verletzen. Zwei verfehlten ihn.

Die Tiger kamen heran. Im ersten Wagen Leutnant Eichhorn, der weiter vorrollte, um zu sichern. Oberfeldwebel Göring hielt seinen Tiger neben dem Verwundeten an. Ein wunderbares Gefühl des Geborgenseins erfüllte Carius, als Stabsgefreiter Marwitz, der Ladeschütze Görings, mit einem Hechtsprung bei ihm im Graben landete und mit seinem Hosenträger den Oberschenkel abband. Dann stemmte Marwitz ihn auf das Heck des Panzers. Oberleutnant Wolf, der Führer des Erkundungszuges, fuhr Carius in seinem Kübel zurück. Er hielt den Kopf des Schwerverwundeten auf dem Schoß. Er glaubte nicht, daß dieser von Kugeln durchlöcherte Kamerad das Lazarett lebend erreichen würde. Otto Carius aber überstand diese Fahrt. Am nächsten Tag erschien Major Schwaner auf dem Hauptverbandsplatz. Der Abteilungsadjutant sagte Carius wenig später,daß er zum Eichenlaub eingegeben worden sei. Zwei Tage später ging es nach Reval. Von dort per Schiff nach Swinemünde und von hier aus im Lazarettzug nach Lingen an der Ems.

Hier las Otto Carius, daß ihm am 27. Juli 1944 als 535. Soldaten der Wehrmacht das Eichenlaub zum Ritterkreuz verliehen und daß er am 1. August zum Oberleutnant befördert worden war. Neben ihm wurden aber - auf seine ausdrückliche Bitte hin - Feldwebel Kerscher und Unteroffizier Kramer das Ritterkreuz und Oberfeldwebel Göring das Deutsche Kreuz in Gold verliehen. Mitte September machte Otto Carius die ersten Gehversuche. Er hatte am 1. September das Panzerkampfabzeichen in Silber III. Stufe (für fünfzig Angriffe) bekommen, und am 11. September erhielt er aus der Hand des Lazarettarztes das Verwundetenabzeichen in Gold.

Für Otto Carius war der Krieg noch nicht zu Ende. Vom 2. Januar 1945 bis zum 11. Februar 1945 stand er in der Panzer-Ersatz- und -Ausbildungsabteilung 500. Anschließend übernahm er eine Kompanie der Jagd-Tiger-Abteilung 512, deren Kommandeur Hauptmann Scherff war. Diese mit zehn Panzern ausgerüstete Kompanie führte Carius in seinen letzten Kämpfen im Ruhrkessel. Am 21. April erhielt er noch das Panzerkampfabzeichen in Silber der IV. Stufe (für hundert Panzerkämpfe). In der Gegend von Iserlohn geriet Otto Carius in Gefangenschaft. Er wurde bald entlassen. Von 1947 bis 1949 war er Praktikant in einer Apotheke. Nach dem Vorexamen studierte er bis 1952 Pharmazie in Freiburg (Breisgau) und legte 1952 das Staatsexamen ab. Seit 1956 führt er die Apotheke in Herschweiler-Pettersheim, und kaum einer seiner ortsfremden Kunden weiß, warum diese Apotheke „Tiger-Apotheke" heißt.

MAJOR WILLY JÄHDE

Mit den Panzern in Ost und West

„Herr Major, Sie sollen sofort zum Kommandierenden General kommen", empfing der Adjutant den Kommandeur der schweren Panzerabteilung 502, als dieser nach einer Besichtigungsfahrt zur 2.Kompanie seinen Gefechtsstand in Woronowo betrat. Major Willy Jähde runzelte die Stirn unter dem schwarzen Panzerkäppi, das ihm schräg auf den linken Ohr saß.
„Wieder mal ein neuer russischer Durchbruch, Meier?" Der Major, der über der schwarzen Panzeruniform eine Jacke aus Lammleder trug, machte kehrt und setzte sich wieder in seinen Kübelwagen. Zehn Minuten später hielt er vor dem vorgeschobenen Gefechtsstand von General Wilhelm Wegener, der das L. Armeekorps an der Nordfront südlich von Leningrad führte. Der General begrüßte den Major der „Feuerwehr", wie die schwere Panzerabteilung 502 mit ihren mächtigen Tigerpanzern genannt wurde. Major Jähde sah das Ritterkreuz mit dem Eichenlaub im Halsausschnitt des Generals.
„Jähde, Sie bilden eine Kampfgruppe, bestehend aus den einsatzbereiten Teilen Ihrer Abteilung, dem II./Grenadierregiment 377 und der Panzerjägerkompanie 240. Mit dieser Kampfgruppe halten Sie den Abschnitt Woronowo - Ssjas - Kelewo gegen den erwarteten sowjetischen Großangriff. Ihre Stellung ist der Eckpfeiler der Verteidigungsfront nördlich Gatschina."

„Dazu brauche ich weitere Infanterieverbände, Herr General."
„Unterstellen Sie sich alles, was Sie dort finden können. Sie haben alle Vollmachten!"
Major Jähde fuhr zurück. Es war Nacht geworden, als er den Einsatzraum erreichte. Die Tiger wurden alarmiert und formierten sich. Am frühen Morgen des 21. Januar unterstellte sich Jähde Teile der 9. Luftwaffenfelddivision, die von Major von Bismarck geführt wurden, und Kampfeinheiten einer Pionierschule unter Major Gebhardt. Damit hatte er genügend Infanteriekräfte zur Verfügung, um Posten vor der Hauptkampflinie auf der Hauptstraße aufstellen zu können. Diese erhielten Weisung, jeden Soldaten, ob Offizier oder Mann, anzuhalten und zurückzuschicken. Im Laufe des Vormittags trafen einige hundert Versprengte ein, die vor den sowjetischen Panzerangriffen zurückgegangen waren. Mit diesen verstärkte Jähde die eigenen Kräfte in der Hauptkampflinie. Am Abend des 21. Januar gegen 22 Uhr durchbrachen sowjetische T 34 die schwach besetzte Stellung am Nordwestausgang von Woronowo. Als Major Jähde in seinem Gefechtsstand mitten in der Ortschaft den Panzerlärm hörte, sprang er auf.
„Ich hole einen Tiger heran, Meier. Halten Sie die Stellung."
Er rannte ins Freie und lief auf die T 34 zu, um zu den Tigern zu gelangen. Panzerkanonen schossen auf ihn. MG-Feuerstöße peitschten über ihn hinweg. Er schlug Haken, ging zu Boden, als er auf dem dritten der auftauchenden T 34 Infanterie erkannte, riß die MPi hoch und schoß die Begleitinfanterie vom Feindpanzer herunter.
Der erste Panzer kam heran und rollte zehn Meter neben dem Major vorüber. Wieder sprang Willy Jähde auf. Ein russisches Schnellfeuergewehr knatterte los. Er vernahm das Pfeifen der Kugeln. Erneut gab er einen Feuerstoß auf die letzten Sowjets ab und rannte gleich darauf weiter.
Als er am dritten T 34 vorbei war, atmete er auf, denn weitere Panzer waren nicht zu sehen. Schon erreichte er die Stellung der Ersten und erkannte Leutnant Ruwiedel, den Führer des Bergungszuges der Abteilung.
„Den ersten Tiger, Ruwiedel!"
„Hier, Herr Major!" meldete sich Feldwebel Haumann.
„Kommen Sie mit, ich weise Sie ein. Drei T 34 sind durchgebro-

chen!“
„Sofort, Herr Major!“
Der Motor des Tigers brummte stärker. Er wendete und folgte dem Major, der im Weggehen noch befahl, einen zweiten Tiger hinterherzuschicken.
Der Tiger rollte durch eine Nebenstraße. Plötzlich stieß er auf den ersten T 34. Major Jähde nahm Deckung hinter einer niedrigen Mauer. Der T 34 schoß. Die Granate heulte über den Tiger hinweg. Der Richtschütze von Haumanns Wagen richtete den Gegner an. Er drückte die Auslösung, und die Granate schmetterte in die Flanke des drehenden T 34 hinein und brachte ihn zur Explosion.
„Weiter, zur Hauptstraße!“ befahl der Major.
Als sie die Hauptstraße erreichten, sah sich Jähde auf kurzer Entfernung dem zweiten T 34 gegenüber, der bis hierher vorgeprellt war. So dicht standen sich beide Panzer gegenüber, daß Haumann nicht einmal den Turm drehen konnte. Der dritte T 34, dicht dahinter, traf Anstalten, zurückzusetzen, um den deutschen Tiger unter Feuer nehmen zu können.
In diesem Augenblick kam der zweite Tiger heran. Major Jähde wies ihn ein. Der erste Schuß fegte den Turm des vorderen T 34 vom Drehkranz herunter. Schon krachte der zweite Abschuß, und auch der rückwärts fahrende T 34 war außer Gefecht gesetzt.
Aus der Hauptkampflinie hallte Kampflärm zu ihnen herüber.
„Beide Wagen folgen!“
Die beiden Tiger schlossen hinter dem Major dicht auf. Sie gewannen freies Schußfeld auf die angreifenden Sowjets. Jeder der beiden Tiger schoß zehn Sprenggranaten, dann war der abendliche Angriff des Feindes zerstoben.
„Alles hundertprozentige Wachbereitschaft!“ schärfte Willy Jähde seinen Einheiten ein, bevor er wieder zum Gefechtsstand zurückging, um das Korps zu verständigen.
Im Morgengrauen des 22. Januar befand sich Major Jähde bereits wieder in den vordersten Gräben. Er ging die eingesetzten Einheiten ab und besuchte nacheinander die Stellungen der Tiger. Plötzlich ging ein schwerer Feuerüberfall auf die deutsche HKL nieder. Granaten schlugen dicht bei dem Major ein. Jähde spürte einen heftigen Schlag gegen die rechte Hand. Blut lief an ihr herab, als er sie hob und die Wunde besah.

„Herr Major, Sie müssen zurück!“ sagte der Adjutant.
„Unsinn, Meier! Verbinden Sie mich!“
An Ort und Stelle wurde der Major verbunden. In diesem Augenblick griffen die Sowjets bereits am rechten Flügel seines Abschnittes an.
„Wir holen die Reservekompanie, Meier!“
Sie rannten durch das Feuer zurück zu dem Wäldchen, in dem die Reserve stand.
„Alles zum Gegenstoß folgen!“
Als sie die Einbruchsstelle erreichten, waren die Russen bereits in die vordersten Schützenlöcher und Gräben eingedrungen. Mit der MPi führte der Major die Gegenstoßkompanie an. Die Russen wurden geworfen und die alte HKL wiederhergestellt.
Im Verlauf des 22. Januar nahm das Feuer auf den wahrscheinlich erkannten Gefechtsstand Jähde immer mehr zu.
„Wir verlegen achthundert Meter zurück!“
Als der Major den neuen Gefechtsstand gerade erreicht hatte, verstärkte sich das Feuer der Russen zu einem ohrenbetäubenden Trommeln.
„Neuer Angriff, Herr Major!“
Willy Jähde nickte. Das konnte nur der sowjetische Abendangriff sein. Und er mußte nach vorn, um nach dem Rechten zu sehen.
„Der Kübel klar?“
„Steht bereit, Herr Major!“
Leutnant Meier kannte seinen „Alten“ und hatte schon vorgesorgt. Im ungepanzerten Personalkraftwagen fuhr Major Jähde zu den bedrohten Kompanien. Er ließ den Kübel in einer Senke zurück und ging zu Fuß zur Frontnase vor, wo ein MG-Zug lag. Hier erlebte er den heftigen russischen Angriff. Als einer der MG-Schützen ausfiel, warf sich Willy Jähde trotz seiner verwundeten Hand hinter das MG; er feuerte so lange, bis einer der Männer ihn ablöste.
Die Kämpfe dauerten die ganze Nacht an. Gegen Tagesanbruch des 23. kamen die Sowjets mit Panzern. Es waren vorwiegend T 34, die der Infanterie den Weg durch die deutschen Stellungen bahnen sollten. Doch Jähde hatte seine Tiger so eingesetzt, daß sie die Feindpanzer flankierend packen konnten. Die Kampfwagenkanone lang, die jeder bis dahin bekannten Panzerkanone überlegen war,

bewies erneut ihre Durchschlagskraft. Die hydraulische Turmbewegung war so fein und genau, daß die damit vertrauten Richtschützen nie mit der Hand nachrichten brauchten. Und wie bereits am 22. Januar zwölf Feindpanzer vor der deutschen HKL liegengeblieben waren, so wurden auch an diesem Morgen wieder elf T 34 vernichtet. Brennend standen sie vor den Tigerstellungen. In dieser Phase des Kampfes erhielt Major Jähde durch Melder die Nachricht, daß die Sowjets zum zweitenmal, diesmal in Regimentsstärke, die in Ssjaskelewo eingesetzte Infanteriekompanie angriffen.
„Tigerzug Kerscher zu mir!"
Feldwebel Kerscher von der 2. Kompanie der Abteilung rollte mit seinen vier Tigern heran. Major Jähde saß auf, und in schneller Fahrt ging es in den bedrohten Abschnitt. Keine Minute zu früh, denn eben waren die vordersten russischen Sturmgruppen, durch Panzer abgesichert, in die Stellungen und in die Ortschaft eingedrungen.
Ein tödliches Duell entbrannte. Kerscher, einer der erfahrensten Panzerkommandanten der Abteilung und späterer Ritterkreuzträger, schoß allein sieben T 34 ab. Seine drei anderen Panzer kämpften ebenso erfolgreich. Major Jähde leitete diesen Gegenangriff. Die Sowjets fluteten geschlagen zurück, und wieder war das Vorfeld mit abgeschossenen Feindpanzern übersät.
Und obgleich die links und rechts an diesen Eckpfeiler angelehnten Einheiten der 61. und 26. Infanteriedivision sich mehrere Kilometer abgesetzt hatten, hielt die Kampfgruppe Jähde ihre Hauptkampflinie mit einer Tapferkeit, für die der Kommandeur ein Vorbild war.
General der Infanterie Wegener reichte Major Jähde zum Ritterkreuz ein. In seiner Begründung schrieb er:
„Major Jähde hat bei Abwehr der zahlreichen feindlichen Angriffe, zum Teil in Regimentsstärke und mit starker Panzerunterstützung, mit außergewöhnlicher Kaltblütigkeit, die er wiederholt in kritischen Augenblicken bewiesen hat, auch die Führung der gesamten Kampfgruppe jederzeit straff in der Hand gehabt und sich als Panzermann allein gegen drei Infanteriebataillonskommandeure durchgesetzt. So ist es einzig und allein das Verdienst von Major Jähde, daß die wichtige Eckpfeilerstellung gehalten wurde."

Willy Jähde ist ein Panzermann. Am 18. Januar 1908 in Helmsdorf, Kreis Sorgau, geboren, besuchte er die Schule in Forst in der Lausitz und trat danach in die Reichswehr ein. Er kam zur 2. Kompanie der 6. (Preußischen) Kraftfahrabteilung nach Hannover, einem der ersten Vorläufer der Panzertruppe.
Nach Besuch der Kriegsschule in Dresden wurde er 1934 Leutnant. Als Nachrichtenoffizier in Breslau fühlte er sich nicht so recht wohl. Erst als er als Oberleutnant Chef der 3. Kompanie in der Panzerabteilung 66 wurde, hatte er seine militärische Heimat gefunden.
Diese Panzerabteilung wurde im Oktober 1938 der 2. leichten Division zugeteilt. Ihr Kommandeur war Oberstleutnant Sieckenius, Adjutant Oberleutnant Schroeder.
Mit der 2. leichten Division (Kommandeur Generalleutnant Stumme) nahm Oberleutnant Jähde am Polenfeldzug teil. Die Division war dem XV. Armeekorps (General Hoth) unterstellt. Am ersten Feldzugtag stieß die Panzerabteilung 66 bis Kosiecin vor. Am frühen Morgen des 2. September erlebte Oberleutnant Jähde seine Feuertaufe. An der Spitze seiner Kompanie drang er in Woischnik ein. Er wurde kurz darauf für diese Leistung mit dem Eisernen Kreuz II. Klasse ausgezeichnet.
An dem verbissenen Kampf um die Ortschaft Kielce, am 5. September, nahm Jähde wieder mit seinen Panzern teil. Oberstleutnant Sieckenius entschied den Kampf um Sielce, und um 19.30 Uhr fiel die Stadt in die Hand der 2. leichten Division.
Bei den Waldkämpfen in der Lysa Gora waren die Panzer nicht eingesetzt. Sie standen zur Verfügung der Division bei Bezin. Aber bei Szydlowiece kämpften sie gegen polnische Panzer. Radom fiel ihnen zu. Westlich der Weichsel dauerten die erbitterten Kämpfe am 12. und 13. September an. Oberleutnant Jähde zeichnete sich hier besonders aus und erhielt das Eiserne Kreuz I. Klasse. Am 18. Oktober 1939 wurde die 2. leichte Division in 7. Panzerdivision umbenannt und umgegliedert. Am 1. November wurde ihr das Panzerregiment 25 zugeteilt, und die Panzerabteilung 66 ging in diesem Regiment auf. Regimentskommandeur wurde Oberst Rothenburg, ein Offizier des Ersten Weltkrieges, der den „Pour le mérite" trug. Oberstleutnant Sieckenius übernahm die III. Abteilung, und Willy Jähde, eben zum Hauptmann befördert, führte die

9. Kompanie.
Divisionskommandeur wurde am 12. Februar 1940 Generalmajor Rommel. Auch er war Offizier im Ersten Weltkrieg gewesen und war Ritter des Ordens „Pour le mérite“.
Im Frankreichfeldzug kämpfte Hauptmann Jähde bei der 7. Panzerdivision mit. Er erlebte den Angriff, den Oberst Rothenburg am 12. Mai auf Haversin bis zu den Höhen westlich Leignon führte. Cerfontaine wurde am 15. Mai genommen.
Die 7. Panzerdivision bildete den Stoßkeil der 4. Armee (Generaloberst von Kluge). Bei Cambrai und Arras stürmte diese Division weit voraus und nahm die wichtigen Höhen ostwärts Le Cateau in Besitz. Hier kämpfte die Kompanie Jähde gegen einen starken angreifenden französischen Panzerfeind und schoß vier Panzer ab. Am Abend des 17. Mai erlebte er eine der typischen Rommel-Befehlsausgaben auf der Höhe bei Pommereuil. Sie lautete: "Weiterer Marschweg Le Cateau - Arras - Amiens - Rouen - Le Havre!“ Am gleichen Tag hatten die Panzer eine Gasse durch die Maginotlinie geschlagen. Bunker, Tankfallen, Feldstellungen und tiefgestaffelte Drahthindernisse waren überrollt worden. Mehrere eigene Panzer waren ausgefallen.
Am 26. Mai erhielt Generalmajor Rommel für diesen Durchbruch das Ritterkreuz des Eisernen Kreuzes.
Bei Cambrai stieß die III. Abteilung abermals auf sehr starke Sperren. An diesem Tag entgingen der Wagen von Hauptmann Jähde und die gesamte Besatzung nur um ein Haar der Vernichtung. Am 3. Juni 1940 wurde auch Oberst Rothenburg mit dem Ritterkreuz ausgezeichnet. Und schließlich erhielt am 29. September 1940 auch noch Hauptmann Adalbert Schulz, der Chef der 1./Panzerregiment 25, diese hohe Auszeichnung.
Die 7. Panzerdivision hatte sich im Frankreichfeldzug den Ehrentitel „Gespensterdivision“ erworben.
Von Anfang 1941 bis Juni 1942 war Hauptmann Jähde Kompaniechef an der Heeres-Unteroffiziersschule der schnellen Truppen in Putlos. Viele junge Offiziere der Panzerwaffe gingen hier durch seine Schule. Und was er ihnen vor allem einprägte, waren Treue und Einsatzbereitschaft.
Eben zum Major befördert, übernahm Jähde im Sommer 1942 die I. Abteilung des Panzerregiments 29 der 12. Panzerdivision.

Die 12. Panzerdivision war als eine der wenigen Panzerdivisionen im Nordabschnitt der Ostfront eingesetzt.
Als er bei der Division eintraf, frischte soeben hinter der Front auf. Zwischen Puschkin und Urizk stand Major Jähde in den Monaten August und September 1942 im Kampf. Hier war es anders als im Blitzfeldzug in Frankreich. Die Panzer mußten sich gegen mehrfache Panzerüberlegenheit wehren oder während der Abwehrkämpfe die Gegenstöße durchführen. Ostwärts Kolpino lag das Gebiet für Jähdes Gegenangriffe. Am Pogostjekessel, im Raum Tortolowo, errang Major Jähde Abschußerfolge, die die höhere Führung wieder auf ihn aufmerksam machten.
Im Herbst 1943 übernahm er dann die schwere Heeres-Panzerabteilung 502 von Hauptmann Oehme und führte sie in der Abwehrschlacht bei Newel im November 1943. Als es im Raume Gatschina brannte, wurde die Abteilung im Eisenbahntransport aus dem Raume Newel dorthin geworfen.
Trotz seiner Versuche, eine Zersplitterung zu verhindern, wurde die 1. Kompanie sofort von der Verladerampe aus ins Gefecht gebracht, weil die Sowjets mit überlegenen Kräften zwischen Leningrad und Gatschina durchgebrochen waren. Der erste Stoß der Russen zielte entlang der Uferstraße nach Westen, der zweite ostwärts von Gatschina auf Puschkin.
Was Major Jähde befürchtet hatte, trat ein. Die Erste wurde auf der Rollbahn von den Sowjets umzingelt. Der Zug von Leutnant Meyer wurde vernichtet. Als die Sowjets den Leutnant gefangennehmen wollten, erschoß er sich.
Wenige Tage später mußte Gatschina aufgegeben werden. Auf der Rollbahn Gatschina - Wolossowo - Narwa ging es zurück. Überall, wo die Situation kritisch wurde, tauchte Major Jähde auf und setzte sich selbstlos für seine Männer ein.
So auch, als von den vier Wagen von Leutnant Carius, die die Nachhut bildeten, zwei Tiger ausfielen. Sofort rief Major Jähde sie zurück und fuhr ihnen durch die Sowjets, die bereits die Rollbahn kurz vor Wolossowo erreicht hatten, entgegen.
Er traf die vier Tiger auf einem Weg südlich der Rollbahn, der zum Glück infolge des Frostes befahrbar war.
„Im Morgengrauen", sagte Leutnant Carius später, „kam uns ein Kübelwagen entgegen. Es war Major Jähde, der es sich nicht hatte

nehmen lassen, uns trotz der Gefahr allein entgegenzufahren und notfalls herauszuholen, obwohl weit und breit kein deutscher Soldat mehr stand. Er fiel mir um den Hals und gestand, daß er uns schon abgeschrieben hätte. Groß war seine Freude, als er sah, daß wir die ausgefallenen beiden Wagen mitgeschleppt hatten."
Willy Jähde informierte Carius, daß die Rollbahn vor Wolossowo bereits vom Feinde besetzt sei. Ohne seine Warnung wären sie mitten in die Sowjets hineingefahren.
„Wir scheren nach Einbruch der Dunkelheit nach Süden aus, umfahren das Sumpfgebiet und die Russen und schwenken wieder nach Wolossowo ein. Beide Kanonen der geschleppten Tiger nach rückwärts richten!"
Als es dunkel wurde, setzte sich der Major zu Füßen des Ladeschützen in den Panzer von Carius. Er nahm noch einen stärkenden Schluck und befahl den Abmarsch.
Als sie schon südlich des Sumpfgebietes waren, kam plötzlich Pakfeuer von rückwärts. Der geschleppte Panzer erhielt einen Treffer im Turm. Feldwebel Wesely, der diesen Panzer schleppte, schoß die Pak ab. Dann stürmten Russen, die beiderseits der Rollbahn bereitgelegen hatten, auf die Panzer zu und versuchten, sie mit Sprengmitteln und „Molotow-Cocktails" zu vernichten. Mit Handgranaten und MPi-Feuer schlugen Carius und seine Männer die Russen zurück, und erreichten Wolosswo. Kaum hatte Major Jähde mit Oberst Wengler gesprochen, als die Russen mit starken Panzerkräften angriffen.
Die bewegungsunfähigen Panzer wurden in Flankenposition als Geschütze eingesetzt. Mit den übrigen Panzern fuhr Major Jähde den Panzern entgegen. Im nächtlichen Kampf wurde der Gegner geworfen. Er ließ eine Reihe brennender Panzer zurück. Kurz nach Mitternacht griffen jedoch erneut starke Panzerkräfte an. Jähde zählte 26 Panzer, meist T 34. Der Kampf begann. Doch wenig später hatten sich fast alle Tiger verschossen. Nur die beiden Befehlspanzer des Abteilungsstabes verfügten noch über Granaten.
„Wir greifen die Russen an. Sie fahren nach rechts und ich nach links, und dann aus den Flanken auf sie!"
Zwei Panzer nahmen das Gefecht auf. Major Jähde als Kommandant in dem einen und der Abteilungsadjutant im zweiten.
„Sechshundert. Zwölf Uhr - Feuer!"

Die erste Granate des Tigers wurde ein Volltreffer. Der Turm des angerichteten T 34 kollerte herunter. Ein Gefecht war entbrannt, das in der Geschichte der Panzerkämpfe einen besonderen Platz einnimmt. Mehrfach getroffen, entging der Panzer des Majors immer wieder um Haaresbreite der Vernichtung. Rochierend, feuernd, wiederum vorpreschend und aus den beiden MG auf die russische Infanterie schießend, kurvte der Tiger durch die Reihen der Angreifer. MG-Schlitten wurden in den Schnee gewalzt, vorgezogene Pak überrollt. Immer wieder schoß der Richtschütze. Aus hundert Meter Entfernung war jeder Schuß ein Volltreffer. Der Major hörte, daß auch der zweite Tiger unablässig feuerte. Die Panzerbedienungen leisteten Unvorstellbares. Richt- und Ladeschützen bildeten eine Einheit. Der Fahrer reagierte blitzschnell auf die Befehle des Kommandeurs außer Gefecht. Jähde wurde abermals verwundet. Aber er gab nicht auf. Er blieb bei seiner Truppe.
Der zweite Tiger hatte sechs Feindpanzer abgeschossen, als die Russen den Angriff einstellten und sich fluchtartig zurückzogen. Drei Stunden später versuchten sie es abermals. Wieder ging stärkere Infanterie hinter den angreifenden Panzern mit vor. Jetzt kamen sie von Westen und Südwesten. Auch diesmal wurden die Sowjets zurückgeschlagen.
Die Rollbahn, teilweise bereits im Rücken vom Feind besetzt, wurde freigekämpft und so die Absetzbewegungen nach Westen ermöglicht.
Am 15. März 1944 erhielt Major Willy Jähde für diese Einsätze das Ritterkreuz. Wenig vorher war ihm nach seiner siebenten Verwundung das Goldene Verwundetenabzeichen verliehen worden. Gleichzeitig mit der Verleihung des Ritterkreuzes, die Willy Jähde in Pleskau mit allen Kameraden der Abteilung feierte, mußte er von der Abteilung Abschied nehmen. Er sollte nach seiner Wiedergenesung in der Heeres-Unteroffiziersschule der Panzertruppen als Kommandeur die Ausbildungseinheiten der Panzerschützen übernehmen.
Diese Ernennung war für Willy Jähde eine Auszeichnung besonderer Art, und er machte dadurch einen Sprung nach oben. Aber es freute ihn nicht. Er wäre lieber Kommandeur dieser Abteilung geblieben. Auch die Angehörigen der Abteilung, die nach dem

schnellen Wechsel ihrer bisherigen Kommandeure in Willy Jähde d e n Kommandeur gefunden hatten, sahen ihn nur ungern scheiden. Willy Jähde konnte die Tränen nicht verbergen, als alle Kampfgefährten ihm in Pleskau zum Abschied die Hand schüttelten.
Aus den letzten Schülern seiner Schule und aus Versprengten stellte Major Jähde noch kurz vor Ende des Krieges eine Kampfgruppe auf, die er im Raum Kassel - Harz ins Gefecht führte, bis er am Kriegsschluß in amerikanische Gefangenschaft geriet.
Die Amerikaner entließen ihn bereits Ende 1945 aus der Gefangenschaft. In Eisenach machten ihm die Sowjets noch einen Kriegsverbrecherprozeß, ohne ihm, dem untadeligen Soldaten, das geringste anhaben zu können.
Im August 1961 floh Willy Jähde aus der sowjetisch besetzten Zone in den freien Westen. Er mußte alles zurücklassen. In München arbeitet er heute als Angestellter.

DER RÜCKZUG NACH OSTPREUSSEN

Die schwere Panzerabteilung 502 in den letzten Abwehrkämpfen

In den beiden ersten Januarwochen des Jahres 1944 wurden die 1., 96. und 254. ID aus dem Nordraum abgezogen, so daß sich die Truppen der 18. Armee wie folgt gliederten:
Zwischen Ilmensee und Nowgorod:
Das XXXVIII. AK mit der 1. LW-Felddivision, 28. Jäger-Division, 2. (lettische) SS-Brigade.
Vom mittleren Wolchow bis zur Tigoda und zum Pogostje-Kessel: Das XXVII. AK mit der 13. LW-Felddivision der 21. ID und der SS-Polizei-Division am Wolchow und der 12. LW-Felddivision und der 121. ID, der 250. (spanischen) ID am Pogostje-Kessel.
An der Mga-Front von Maluksa bis westl. Ssinjawino: Das XXVI. AK mit der 212., 227., und 61. ID
Daran anschließend an der Newa und beiderseits der Ishora bis Puschkin:

Das LIV. AK mit der 225., 24. und 11. ID
Die Leningradfront von Puschkin bis Urizk und Peterhof:
Das L. AK mit der 215., 170. und 126. ID
Am Oranienbaumer Brückenkopf:
Das III. SS-Korps mit der 9. und 10. LW-Felddivision und den SS-Verbänden „Nordland" und „Niederland".
Anstelle der im Herbst 1943 zur Verfügung stehenden 31 voll ausgestatteten Divisionen hatten nunmehr derer 21, von ihnen ein Teil abgekämpft und dezimiert, die gleichen Abwehraufgaben zu erfüllen.
Die Rote Armee eröffnete ihre Großoffensive des Jahres 1944 am 15. Januar. Dieser Tag sollte zum Schicksalstag der gesamten Front im Norden der Ostfront zwischen Wolchow und Leningrad werden, denn die Rote Armee hatte gegenüber der 18. deutschen Armee sehr starke Kräfte bereitgestellt.
Nach einem 65 Minuten andauernden Trommelfeuer, in das sogar die schweren Geschütze des russischen Schlachtschiffs „Oktjabraska Revoluzija", der an Rußland verkaufte schwere Kreuzer „Lützow" und das halb unter Wasser liegende Schlachtschiff „Marat" einfielen, hämmerten allein auf die Gräben und Bunker des unter dem Kommando von SS-Obergruppenführer Steiner stehenden III. SS-Korps 100.000 Granaten schwerer und schwerster Kaliber. Am folgenden Tage eröffnete auch die russische Leningrader Abwehrfront das Trommelfeuer, das 90 Minuten währte und 200.000 Granaten auf die HKL des L. und LIV. deutschen AK niederregnen ließ.
Bis zum 16. Januar wurde gehalten, dann gelang dem weit überlegenen Feind der Durchbruch, der sich bis zum 18. Januar bis auf die Duderhofer Höhen fortsetzte.
Die Kämpfe wuchsen sich zu grausigen Nahkämpfen aus. „Keiner, der diese Tage und Stunden miterlebt hat, wird sie jemals wieder vergessen, denn es ging um alles!" (Siehe: Lohse G.. Geschichte der rheinisch-westfälischen 126. Infanterie-Division).
Hier der Anteil der schweren Panzerabteilung 502 an diesen Abwehrkämpfen.

Neue Kämpfe, neue Namen

Während der ersten Tage der sowjetischen Winteroffensive, die mit 1.475 Panzern und Selbstfahr-Lafetten-Geschützen begonnen hatte, setzte die Rote Armee eine bisher noch nicht erlebte Feuerkraft ein, die selbst jene in der Hauptphase bei Stalingrad noch übertraf, wie der Chronist dieser Offensive, Harrison E. Salisbury für die Leningrader- und Wolchowfront eruierte. Es waren: 1.500 Raketenwerfer, 600 Flugabwehrgeschütze, 1.500 Flugzeuge, 21.600 Geschütze aller Kaliber. Diese Waffen wurden von 2.241.000 Sowjetischen Soldaten zum Einsatz gebracht. Während die Infanterie sich mit letzter Kraft dieser Lawine zu erwehren versuchte, wurden die Rufe nach Panzern immer lauter. Wo - so fragten viele - waren denn die Tiger geblieben, die in den vorangegangenen Monaten die Front stabilisiert hatten? Die sPzAbt. 502 war im späten Herbst in den Raum Newel verlegt worden und erst als die Sturmtruppen der Roten Armee am 18.1.1944 auf den Duderhofer Höhen standen, wurde von der Hgr. Nord die Verlegung dieser Tiger-Abteilung im „Blitzpfeiltransport“ nach Gatschina befohlen, wo sie am 20.1. eintrafen. Doch es war bereits zu spät, denn am Vortage hatten die Panzerspitzen der 42. Sowjetarmee und der 2. Stoßarmee Ropscha genommen. Die Tiger gelangten dennoch nach Skowritzi, einem Rollbahndorf, dessen Lage durch die Kreuzung einer Nord-Süd und Ost-West-Straße bestimmt wurde.

In der Abenddämmerung des 20.1. erreichte Lt. Meyer, der in Vertretung von Oblt. Boris die 3./sPzAbt. 502 führte, zusammen mit dem Panzer von Fw. Bensch das Straßendorf. Zwei Stunden darauf trafen noch die Tiger von Lt. Strauß und Fw. Adam hier ein. Bei der ersten Erkundung wurde lt. Strauß berichtet, daß zwei T 34 in Richtung auf Skworitzi durchgebrochen seien, von denen man nur einen durch Nahkampfmittel vernichtet habe, der zweite schleiche noch irgendwo in der Nähe herum. Mit weiteren Feindpanzern sei zu rechnen.

Als wenig später Major Jähde erschien und den Panzermännern berichtete, daß weitere Tiger im Anrollen seien, sollten die alten Stellungen weit vor Skoworitzi zurückgewonnen werden. Die Tiger Bensch und Meyer rollten sofort langsam vor und besetzten die alte HKL, die noch vier Kilometer vor Skworitzi lag. „Hier müssen irgendwo Panzer stecken“, sagte Meyer, ohne einen zu Gesicht bekommen zu haben. „Taste doch mal das Gelände voraus mit dem Turm-MG ab.

Das MG-Feuer begann und Sekunden darauf prallten die Leuchtspurgeschosse von einem getarnt hinter Gebüsch stehenden T 34 ab. Richtschütze Korsch richtete diesen Panzer an und erzielte mit dem zweiten Schuß einen Volltreffer.

Nun zeichneten sich die Umrisse eines zweiten Panzers ab. Dieser T 34 schoß zweimal, ohne den Tiger zu treffen, dessen dritter Schuß den zweiten T 34 in Brand setzte.

Ein Infanterie-Offizier und ein Landser, der sich im Niemandsland totgestellt hatte, kamen zu Lt. Meyer.

„Ich habe mindestens 10 T 34 gesehen“, berichtete der Grenadier. „Sie sind dort, etwa 1000 Meter halbrechts voraus hinter der Waldbürste.“

„Dann wollen wir man ´rangehen“ meinte Meyer und rief die beiden Wagen von Strauß und Fw. Adam, die an der Straßenkreuzung Sicherungsposition bezogen hatten.

Sie rollten los und schlossen zu Lt. Meyer auf. Als hinter ihnen Gefechtslärm erscholl, brachten Leuchtraketen die Nachricht, daß der Gegner nach Skowritzi eingebrochen sei.

Damit standen die vier Panzer in einer Falle. Voraus waren 10 T 34 gesehen worden und hinter ihnen standen mindestens ebenso viele. Die vier Kommandanten kamen zu dem einhelligen Entschluß, daß nur mit einem gewaltsamen Durchbruch durch das nunmehr feindbesetzte Dorf Skworitzi der Anschluß an die eigene Truppe möglich sei.

Die Tiger konnten den Anmarsch auf dieses Dorf nur hintereinander bewältigen, das wegen eines Baches ein nebeneinander unmöglich war.

Voraus der Tiger von Lt. Strauß, gefolgt von den Wagen von Adam, Bensch und Lt. Meyer fuhren los. Aufgesessen fuhren etwa 20 Grenadiere mit ihnen.

Sie rollten Skworitzi entgegen, das sie ohne Kampf erreichten. Die im Dorf stehenden russischen Panzer waren größtenteils unbesetzt, andere wurden soeben aufgetankt. Eine große Ansammlung von Kettenfahrzeugen und Lastwagen wurden erkannt.

„An alle!“ rief Lt. Strauß seinen drei anderen Wagen zu. „Mit Kanonen und MG ‘reinhalten, was das Zeug hält.“
Sie eröffneten das Feuer, die ersten aufgetankten T 34 gingen in Flammen auf, einige Pak wurden zusammengeschossen. Als die T 34 hinter den Häusern Deckung suchten, stießen die Mündungsbremsen der Tiger durch die Fenster und schossen auf diese Panzer.
Einige Treffer mußten hingenommen werden, ohne daß die vier Tiger kampfunfähig gemacht wurden. Allerdings hatten die aufgesessenen Grenadiere hohe Verluste.
Die Steinbrücke über den Bach und gleich dahinter die Straßenkreuzung wurden nun angegangen. Als Lt. Strauß die Reichweite der Brücke erreichte, stieß er auf einen noch nie gesehenen Panzer, der aus seiner 7,5 cm-Kanone das Feuer eröffnete. Es handelte sich, wie Oberst Strauß später dem Autor berichtete, um einen US-Panzer des Typs M 3, „General Lee“. Sie erhielten einen Treffer im Panzerkasten-Oberteil links. Lt. Meyers Tiger erhielt einen schweren Hecktreffer. Der Tiger mußte vom Wagen Adam in Schlepp genommen werden, und Lt. Meyer stieg in den Wagen von Fw. Bensch um. Dieser kletterte in den geschleppten Panzer. Während dieser Phase schoß aus der Flanke, aus Richtung 10.00 bis 11.00 Uhr die russische Pak auf den vordersten Panzer, der glücklicherweise gut gedeckt stand. Lt. Strauß befahl: „Sprenggranaten in diese Stellungen!“ Ladeschütze Schneck schuftete wie wild. Dann rollte Lt. Meyer mit seinem Wagen an dem Panzer vorbei und Meyer rief dem Kameraden zu:
„Strauß, mach’s gut! Ich nehme die Brücke; so schnell wie möglich folgen.“
Meyers Tiger nahm, aus beiden Bord-MG schießend und die Rotarmisten in Deckung zwingend, die Brücke und verschwand aus der Sicht.
Als Lt. Strauß den Befehl zum Folgen geben wollte, tauchte hinter dem US-Panzer ein T 34 auf und rollte auf die Steinbrücke zu, um den Tigern den Rückzugsweg abzuschneiden.
Schneck schob eine Panzergranate in den Verschluß. Der Richtschütze hatte den T 34 bereits anvisiert. Er schoß und die Granate riß diesem Gegner ein Loch zwischen Turm und Wanne. Der T 34 blieb unmittelbar hinter der Brückenausfahrt stehen und versperrte

den Tigern den Weg.
Fahrer Leo Krackhofer rollte an den T 34 heran und schob ihn Meter um Meter zur Seite. Der Weg war frei. Sie erreichten die Steinbrücke, und als der Tiger mit dem Heck eben wieder festen Boden erreicht hatte, ging die Brücke mit Donnergetöse in die Luft. Die beiden letzten Tiger standen also noch jenseits des Bachufers und kamen nun nicht mehr weiter.

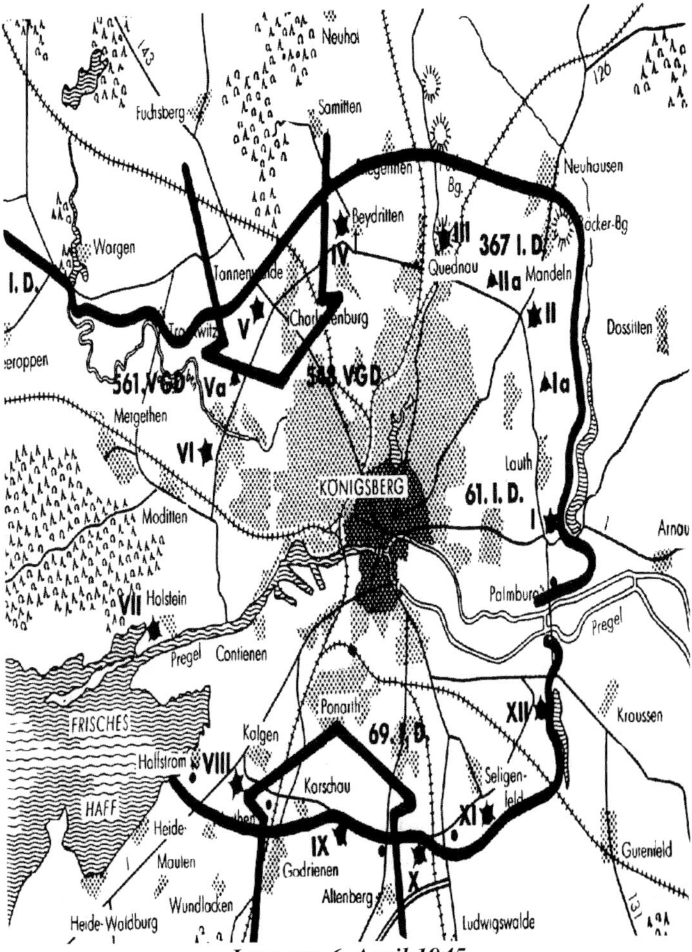

Lage am 6. April 1945

Als eine Pak diese Panzer unter Feuer nahm, wurde sie vom Wagen Lt. Strauß abgeschossen.
Dreißig Meter weiter brach plötzlich die Straße ab. Hier hatten deutsche Pioniere einen breiten Panzergraben eingesprengt und h i e r sahen sie auch Meyers Tiger. Die Besatzung eilte aus ihren Deckungen heraus. Starkes Pakfeuer setzte ein, und der Wagen von Strauß erhielt einen Paktreffer von links. Dann rief der Fahrer: „Nahkampftrupp von rechts."
Funker Bauer schwenkte das Bug-MG und jagte schnelle Feuerstöße hinaus. Lt. Strauß öffnete das Turmluk und warf Eierhandgranaten auf diesen Gegner. Krackhofer setzte den Wagen, der nicht mehr gedreht werden konnte langsam zurück, bis er einen schmalen Seitenweg erreichte, der mit Granattrichtern übersät war, aber vom Tiger befahren werden konnte. Sie erreichten jene Stelle, wo der Weg mit russischen Kastenminen übersät war, und Sekunden darauf erhielt der Tiger einen Hecktreffer, blieb aber fahrbereit. Sie schubsten mit dem Panzer die Kastenminen von der vereisten Fahrbahn und hatten damit das letzte Hindernis genommen. Lt. Strauß wollte noch einmal zur Brücke zurück, um die Kameraden, die noch dort waren, zu retten, aber nach einigen weiteren Schüssen war keine Munition mehr für die Kanone vorhanden, und dieses Vorhaben mußte aufgegeben werden.
Erst nach dem Kriege klärte sich das Schicksal der Zurückgebliebenen auf. Lt. Meyer, der schwer verwundet worden war, erschoß sich mit seiner Nullacht. Der Tiger von Fw. Adam erhielt einen schweren Turmtreffer, bei dem Adam und sein Ladeschütze fielen. Alle anderen Männer, auch jene im Tiger, der im Schlepp hing, booteten aus und verteidigten sich mit ihren Handfeuerwaffen und einer MPi gegen die angreifenden Russen. Es gelang den Soldaten Fandrey, Laube, Puff, Kren und Korsch, sich über die Brückentrümmer in Sicherheit zu bringen. Dort wurden sie von einer 2 cm-Flak beschossen. Uffz. Korsch und Uffz. Kren wurden tödlich getroffen, Günter Fandrey und Karl Laube erreichten die eigenen Linien. Drei der vier Tiger waren verloren gegangen. Die Russen verloren in diesem Gefecht acht Panzer und sechs Pak, sowie zahlreiche Troßfahrzeuge. (Siehe dazu: Persönlicher Gefechtsbericht von Lt. Paul-Friedrich Strauß an den Autor).

Abwehrkampf bei Woronowo

Als am späten Abend des 21. Januar 1944 drei T 34 am Nordwestausgang von Woronowo die deutschen Sicherungslinien durchbrachen, standen sie mit einem Male vor dem Kampfgruppen-Gefechtsstand von Major Jähde. (Siehe auch Abschnitt Major Jähde) Hier war es Oblt. Schiller, der die Führung der 2. Kp. hatte und Ofw. Zwetti, die zwei dieser drei T 34 abschossen, während Major Jähde den dritten vernichtete.
Am 22.1. schossen die Tiger 12 Feindpanzer ab, welche die Stellung der KGr. Jähde angriffen. Bis zum Abend des 24.1. dauerten die russischen Angriffe an. Der Feind wurde hier so lange gestoppt, daß im Rücken der KGr. neu formiert werden konnte. Hier stieß der eine Panzer von Lt. Strauß auf die Tiger von Uffz. Jesser und Uffz. Loewe von der 3. Kp., die sich dem Leutnant anschlossen. Diese drei Kampfwagen bildeten die Nachhut des L. AK während deren Rückzug entlang der Rollbahn Gatschina-Ssiwerskaja-Luga.
In Duellen mit leichten russischen T 26 und dann auch mit den T 34 wurde der Angriff gegen die 126. ID gestoppt. Einige KW I waren ebenfalls unter den vernichteten Feindpanzern. Diese Kämpfe zogen sich bis in die späten Abendstunden des 25.1. hin. Sie wurden für diese drei Tiger zu einem großen Erfolg. Während Lt. Strauß 13 Feindpanzer abschoß, gelang es Uffz. Müller deren 25 zu vernichten (siehe vorausgehend den Bericht vom 31.1.1944 des OKW dazu).
Die Tiger hatten von den 60 Feindpanzern mindestens 41 abgeschossen.
In den nächsten Monaten des schrittweisen Rückzuges kam es bei Wolossowo noch einmal zu einem schweren Gefecht einer Kampfgruppe von insgesamt acht Tigern. An ihrer Spitze fuhr der Wagen von Lt. Carius. Die in Wolossowo haltenden russischen Panzereinheiten wurden aus einer Distanz von 450 Metern unter Beschuß genommen. Hier errang der Tiger von Fw. Herrmann einen großen Erfolg, als er aus einer langen Kolonne, die Wolossowo erreichte, zunächst vorn zwei T 34 herausschoß, dann aus der Mitte 5 weitere T 34 vernichtete, ehe er mit nur noch 9 Sprenggranaten abdrehte. Die von Herrmann über Funk gerufene Verstärkung kam rechtzei-

tig heran, um abermals acht T 34 abzuschießen. Am Abend dieses Tages wurden noch einmal neun T 34 aus diesem Panzerverband herausgeschossen, damit hatte der Verband 25 seiner schweren Panzer verloren.
Diese Abwehrkämpfe bei Woiskowizy und Woronowo-Wolossowo ermöglichten der HGr. Nord den Abtransport eines Großteiles der schweren Waffen, die in Wolossowo verladen und zurückgeschafft werden konnten.
Am 25. Februar 1944 meldete die schwere Panzerabteilung 502 den Abschuß ihres 500. Panzers seit Beginn der Kämpfe. Es war Ofw. Zwetti, der diesen vernichtete.
In den Abwehrschlachten südlich von Pleskau eröffneten die Russen am 31. März 1944 den neuen Angriff mit einem Trommelfeuer. Hier griff eine gemischte russische Panzerbrigade mit T 34 und Sturmgeschützen SU 122 und SU 152 zum Durchbruch an. Nur die beiden Wagen von Ofw. Göring und Lt. Bölter standen abwehrbereit. Bölter erzielte am Karfreitag seinen 89. Panzerabschuß, der ihm das Ritterkreuz brachte. Einer der letzten, der nordwärts von Ostrow nach dem russischen Angriff vom 22.6.1944 noch am 28.6. hier im Einsatz stand war Lt. Eichhorn, der an diesem Tage 3 T 34 abschießen konnte. In den Tagen vorher hatten Uffz. Loewe, Hptm. Leonhardt und einige andere bei der 121. ID unter Oberst Löhr große Abwehrleistungen erzielt.
In diesem Abwehrkampf hatte die sPzAbt. 502 2 SU 152, 25 T 34, KW I und Sherman-Panzer abgeschossen. 19 Pak und einige Artillerie-Geschütze kamen hinzu. Sie hatte dabei sechs Soldaten durch den Tod und 22 durch Verwundung verloren.

Zwischen Memel und Königsberg

Die schwere Panzerabteilung 502, die während des Herbstes und Winters in kleinsten Einheiten - Zugstärke war schon viel - im Norden der Ostfront gekämpft hatte, erhielt für die verloren gegangenen Tiger keinen Ersatz mehr. (Die Tigerfertigung war im August 1944 eingestellt worden). Sie erhielt am 23.8.1944 Befehl der Heeresgruppenführung, alle Fahrzeuge zum Sammelplatz Tukkum zu fahren und dort abzuliefern. Damit wurden Einheiten im Raume Kurland ausgestattet.

Die freiwerdenden Soldaten, auch die Panzerbesatzungen, wurden zu Infanterie-Alarmeinheiten zusammengestellt und standen in Bereitschaft zum Einsatz.
Als dann das Korps Wegener bei Riga in Gefahr geriet, mußten die Panzerbesatzungen wieder in ihre Tiger klettern. Im Brückenkopf Riga schossen sie zahlreiche der neuen T 34/85 und JS II ab. Als dann die Rote Armee Riga direkt angriff, mußten diese, dem AK Foertsch unterstellt, in den Abwehrkampf eingreifen. Bis zum 4.10.1944 schossen sie in diesem Kampfraum 83 Feindpanzer, größtenteils T 34/85, ab.
Bereits am 26.9.1944 hatte die sPzAbt. 502 ihren 1.000 (!) Gegner abgeschossen. Es war Hptm. Engelhardt, der diesen Feind vernichtete. Sie hatte im gleichen Zeitraum 25 Tiger verloren. Neuer Kommandeur war Hptm. von Foerster. (Später stellte es sich heraus, daß die Abteilung bis zu diesem Tage 30 Tiger verloren hatte.)
In diesen Tagen hatte Uffz. Heinz Kramer ein besonderes Erlebnis, das hier genannt werden soll. Mit seinem ausgefallenen Tiger stand er am 27.9.1944 hinter der HKL, um einen Kettenschaden zu beheben.
Plötzlich kam ein Stabswagen mit Generalsstander angebraust. Vorn neben dem Fahrer Generaloberst Ferdinand Schörner. Der Wagen hielt neben dem Tiger.
„Warum stehen sie nicht vorn in der HKL?“ fragte Schörner, um sofort fortzufahren: „Haben Sie denn schon einmal einen russischen Panzer abgeschossen?“
Kramers Antwort war militärisch kurz und knapp:
„Meine Besatzung hat über 50 Russenpanzer, zahlreiche Pak und ein Schlachtflugzeug abgeschossen, Herr Generaloberst.“
Schörner entschuldigte sich: „Nichts für ungut, Kramer. Sie werden von mir hören.“
Es war Generaloberst Schörner, der seine Begleitung anwies, dafür Sorge zu tragen, daß diesem Unteroffizier das Ritterkreuz verliehen wurde. Heinz Kramer wurde am 6. Oktober 1944 das Ritterkreuz verliehen (er fiel in den erbitterten Kämpfen des Januar 1945 in Ostpreußen).
Hauptmann von Foerster ließ dem Oberbefehlshaber übermitteln, daß dies gegenüber anderem Tiger-Kommandanten, die ebenso

viele Feindpanzer vernichtet hatten, eine Bevorzugung sei und reichte die Unterlagen von Fw. Kerscher und Uffz. Müller ein. Generaloberst Schörner befahl nunmehr, auch Kerscher und Müller das Ritterkreuz zu verleihen. Albert Kerscher erhielt diese Auszeichnung am 23. Oktober. Johann Müller, soeben zum Fw. befördert, erhielt diese Auszeichnung bereits am 23.10.944. Er fiel nur wenige Tage darauf im Gefecht.

Als am 9. Oktober 1944 russische Panzerspitzen nördlich von Memel, bei Polangen, an die Ostsee durchstießen, war die HGr. Nord vom Reich abgetrennt. Der größte Teil der sPzAbt. 502 landete mit der 1. und 2. Kp. im Bereich des XXVIII. AK unter General Gollnick in Memel. Mitte Oktober bezogen auch die Restteile der Abteilung Quartiere in dem Raum 30 km ostwärts von Libau, während die 3. Kp. südostwärts von Preekuln in der 1. Kurlandschlacht eingesetzt war.

Am 12. November übergab Hptm. Leonhardt seine letzten 6 Tiger an die sPzAbt. 510 und verließ Kurland, um über Danzig nach Paderborn zu gehen und dort auf den Tiger II umzuschulen. Die im Brückenkopf Memel zurückbleibenden anderen Teile der Abteilung wurden von dort aus nach Ostpreußen verlegt.

In den folgenden Kämpfen, die der Abwehr der sowjetischen Winteroffensive galten, die zwischen dem 12. und 14.1.1945 begonnen hatte, kam es zu einigen erbitterten Gefechten der wenigen Tiger gegen einen vielfach überlegenen Feind. Die Leutnante Nienstedt und Rinke kämpften mit der 2. Kp. gegen die russischen Angriffstruppen. Einer der Kommandanten dieser Kp. war Uffz. Alfredo Carpaneto, der in einem sagenhaften Einsatz am 25.1.1945 15 T 34 und JS II vernichtete, ehe sich die 2. Kp. nach Neuhausen zurückziehen mußte. Er selbst fiel in dieser Schlacht am 26.1. und erhielt posthum am 28.3.1945 das Ritterkreuz.

Neben ihm standen Kerscher und Göring im Abwehrkampf dieser Tage ihren Mann. Sie alle kämpften um Zeitgewinn für den Rückmarsch der Flüchtlingstrecks, bei dem sie Tausende Frauen, Kinder, Greise und Säuglinge, kriegsgefangene Polen und Franzosen, die nicht in die Hände der Russen fallen wollten, an sich vorüberziehen lassen mußten. Für diese Menschen standen sie hier mit letztem Einsatz.

Bei Neuhausen hörten die Besatzungen in der Nacht zum 27. Janu-

ar das Schreien und Wimmern der Frauen und Mädchen, die dort von der roten Soldateska vergewaltigt und erschossen wurden. Auch aus dem Dorf Prwten hallten diese schauerlichen Schreie durch die Nacht.
Erst als Lt. Rinke Munition fand und sie aufmunitionieren konnten, rollten sie los. Aus den Bereitstellungen heraus hörten sie das Schreien und Wimmern der Frauen und Mädchen.
Beim ersten Büchsenlicht griffen sie an. Die Tiger rollten den T 34 entgegen und schossen sie zusammen. Dann jagten sie einige Granaten in die Luft, um die Rotarmisten aus den Häusern zu vertreiben und sie mit ihren MG zu vernichten. Sie ließen die Hilfesuchenden auf die Tiger klettern und rollten zurück.
H i e r wurden die Dinge einfacher gesehen, als bei den großen Stäben im Reich und später bei den Theoretikern nach dem Kriege, die von „Aufhören und den sinnlosen Kampf einstellen“ sprachen, ohne zu wissen, was dies für Zehntausende deutscher Menschen bedeutet hätte.
Nach Uffz. Carpaneto traf es nun auch Heinz Kramer. Er gilt seit dem 27. Januar 1945 als vermißt.
Von Königsberg aus unternahmen am Abend des 6.2.1945 drei Tiger unter Ofw. Göring einen Einsatz gegen die Reichsstraße 1. Sie stießen bei dem Dorf Maulen auf eine starke Pakfront der Russen, kämpften sie nieder, um jedoch zwei ihrer vier Wagen (ein Tiger der sPzAbt. 505 war noch hinzugekommen) zu verlieren. Allein fuhr Göring weiter gegen Maulen, durchbrach die Pakfront. Der Gegner wich zurück, bis starke Artillerie-Einheiten den Tiger stoppten. Es blieb Göring nach Verwundung des Ladeschützen nur noch der Rückzug, wenn nicht auch er vernichtet werden sollte.
Eine sechswöchige Ruhepause trat kurz darauf ein. Die noch bei der 1. Kp. vorhandenen Wagen wurden der 2. Kp. zugeführt. Dafür erhielt die „Erste“ Jagdpanzer des Typs 38 „Hetzer“. Oblt. Nienstedt wurde ihr Chef.
Nachdem Danzig und Gotenhafen in Feindeshand gefallen waren, begann am 6.4.1945 der sowjetische Großangriff auf Königsberg. Die Stadt mußte am 9.4.1945 kapitulieren. Der Sieger plünderte sie aus und verging sich barbarisch an den dort noch lebenden Zivilisten.

Letzte Gefechte im Samland

Auf dem Samland war bis zu diesem Zeitpunkt nur die KGr. unter Lt. Heer eingesetzt. Dort wurde bei einem Gegenstoß der Wagen von Ofw. Göring schwer getroffen. Alle Männer wurden verwundet. Sie gelangten schließlich nach Deutschland.

Am 12.4.1945 wurde Oblt. Rinke zum Abt.GefStand gerufen. Er erfuhr, daß General von Saucken - Armeeoberbefehlshaber in Ostpreußen - Befehl gegeben hatte, und alle größeren Panzereinheiten in kleine Kampfgruppen zu jeweils 2 bis 3 Wagen aufgeteilt wis-

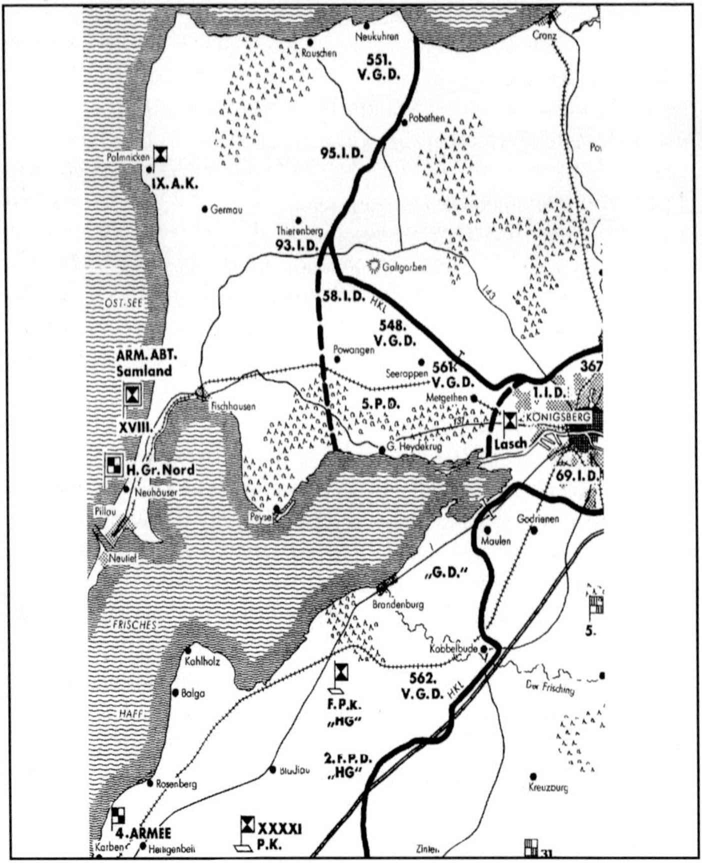

sen wollte.
Am Abend des 12. April rollten die Tiger in die befohlenen Abwehrräume. Baresch und Kerscher sichteten am folgenden Morgen als KGr. Führer im Vorfeld die ersten Feindpanzer. Dann begann das letzte Trommelfeuer. Als dieses zurücksprang, griff die Rote Armee mit schweren und schwersten Panzern an. Als sich Dreck und Pulverdampf legten, sahen die wenigen Tiger-Besatzungen diese Panzerarmada anrollen. Auf Schußweite herangekommen, eröffneten Kerscher und Baresch das Feuer. Auf einer Fläche von 800 Metern war der Angriffsraum von russischen Panzern übersät. In diesem ungleichen Kampf schossen die beiden Tiger in schnellstem Takt, und binnen weniger Minuten standen 20 zerschrottete, brennende und vernichtete Feindpanzer auf der Plaine und nahmen den nachfolgenden die Sicht. Als schließlich selbst die schweren sowjetischen Sturmgeschütze abdrehten, war der Angriff abgeschlagen.
Da die Kanone von Bareschs Tiger defekt war, übergab er seine letzte Munition an Kerscher und rollte zurück. Kerscher unternahm einen Stellungswechsel auf einen niedrigen Hügel. Von dort aus schoß sein Richtschütze Schmidt noch einen Panzer ab. Nunmehr ergriff Kerscher die Initiative und rollte dem Dorf Norgau entgegen. Auf der quer zu seiner Fahrtrichtung verlaufenden Straße sichtete er plötzlich eine eng aufgefahrene russische Panzerkolonne. Schmidt zählte 15 T 34, dann hatte der Tiger die richtige Schußentfernung erreicht. Jeder seiner Schüsse wurde für den Gegner zum Todesurteil. Mit den letzten Granaten rollte Kerscher zurück. Funker Cordt kam durch und erfuhr, daß die Abteilung ein Versorgungsfahrzeug in Marsch gesetzt hatte. Kerscher versorgte und fuhr dann wieder vor. Mit ihm der soeben eingetroffene Reservetiger unter Uffz. Weigand.
Als der Feind mit neuen Panzern nach Norgau vorfühlte, rollten beide Tiger ihm entgegen. Sie schossen fünf Feindpanzer zusammen. Dann stießen sie auf eine Gruppe von 12 sowjetischen Sturmgeschützen SU 100. Weigand schoß auf das erste, Kerscher auf das letzte und binnen weiterer sieben Minuten waren alle 12 vernichtet. Bei drei Angriffen hatten die Russen bei Norgau etwa 50 Panzer schwerster Bauart verloren.
Am anderen Morgen mußten beide Tiger zurücksetzen, denn der

Feind hatte eine frische Division herangeführt, die mit ersten gepanzerten Teilen dort eintraf. Kerscher rollte noch einmal auf Norgau vor. Er schoß mit Sprenggranaten in die Feindansammlung hinein.
Als Fw. Herrmann und Baresch in Bedrängnis gerieten, rollte er sofort dorthin. Er beobachtete gerade Baresch's Wagen, als er vom Splitter eines Werfergeschosses getroffen wurde, der ihn am Schädel traf. Mit der Hand konnte er ihn nicht aus dem Schädelknochen herausziehen, sondern mußte eine Kombizange benutzen. Mit einem Notverband wollte Kerscher weitermachen. Dann aber hämmerten um seinen Wagen etwa 20 Granaten in den Grund. Fw. Herrmann und seine Männer, die aussteigen mußten, hatten in diesem Moment Kerschers Tiger erreicht und wurden alle verwundet. Auch Bareschs Wagen wurde schwer getroffen. Auch diese Männer setzten sich zu Kerschers Wagen ab, der „nur noch kriechen konnte".
Kerscher ließ sich nach dem Rückzug auf dem HVPl. verbinden und kehrte dann zur Abteilung zurück, wo er erfuhr, daß Lt. Müller und Uffz. Weigand gefallen waren. Die nächsten Tage zeigten bereits das Ende an. GenLt. Lorenz, Kdr. der PGD „Großdeutschland" erließ am 21.4.1945 einen Tagesbefehl, in dem er der sPz-Abt. 502 dankte, daß sie vom 13. bis zum 20.4.1945 102 russische Panzer abgeschossen hatte. Er würdigte auch Kerschers 100. Panzerabschuß am 21.4.
In den nächsten Tagen fuhr Kerschers Tiger immer wieder, nun allein auf sich gestellt, vor. Am 24.4.1945 wurde er im Neuhäuser Wald gemeinsam mit dem Tiger unter Uffz. Gruber eingesetzt. Nach Grubers Wagen traf es auch Kerschers Tiger. Dabei wurde Kerscher bei einem zweiten Feindtreffer im Rücken getroffen. Er schoß sich bis zum Dunkelwerden mit dem Feind herum, dann wurde er in Richtung Pillau geleitet.
Die Masse der schweren Panzerabteilung 511 (die alte Abteilung 502) die noch kurz vor Kriegsschluß umbenannt worden war, stand nun auf der Frischen Nehrung. Unter ihnen auch der Wagen von Kerscher, der nun erst in Richtung Anlegestelle rollte. Kerscher kam auf einem Schiff über die Frische Nehrung in die Heimat. Bis zur letzten Minute wurde übergesetzt und so kam das Gros der sPzAbt. 511 (ehemals 502) in die Heimat. Die letzten 250 Soldaten

der Abteilung aber standen am Abend des 8. Mai 1945 am Strand von Nickelswalde. Hier legten die letzten Fährprähme an. Sie waren nicht mehr in diese Boote gekommen und wurden um 11.00 Uhr des 9. Mai - in Reih und Glied angetreten - durch die Russen von allen Wertsachen und teilweise sogar von den Stiefeln befreit. Nach weit über 1.400 Panzerabschüssen und der Vernichtung von etwa 2.000 Feindpak und vielen Geschützen hatten sie nach mehrjährigem Kampf im Nordabschnitt der Ostfront den Feind von den Grenzen des Reiches ferngehalten. Das letzte Ziel aber, Deutschland für immer zu schützen, erreichten sie nicht.

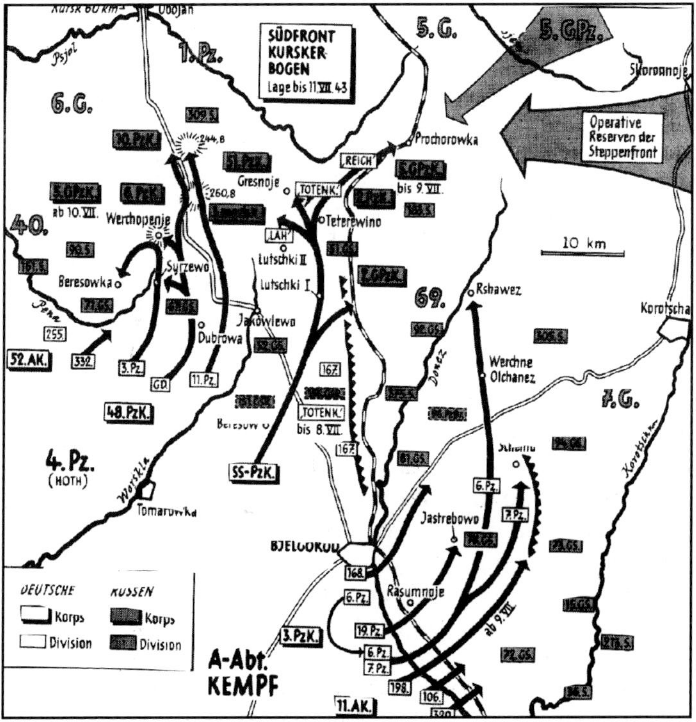

DIE TIGER BEI DER „LEIBSTANDARTE“

Planungen und Entwicklungen

Bereits im Frühjahr 1942 plante die Führung der Waffen-SS die Aufstellung einer schweren Panzer-Abteilung für das erste zu bildende SS-Panzerkorps.
An den „Tiger“ wurde noch nicht gedacht, weil dieser noch in der Planung war. Erst als im Herbst 1942 die ersten Tiger zur Leningrader Front kamen, hob die Waffen-SS-Führung ihre Planung auf. Statt dessen erhielten die drei Divisionen des I. SS-Panzerkorps (wenig später in II. SS-PzKorps umbenannt) je eine eigene Tiger-Kompanie. Es waren dies:
Die SS-Panzerdivision „Leibstandarte SS Adolf Hitler“
die 2. SS-Panzer-Division „Das Reich“ und
die 3. SS-Panzer-Division „Totenkopf.“
Diese Tiger-Kompanien konnten - ebenso wie die ersten Tiger-Abteilungen des Heeres - aus Mangel an Panzern VI nicht voll mit Tigern ausgestattet werden, sondern erhielten jeweils einen Zug Panzer III. Diese dienten bei a l l e n Tiger-Verbänden zum Schutz der Tiger gegen feindliche Panzer-Nahbekämpfung. Erst später, als es zur Aufstellung weiterer SS-Panzerkorps kam, wurden die Tiger-Kompanien der genannten SS-Divisionen zu einer Abteilung zusammengefaßt und dem I. SS-Panzerkorps als „Korps-Tiger-Abteilung“ direkt unterstellt.
Das IV. SS-Panzerkorps konnte nicht mehr voll mit Tigern ausge stattet werden. Seine Divisionen erhielten Tiger-Kompanien.
Die 1. SS-Panzer-Division „Leibstandarte SS AH“ hatte sich aus dem verstärkten Regiment und der Brigade, die zu Beginn des Ostfeldzuges gerade zusammengestellt worden war, unter SS Obergruppenführer Josef „Sepp“ Dietrich zur Division verstärkt. Bereits im Februar 1942 begann in Wildflecken die Aufstellung einer Panzer-Abteilung (also noch ohne an Tiger zu denken) für die „Leibstandarte“. Ihr Kommandeur wurde SS-Sturmbannführer Mohnke. Nach seiner Erkrankung übernahm SS-Sturmbannführer Schönberger ihre Führung. Sie verfügte über die beiden Versionen des Panzers IV mit der kurzen und langen Kanone.

Nach Abschluß der Aufstellung wurde diese Abteilung im Bahntransport nach Rußland verlegt, wo die Division „Leibstandarte“ im Einsatz stand.
Nachdem beinahe zeitgleich in Evreux eine zweite Panzer-Abteilung aufgestellt worden war, entstand aus beiden Abteilungen das 2. SS-Panzer-Regiment „Leibstandarte“.
Die beiden Abteilungen führten:

I. Abteilung:	SS-Sturmbannführer Max Wünsche.
II. Abteilung:	SS-Hauptsturmführer Groß.

Dieser als „Korpsabteilung“ gedachte Verband kam jedoch über seine ersten Entwicklungsschritte nicht hinaus. Die einzelnen Kompanien wurden aus Mangel an schweren Panzern, vor allem dem nicht vorhandenen Tiger, wieder zu ihren Divisionen zurückgeschickt.
Die ab dem Sommer 1942 im Entstehen begriffene Tiger-Kompanie lag nicht in Evreux, sondern ebenfalls in Fallingbostel. Hier übernahm SS-Hauptsturmführer Heinrich (Heinz) Kling am Heiligen Abend des Jahres 1942 deren Führung.
Ihm standen zur Verfügung:

I. Zug:	SS-Obersturmführer Waldemar Schütz
II. Zug:	SS-Untersturmführer Hannes Philipsen
III. Zug:	SS-Untersturmführer Helmut Wendorff.
IV. (leichter) Zug:	SS-Untersturmführer Wittmann Michael (Michel)

Am 1. Februar 1943 waren Führer und Kommandanten der Kompanie geschlossen einsatzbereit.
Es waren:

Kompaniechef:	Hauptsturmführer Kling
Kp.-Truppführer:	Untersturmführer Rohl
Umsteigepanzer:	Untersturmführer Mühlhausen

Leichter Zug:

Wagen 411:	Untersturmführer Wittmann
Wagen 412:	Oberscharführer Marten
Wagen 413.	Unterscharführer Staudegger
Wagen 414:	Scharführer Lötzsch
Wagen 415:	Unterscharführer Schwerin

I. Zug

Wagen 415:	Obersturmführer Schütz
Wagen 416:	Unterscharführer Aus der Wieschen
Wagen 417:	(unbekannt)
Wagen 418:	Hauptscharführer Hartel

II. Zug

Wagen 425:	Untersturmführer Philipsen
Wagen 426:	Hauptscharführer Poetschlag
Wagen 427:	Oberscharführer Mengele
Wagen 428:	Unterscharführer Modes

III. Zug

Wagen 435:	Untersturmführer Wendorff
Wagen 436:	Unterscharführer Brandt
Wagen 437:	(unbekannt)
Wagen 438:	Unterscharführer Mölly

Der erste Tigereinsatz bei Charkow

Gegen Mitternacht des 1. Februar 1943 wurden in Fallingbostel die ersten Tiger für die „Leibstandarte“ verladen. Sie erreichten im Bahntransport mit den ersten Transporten am 7.2. den Raum westlich Charkow. Die letzten Tiger trafen dort am 9.2.1943 ein. Das (nunmehr) II. SS-Panzerkorps unter SS-Obergruppenführer Paul Hausser versammelte sich im Raum Charkow. Die für diesen Einsatz ebenfalls vorgesehene Division „Totenkopf“ war noch nicht eingetroffen.

Das II. SS-Panzerkorps hatte Auftrag, die Offensive der Roten Armee auf Charkow zum Stehen zu bringen. Dazu bezog die „Leibstandarte“ ostwärts und südostwärts Charkow ihre Abwehrstellungen.

Als sich am 8.2. eine operative Umfassung Charkows durch die Rote Armee abzeichnete, befahl Paul Hausser „hinhaltenden Widerstand und schrittweises Absetzen“. Gleichzeitig bildete er eine starke Angriffsgruppe, die unter dem Kommando von Obersturmbannführer Kumm, von der Division „Das Reich“, stehend, den eigenen Rückzug sichern und verzögern sollte.

In diesem Verband kämpfte auch das Panzer-Regiment und damit ebenso die Tiger-Abteilung, die noch keine war.

Beim Marsch zur Front gingen zwei Tiger durch Defekte verloren und mußten gesprengt werden. Ein weiterer beim Zusammenbruch einer Brücke in den Fluß gestürzter Tiger konnte geborgen werden. Am Bahnhof von Rogan traten einige Tiger gegen dichte Feindgruppen ins Gefecht, die von einem T 34 Rudel gedeckt wurden. Als der Feind hier auf der Nahtstelle zwischen der II./1. SS-PGR unter Standartenführer Hansen und der III./1. SS-PGR unter Sturmbannführer Weidenhaupt durchzustoßen versuchte, wurde er von den wenigen Tigern zusammengeschossen.

Dennoch mußte SS-Obergruppenführer Hausser - entgegen einem Führerbefehl - Charkow aufgeben, um das Panzerkorps vor einer möglichen Vernichtung zu bewahren.

Die Tiger rollten in den Abschnitt des unter der Führung von Jochen Peiper stehenden SPW-Bataillon der „Leibstandarte“. Hier zeichnete sich Unterscharführer Staudegger besonders aus, dem es gelang, einige T 34 und schwere Pak zu vernichten.

Die Rote Armee brach mit ihren Spitzen-Formationen am 14.2.1943 von Südwesten, Westen und Südosten gleichzeitig nach Charkow ein. Die Räumung wurde schlagartig durchgeführt. Das IV. sowjetische Kavallerie-Korps, das sich diesem Rückzug entgegenwarf, wurde zerschlagen. Es war vor allem die I./1. SS-PR unter Sturmbannführer Max Wünsche, die diesen Gegner in raschen und scharfen Attacken vernichtete.
Südwestlich Charkow wurde die neue Abwehrstellung bezogen. Ab dem 19.2. wurde von hier aus die Abwehr offensiv gegen drei sowjetische Armeen geführt. Dabei gingen einige eigene Panzer, darunter auch zwei Tiger, verloren, so daß sich die Panzerlage am 21.2.1943 auf sechs Tiger und 49 Panzer IV belief.
Während dieser Zeit befanden sich die Tiger und mit ihnen auch die Panzer III des leichten Zuges unter Michael Wittmann, erst in Poltawa.

„Wittmann kommt!"

Im Bereitstellungsraum ostwärts Poltawa machte Wittmann des öfteren die Runde bei seinen Besatzungen, um mit seinen alten Kameraden von den Sturmgeschützen, die mit ihm zu den Panzern gekommen waren, beisammen zu sein.
Am 25.2.1943 verlegte auch der leichte Zug zur Tiger-Kompanie. Als dann die „Leibstandarte" am 1.3.1943 Auftrag erhielt, „den Feind zwischen Orel und dem Berestoweja-Abschnitt in offener Kampfführung zu vernichten" verlegte die Tiger-Kp. am 5.3.1943 nach Krassnograd, etwa 30 km nördlich gelegen. Einige Tiger fielen auf dem Marsch dorthin aus. Vor allem Motorbrände waren in der Anfangszeit mehrfach Ursachen für Ausfälle.
Beim Angriff des 5.3.1943 wurde auch die Tiger-Kp. dieser Angriffsgruppe unterstellt. Sie nahm mit nachfolgenden Panzergrenadieren die Ortschaften Landyschewo und Nlagdodetnoje in Besitz. Das nächste Tagesziel war Ssneshkoff Kut. Das zweite Tagesziel Walki-West. Der Angriff begann am 6.3. in der Frühe, bei erstem Büchsenlicht. Allerdings trafen die Tiger erst gegen 11.00 Uhr beim Angriffsverband ein, da die Wegeverhältnisse kein rasches Vorankommen erlaubten.
Bis 14.00 Uhr standen Wünsche's Tiger und die übrigen Panzer

nur einige km südlich von Ssneshkoff Kut Dort stießen sie auf eine tiefgestaffelte russische Abwehrfront.
Der entscheidende Angriff wurde von Sturmbannführer Kurt Meyer - dem später unter dem Namen „Panzer-Meyer" bekannt gewordenen Offizier - geführt. Dieser hockte auf dem Tiger von Obersturmführer Beck.
Sturmbannführer Wünsche rollte in der Mitte der gepanzerten Kampfgruppe. Rechts von ihm fuhr die 3./PR LAH unter Hauptsturmführer Lambrecht und etwa 300 Meter weiter rückwärts rollte die 1./PR LAH unter Hauptsturmführer Jürgensen.
Die Tiger rollten direkt hinter Wünsches Panzer, bereit, beim ersten Befehl gegen den zugewiesenen Gegner anzuknüppeln. Als dann von links rückwärts Gefechtslärm aus dem Abschnitt der 320. ID erscholl, stießen die Panzer mit Vollgas über die ebene Schneefläche darauf zu. Voraus waren bereits über dem Horizont die Häuser von Ssneshkoff Kut zu erkennen.
Als die Panzer auf Schußweite an die feindliche Höhenstellung herangekommen waren, blitzten ihnen gegenüber die Abschüsse russischer Schweigepak auf.
„Vorwärts, los, ran!" forderte Wünsche seine 18 Panzer auf. Die ersten Abschüsse feindlicher Pak waren schon zu erkennen, die von einer sanft ansteigenden Höhe herunter peitschten. Die Panzer machten wechselweise Schießhalt und erwiderten das Feuer. Die Panzer von Beck und zwei weiteren Kommandanten blieben liegen. Die beiden letzteren brannten.
Nun blitzten auch aus den etwa 250 Meter entfernt stehenden Häusern grelle Abschußlanzen. Iseckes Wagen erhielt einen Treffer. Auch er geriet in Brand. Isecke befahl, auszubooten. Es gelang allen Männern, einschließlich dem mitfahrenden Kriegsberichter Joachim Fernau, den Tiger zu verlassen und in Deckung zu gehen. Ein T 34 war geschickt hinter ein Haus gefahren und hatte aus dieser sicheren Deckung heraus durch die vordere Fensteröffnung geschossen. Er wurde abgeschossen. Die halbe Hütte war bei diesem Einschlag weggeflogen und zeigte den brennenden T 34. Vom Ortsrand lösten sich etwa 20 weitere T 34 aus ihren Deckungen und rollten den Angreifern entgegen. In dieser Situation tauchte der Tiger von Wendorff auf, der sich geschickt rochierend den Weg freischoß. Acht T 34 lagen schließlich auf der freien Plaine,

teilweise brennend, andere mit heruntergeschossenen Ketten, die dann einen Fangschuß erhalten hatten.
Tiger 426 unter Hauptscharführer Poetschlag erhielt einen Treffer an der Kommandantenkuppel und an der Walzenblende, der die Kanone außer Gefecht setzte. Der Kommandant wurde am Kopf schwer verwundet.
40 Kilometer südwestlich dieses Kampfplatzes bei Karlowka wurde USchFhr. Aus der Wieschen verwundet.
Nunmehr wurde die Rückeroberung von Charkow befohlen. Dazu trat die Tiger-Kp. um 04.00 Uhr des 11.3.1943 mit dem 1. SS-PGR LSSAH an. Sepp Dietrich hatte noch am Vortage über den Feldfernsprecher mit Hitler gesprochen, der sich derzeit auf dem Gef-Stand der HGr. Süd in Saporoshje befand. Hitler zeigte sich über die Verluste der Division besorgt, erklärte dann aber:
„Wenn meine Leibstandarte mit dem üblichen Schwung angreift, muß es gelingen, dem Feind Charkow wieder zu entreißen.“ Am frühen Morgen des 11. März um 04.00 Uhr trat die Tiger-Kp. gemeinsam mit dem 1. SS-PGR an und half mit, Charkow dem Feind wieder zu entreißen, ohne daß es sich um die ganze Kp. gehandelt hätte, sondern lediglich um einige wenige Wagen. In den folgenden Wochen wurde die Kp. nach und nach zu voller Stärke aufgerüstet und als Generaloberst Heinz Guderian im April die Leibstandarte besuchte, inspizierte er auch die Tiger-Kp. Untersturmführer Wittmann, als der jüngste Zugführer, mußte dem Generaloberst Einzelheiten des Tigers erklären. Heinz Guderian zeigte sich von der besonnenen Art und den treffenden Aussagen des Untersturmführers beeindruckt. Er meinte kurze Zeit später zu seinem Begleiter, General der Panzertruppe Werner Kempf: „Der versteht etwas von der Panzerei.“ (Siehe Kempf Werner: Dokumente an den Autor).
Fünf neue Tiger trafen in Charkow für die schwere Kp. ein und nun übernahm UStFhr. Wittmann die Führung des III. Zuges und war von diesem Zeitpunkt an ebenfalls Tigerkommandant. Hier stießen seine Kameraden Scharführer Lötzsch, Unterscharführer Staudegger, Walter Lau und Hermann Grosse zur Tiger-Kompanie. Aus dem Lazarett kam Untersturmführer Philipsen, der als erster Angehöriger der Kp. das EK I erhielt.

Die Neuaufstellung bei der Leibstandarte

Am 4. Juni 1943 übernahm Standartenführer Teddy Wisch von Sepp Dietrich die Divisionsführung. Dietrich hatte Weisung erhalten, das I. SS-Panzerkorps aufzustellen.
Regimentskommandeur des SS-Panzer-Regiments LSSAH wurde Obersturmbannführer Schönberger.
Die I./SS-PR „Leibstandarte" führte Sturmbannführer Max Wünsche und Chef der Tigerkompanie war Hauptsturmführer Kling. Nunmehr wurde die Tiger-Kp. von der 4./PR LSSAH in 13. (schwere)/SS PR „Leibstandarte" umbenannt. Bei einer Gefechtsübung fragte Obersturmbannführer Schönberger den dienstjüngsten Zugführer der Tiger-Kp., Wittmann:
„Etwa 30 T 34 greifen an. Entfernung 1.500 Meter, was tun Sie dann, Wittmann?"
„Karbid geben und rangehen, Obersturmbannführer", lautete Wittmanns Antwort.
„Sie hätten stattdessen in Deckung fahren und Verstärkung abwarten müssen", belehrte ihn der Regimentskommandeur. Aber dies war zu keiner Zeit Wittmanns Devise.

Wittmann und die Tiger bei Kursk

Am 30. Juni 1943 marschierte die 1. Tiger-Kp. (nunmehr 13. Kp. des Panzerregiments genannt) nordwärts. Auf dem Marsch fielen zwei Tiger infolge Vorgelege- und Motorschadens aus. Das II. SS-Panzerkorps stellte sich zum Angriff bereit. Es ging in die Kursker Schlacht. Sturmgeschütze und Tiger sollten zusammen angreifen und erhielten folgenden Befehl:
„Sie sind mit Erreichen des Bereitstellungsraumes in der Nacht zum 5. Juli dem 2. SS-PGR Leibstandarte unterstellt, und ziehen in den Aufmarschraum südlich Punkt 228,6 entlang der Straße vor."
Neun einsatzbereite Tiger der Kp. rollten um 03.00 Uhr des 5.7.1943 los, als Hauptsturmführer Kling das Kommando „Panzer marsch!" gab. In rascher Fahrt gewannen sie nach Norden Raum. Als das Mündungsfeuer der ersten Feind-Pak aufflammte und auch

in den Boden eingegrabene T 34 in dieses Feuer einfielen und sich dadurch enttarnten, wurden die Ziele erkannt. Sturmmann Balthasar Woll, Richtschütze in Wittmanns Wagen, schwenkte den Turm auf 11.00 Uhr, erfaßte die erste Feindpak über den Zielstachel und drückte die Abfeuerung. Der erste Schuß war ein Volltreffer. Bei der Pak wirbelten Stahl und Erde empor. Abschuß und Einschlag erfolgten nun im Abstand weniger Sekunden. Alle Wagen fielen in dieses Feuer ein und als diese Pakfront zusammengeschossen war, ging es weiter. Dann tauchten die ersten T 34 auf. Es waren ihrer 12. Der Richtschütze von Kling, Sturmmann Warmbrunn, schoß die ersten zwei in wenigen Sekunden ab. Auch Wittmann und einige andere Kameraden erzielten jeweils einen Abschußerfolg. Der Rest der T 34 drehte ab.
Danach schoß Hauptsturmführer Kling einen mit Flammenwerfern ausgestatteten riesigen Erdbunker zusammen. Vier T 34 und 19 Pak kamen an diesem Tage auf sein Abschußkonto.
Sie rollten selbständig vor, erreichten eine feindliche Höhenstellung. Hier wurde Klings Wagen mehrfach angeschlagen oder abgeschossen, viermal mußte er umsteigen. Dennoch erreichte die Kp. die Höhe 220,5, die von den dichtauf folgenden Panzergrenadieren des 2. SS-PGR freigekämpft wurde, die von Obersturmbannführer Kraas geführt wurden.
Hauptsturmführer Kling erhielt das Deutsche Kreuz in Gold. Hugo Kraas, der seit dem 28.3.1943 das Ritterkreuz trug, wurde am 24.1.1944 mit dem 375. Eichenlaub zum Rk ausgezeichnet. In diesem dramatischen Gefecht gelang es Michael Wittmann acht Panzer und sieben Pak abzuschießen.
Hier der detaillierte Bericht über Wittmanns Einsätze bis zum Ende der Kämpfe der Tiger in Rußland.

DER GROSSE SIEGESLAUF

Wittmann und seine Tigerkompanie

Nachdem Stalin die Entscheidung in der Schlacht zwischen Don und Donez nicht erzwungen hatte, sondern an Feldmarschall von Mansteins taktischem Genie gescheitert war, bot sich der Obersten deutschen Führung noch einmal die Chance, durch Abnutzungsschlachten das Steuer herumzureißen.

Aber Hitler wollte mehr! Er wollte mit einer neuen Offensive die Wende und den Sieg erringen.

So trieb der Kampf im Osten seinem dramatischen Höhepunkt entgegen, und die russische Kriegsgeschichte sollte dieses blutige Ringen einmal richtigerweise als „die bedeutendste Schlacht des gesamten Krieges" bezeichnen.

Nach dem altbewährten und in Rußland voll zum Erfolg gelangten System war auch diesmal eine Zangenoperation vorgesehen. Die Nordzange wurde von der 9. Armee unter Generaloberst Model gebildet. Sie sollte, aus dem Raum südlich Orel antretend, mit drei Panzerkorps als Schwerpunkt nach Südosten auf Kursk vorstoßen.

Die Südzange, aus der 4. Panzerarmee unter Generaloberst Hermann Hoth bestehend, hatte mit zwei Panzerkorps im Schwerpunkt aus dem Raum nördlich Charkow, hart westlich Bjelgorod, auf Kursk vorzustoßen. Wenn sich beide Zangen in Kursk trafen, dann wäre der große Frontbogen bei Kursk ausgeräumt, dann hätte die Rote Armee eine Niederlage erlitten, die nicht wieder gut zu machen sein würde.

In der Südgruppe standen tausend Panzer und rund vierhundert Sturmgeschütze. Die Nordgruppe war ebenso stark.

Das I. Waffen-SS-Panzerkorps, in der Armeeabteilung Kempf stehend, gruppierte sich westlich Bjelgorod von Ost nach West in der Reihenfolge 3., 2., 1. Waffen-SS-Panzerdivision. Links an die „Leibstandarte" schloß sich die 167. Infanteriedivision an.

Stoßrichtung dieser beiden Divisionen war Streletzkoje und erstes ferneres Ziel Olchowka.

Der 4. Juli nahte. Alle Einheiten standen in den Sturmausgangsstellungen. Der Großangriff konnte beginnen.

„Wie lange noch, Untersturmführer?“ fragte Woll.
Michael Wittmann blickte auf die Uhr.
„Noch eine Stunde, Männer!“ sagte er.
Mit Michael Wittmann und seinem Zug warteten 230 000 weitere deutsche Soldaten des südlichen Zangenarmes auf den Befehl zum Angriff.
Um 03.30 Uhr begann der deutsche Artilleriefeuerschlag. Jetzt durften sie losfahren, die Divisionen des SS-Panzerkorps. Sie fuhren im Breitkeil durch die Felder. Auf einmal peitschte ihnen Pak-Feuer entgegen.
„Angriff! Angriff!“ rief Wittmann durch die Sprechverbindung. Mit schneller Fahrt rollten sie weiter, rechter Hand blieb einer der „Tiger“ mit zerschossener Kette liegen.
Auf einmal, keine hundert Meter vor ihnen, das Aufbrennen eines Abschusses, dann dicht neben ihnen ein schmetternder Schlag, ein Krachen und grelle Flammen. Aber Woll hatte den Gegner trotzdem anvisiert. Sein Schuß peitschte, und die Granate zerschmetterte die Feind-Pak. Da zog Kirschner wieder an.
Sie erreichten die Bunkerstellungen, gegen die vor einer halben Stunde die Stukas - hoch über ihre Köpfe hinweg - angeflogen waren. Aus den Bunkern fiel kein Schuß. Dafür tauchten Feindpanzer auf.
Die 13. Kompanie griff an. Hauptsturmführer Kling rief einen Befehl. Der Zug Wendorff schwenkte nach Nordwesten ein, rollte in schnellster Fahrt zur Seite. Eine Granate traf einen „Tiger“ in die Flanke, die Besatzung stieg aus.
„Nicht aufhalten lassen! Schneller, schneller!“
Sie erreichten die Bunkerlinie und sahen sich einem hinter dem Hochbunker vorprellenden Feindpanzer gegenüber. Ein Flammenstrahl peitschte aus dessen Kanone. Direkt in Wittmanns Gesicht hinein schien diese Granate gezielt. Sie traf den schrägen Bug des „Tigers“. Es krachte ohrenbetäubend, dann heulte das Geschoß senkrecht in den Himmel.
Woll schoß zurück. Der Turm des T 34 machte sich selbständig, rollte wie ein Ball über den Boden. Flammen stoben aus dem Panzer.
Wieder zogen sie an, fuhren in hohem Tempo weiter, passierten zwei Panzerrudel der Russen, die in einer Senke bereitstanden und

nun hervorbrachen.
Vor ihnen tauchte ein Dorf auf.
„Achtung! Chef an alle: Pak voraus!“
Die Russen hatten hier eine Pak-Front aufgebaut. Erneut entschied sich Wittmann für den schnellen Vorstoß.
Plötzlich eine feindliche Pak. Ein Schuß, und Wendorffs Panzer stoppte ruckartig. Wittmanns „Tiger“ rasselte auf das Geschütz zu. Das Sechzig-Tonnen-Gewicht walzte die Pak in den Boden. hart schwankte der Panzer, sie klammerten sich an.
Woll schoß, wenn der Panzer hielt. Während des Anrollens richtete er das nächste sichtbar werdende Ziel an.
Nach etwa einer Stunde waren die russischen Stellungen durchbrochen. Die Panzergrenadiere nutzten den Stoßkeil aus und kamen nach. Sie nahmen die überrollten Gegner gefangen, sicherten das Gelände und gingen aus eigenem Entschluß weiter vor. Nach einer kurzen Verschnaufpause setzten sich auch die „Tiger“ wieder in Bewegung.
Eine Stunde später stießen sie abermals auf einen Pak-Riegel. Auch dieses Mal fuhr der Zug an der Spitze. Wittmann fing den Gegner ab, indem er mit Vollgas vorpreschte. Granaten hämmerten links und rechts von ihm in den Boden. Ein paar Panzerbüchsentreffer knallten gegen die Stahlwände. Kurz darauf waren sie auf günstigste Schußentfernung heran. Wie auf Kommando hielten die Panzer, schossen, rollten wieder an und gelangten an die russischen Zwischenstellungen.
Vor seinem Kampfwagen sah Wittmann eine Gruppe Rotarmisten, die aufsprangen, um ihn im Nahkampf anzugehen. Er schlug das Luk zurück, schob sich bis zum Koppel hoch und schoß aus seiner MPi auf die Feindgruppe. Danach ließ er sich blitzartig zurückfallen, denn schon prasselten ihm Feuerstöße um die Ohren.
Während der zweiten Rast hörten sie Hilferufe von Wendorff.
„Warmbrunn und Kleber halten hier. - Lötzsch und Höflinger mir nach!“ befahl Wittmann.
Sie drehten und schwenkten auf ein Wäldchen ein. Von dessen jenseitigem Rand erklangen die Abschüsse der „Tiger“ des ersten Zuges. Dazwischen die peitschenden Schläge russischer Pak und das Knallen von 7,62-cm-Panzerkanonen der T 34.
Die Kolosse wühlten sich durch das Wäldchen. Unter ihren Ketten

brachen armstarke Stämme ab, wurden in den Boden gewalzt. Am Waldrand angelangt, standen sie im Rücken der Pak. In der Senke sahen sie russische Panzer, die einen von Wendorffs „Tigern“ in Brand geschossen hatten und jetzt den Zugführerpanzer aufs Korn nahmen.
„Lötzsch, Höflinger, die Pak!“
Wittmann rollte mit Vollgas aus dem Wald heraus. Nun konnten ihn auch die Feind-Pak erreichen, wenn sie nach innen schwenkten. Aber den jungen Offizier focht das nicht an. Er ließ weiterrollen, bis er die beiden T 34 auffassen konnten, ohne Wendorffs Panzer beim Schießen zu gefährden.
„Wir sind da, Helmut!“ rief er.
Dann standen sie. Woll schoß, der erste T 34 zerplatzte durch Volltreffer ins Heck. Den zweiten traf es genau fünfzehn Sekunden später. Der dritte entging seinem Schicksal, weil er hart zurücksetzte und die Granate daher vor seinem Bug vorbeizischte. Kurz darauf drehte der T 34 erstaunlich schnell auf einer Kette, und wieder verfehlte ihn Woll. Der Schuß des T 34 schmetterte in die Kette des „Tigers“.
Fahrer Kirschner schrie auf.
Woll hatte den Gegner voll aufgefaßt. Sein Schuß durchschlug die Frontpanzerung. Eine, zwei, drei Sekunden vergingen. Dann knallte das Luk zurück. Flammen stoben heraus. Aus der Fahrerluke versuchte der brennende Fahrer auszubooten; er blieb hängen und wurde von den nachfolgenden Explosionen zerfetzt.
Die beiden Pak am Waldrand waren von Lötzsch und Höflinger vernichtet worden. Stille trat ein. Ein feindlicher Widerstandsriegel im Angriffsstreifen war ausgeschaltet worden.
Gemeinsam mit seinem Funker hob Michael Wittmann den verwundeten Fahrer aus dem Panzer heraus, legten ihn auf den Boden, wo Woll eine Zeltplane ausgebreitet hatte.
Wittmann befahl den anderen: “Los die Kette reparieren!“ Während Untersturmführer Wendorff Feuerschutz gab, brachten sie die Kette in Ordnung. Pollmann rief nach dem Sani. Ehe sie weiterrollten, kam der Sanitäts-Dienstgrad mit dem Sanka nach vorn, und sie luden Kirschner ein.
„Unterscharführer Möller!“ meldete sich der Fahrer eines brennenden „Tigers“ vom Zug Wendorff. „Ich soll Ihren verwundeten Fah-

rer ersetzen."
„Gut, willkommen bei uns Möller. Dann steigen Sie ein."
Als der Tag zur Neige ging, hatte Wittmann mit seinem „Tiger" acht Feindpanzer abgeschossen und sieben Pak vernichtet. Hauptsturmführer Kling meldete an den Kommandeur des Panzerregiments:
„Untersturmführer Wittmann hat mit seinem „Tiger"-Zug den Vorstoß des Regiments entscheidend unterstützt."
Am Abend dieses ersten Tages der großen Kursker Schlacht hatte das I. Waffen-SS-Panzerkorps die Pak-Riegel und Artilleriestellungen der 52. sowjetischen Gardeschützendivision durchstoßen. Der erste Angriffstag war zu Ende gegangen. Etwa 10 km weit waren die deutschen Panzer in das tiefgestaffelte Stellungssystem des Gegners eingedrungen.
Am frühen Morgen des 6. Juli 1943 waren sämtliche „Tiger" der 13. (schweren) Kompanie der „Leibstandarte" neu aufgetankt und aufmunitioniert. Der Angriff ging weiter. Wieder war Wittmann an der Spitze des stählernen Stoßkeils. Es ging nach Norden, dem Psjol-Knie entgegen.
Bei Lutschki I wurden die Spitzenfahrzeuge beschossen. Es waren schwere 15-cm-Batterien des Gegners, die ihr Feuer auf die Vormarschstraßen legten.
„Wittmann schwenkt ein, setzt die Batterien außer Gefecht!" kam ein Befehl durch.
Fünf „Tiger" rollten in das Wäldchen auf der linken Flanke, erreichten es unbemerkt, drehten darin ein und suchten sich ihren Weg in Richtung auf die schweren Batterien.
Nach zwei Stunden waren sie da. Im Breitkeil fuhren sie aus dem Wald heraus auf die Ebene. Sie sahen die erste Batterie, die eben wieder eine Salve abfeuerte.
Alle fünf Panzer schossen gleichzeitig. Flammen loderten empor. Die sowjetische Funkstelle wurde durch einen Volltreffer vernichtet.Ein Munitionsstapel flog in die Luft. Der Gegner floh. Mit Höchstfahrt fuhren sie weiter, gelangten vor die zweite Geschützstellung und setzten diese außer Gefecht.
In der Ortschaft Lutschki I wurden sie von Pak beschossen. Der „Tiger" von Kleber erhielt einen Treffer. Wittmann und Warmbrunn legten sich rechts und links davor und schossen in rascher

Folge vier Feind-Pak ab.
Inzwischen war es Kleber gelungen, seinen Wagen wieder klarzubekommen.
Sie fuhren in das Dorf hinein und rollten hindurch.
Am Dorfausgang angekommen, sahen sie zurückweichende Lastwagen und Infanteriekolonnen.
„Sprenggranaten!" befahl Wittmann.
Die nächsten fünf Minuten mußten für die zurückweichenden russischen Verbände die Hölle gewesen sein. Getroffene Pferde schrien, Lastwagen wurden in Sekundenschnelle zerfetzt, Rauchwolken stoben empor. Es war ein entsetzliches Bild der Vernichtung. Der Gegner war überwunden, es ging weiter. Der dritte Zug übernahm die Führung. Am Ostrand von Lutschki II rollte diese Einheit auf eine weitere Pak-Sperre. Ein eingegrabener KW I schoß den Spitzenpanzer aus sechshundert Meter zusammen. Brennend booteten die Männer aus, wälzten sich am Boden, wurden von Maxim-MG erfaßt und getötet.
„Sprenggranaten schießen, vor bei beiden eingegrabenen KW I!" befahl Wittmann.
Seine Besatzung und die von Warmbrunn feuerten auf die gegnerische Panzer-Pak-Stellung. Pausenlos blitzten die Abschüsse. Dicke Staubwolken waberten empor und verhüllten dem Gegner die Ziele.
„Vorwärts, mir nach!"
Wie schon oft in den letzten zwei Tagen, so stürmten auch jetzt die Panzer hinter dem führenden „Tiger" des Zugführers her. Der Gegner schoß nun ohne Sicht. Seine Granaten flitzten über die Türme der deutschen Kampfwagen hinweg, die das Feuer bereits unterfahren hatten.
„Haaalt!" befahl Wittmann.
Auf einer Breite von fünfhundert Metern hielten die Panzer, richteten die aufblitzenden Flammen an, warteten noch etwas. Die Staubwolken hoben sich. Der Turm des ersten KW I tauchte aus dem Dunst. Woll drehte etwas ein. Noch eine winzige Höhenkorrektur, dann peitschte der Abschuß. Kaum eine Sekunde später verschwand der KW I in einer turmhohen Sprengsäule seiner explodierenden Bereitschaftsmunition.
Rechts und links schossen die anderen Wagen. Der Gegner wurde

ausgeschaltet. Der Verband drehte zunächst nach Norden und am Abend dieses zweiten Kampftages nach Nordwesten auf die Höhe 260,8 ein, die zwischen Werchnopenje und Gresnoje liegt. Der Kampf näherte sich seinem Höhepunkt. Die Männer in den Panzern und Schützenpanzern waren seit achtundvierzig Stunden nicht mehr zur Ruhe gekommen. Wo an diesem Abend des 6.7.1943 gehalten wurde, fielen sie neben ihren Panzern und Transportwagen zu Boden und schliefen.

Übernächtigt, dennoch voller Konzentration, stand Wittmann im offenen Luk, als er die Henschel-Schlachtflieger sah, die dicht über den Panzern der „Leibstandarte" anflogen.

„Die neuen Schlachtflugzeuge, Wittmann!" rief Klug über Sprechfunk. Das waren sie also, die HS 129, die fliegende Pak mit ihren 3-cm-Kanonen.

Hier, auf dem Schlachtfeld zwischen Kursk und Bjelgorod, griffen sie erstmalig an. Im Tiefflug preschten sie nach vorn, erreichten die aufgefahrenen kampfbereiten Feindpanzer, schossen auf die schwach gepanzerten Turmluks und die dünnen Verpanzerungen. Die Granaten durchschlugen sie, ließen einen Feindpanzer nach dem anderen aufbrennen.

Auf einmal tauchten Focke-Wulf Schlachtgruppen auf. Major Druschel führte sie. Derselbe Druschel, der ihnen im Frühjahr bei Charkow mit seiner Gruppe des Schlachtgeschwaders 1 geholfen hatte. Am 20. Februar 1943 war ihm als vierundzwanzigstem deutschen Soldaten das Eichenlaub mit Schwertern zum Ritterkreuz verliehen worden.

Diesmal brachen seine Flieger zum zweitenmal den Infanterieriegel vor der „Leibstandarte" auf. Mit MG, Bordkanonen und Splitterbomben zerstreuten sie den Feind.

„Panzer maaarsch!"

Das war der Regimentskommandeur. Nun rollte der Angriff wieder, bis zu den ersten versteckten Pak und zu den eingegrabenen, gut getarnten Panzern sowie den Kampfständen mit Betonkuppeln. Der Kampf wurde mit letztem Einsatz geführt.

Abermals fielen sieben Feindpanzer den Schüssen der Tiger zum Opfer. Die Zahl der abgeschossenen Pak erhöhte sich auf neunzehn.

Den ganzen Nachmittag über mußten die Panzer gegen die sowjet-

ische 29. Pak-Brigade anstürmen. Es war dies eine Truppe, die Wittmann größte Hochachtung abnötigte. Die gegnerischen Kanoniere kämpften mit einer wahren Todesverachtung, um den Rückzug der 6. Gardearmee und vor allem das schwer getroffene XXXI. Panzerkorps zu decken.
Dennoch gelang es Hauptsturmführer Alfred Lex mit seiner 3. Kradschützenkompanie, durch eine von den „Tigern“ freigeschossene Lücke hindurchzupreschen. nach einem Kilometer schnellster Fahrt erreichte er mit seinen Männern den Gefechtsstand einer russischen Schützenbrigade. Lex hob diesen Gefechtsstand aus, nahm den General, die Offiziere und die gesamte Stabskompanie gefangen.

Die Panzerschlacht bei Prochorowka

Der 9. und 10. Juli zogen vorüber. Für Michael Wittmann verschwamm alles ineinander. Nie zuvor war er einer derartigen Belastungsprobe ausgesetzt gewesen.
Die Russen hatten sich gefangen. Versteckte Pak-Fronten forderten schwere Opfer. Vor allem die Schützenpanzer und die Kradschützen wurden von russischer Artillerie und gegnerischen Schlachtfliegern heimgesucht.
Bis zum Abend des 10.7. kämpften sie sich bis dicht an das Psjol-Knie heran. In der Nacht zum 11.7. hatte die Division „Leibstandarte“, in der Mitte des I. SS-Panzerkorps kämpfend, den Raum hart südostwärts Bogorodiskoje erreicht. Die Division „Totenkopf“ auf der linken Flanke schickte sich an, mit dem Panzergrenadierregiment 6 bei Krassnyj Oktjabr den Übergang über den Psjol zu erzwingen, und die Division „Das Reich“ drehte an der Ostflanke auf die Befestigungsriegel südlich Prochorowka ein.
Am späten Abend des 10. Juli gelang es Obersturmbannführer Karl Ullrich, den Psjol mit seinem Verband zu überschreiten und einen Brückenkopf zu bilden.
Am frühen Morgen des 11. Juli stürmte die „Leibstandarte“ zwischen der Bahnlinie und dem hier nach Nordosten drehenden Psjol auf den Raum hart nördlich Prochorowka vor.
Nach zügigem Vorgehen stieß die Division auf die Stellungen des XVIII. und XXIX. sowjetischen Panzerkorps. Ein Kampf, wie ihn

der russische Kriegsschauplatz noch niemals zuvor gesehen hatte, nahm seinen Verlauf.
Während der Nacht flaute das Gefecht etwas ab. Nur die ab und zu aufblitzenden Abschüsse zeigten Michael Wittmann, daß die Front nach wie vor stand. Sie warteten alle den Morgen ab, die beiden Gegner dieser Schlacht. Schließlich zog die erste fahle Helligkeit herauf, und General Hausser ließ abermals angreifen.
Die deutsche Panzerarmada rollte den beiden Panzerkorps der 5. sowjetischen Gardepanzerarmee entgegen, die in Eilmärschen von der Steppenfront herübergeholt worden waren. General Rotmistrow führte diese beiden Korps.
Die Schlacht begann. Zuerst stieß die II. Abteilung des Panzerregiments 1 unter Sturmbannführer Martin Gross auf den Gegner. Auf einem Raum von fünfhundert Meter Breite und einem Kilometer Tiefe prallten die Kolosse aufeinander. Hier war es Martin Gross, der den Einsatz seiner Kompanien leitete, die in dem drei Stunden dauernden Kampf neunzig Feindpanzer abschoß. Das Kampfgelände von einem halben Quadratkilometer war ein einziger Panzerfriedhof geworden.
Auf der linken Flanke stießen die Tiger der 13. Kompanie vor, als hier die Panzergrenadiere nicht durchkamen. Sie rollten durch Wäldchen und hinter Hecken her. Plötzlich stürmten aus einem Waldstück sechzig Feindpanzer im Breitkeil. Diese durchstießen die deutsche Vorausabteilung, trafen auf die „Tiger“, kamen bis auf hundert, fünfzig, ja dreißig Meter heran. Die Deutschen kämpften verbissen. Vier „Tiger“ wurden abgeschossen. Zweimal wurde Wittmanns Panzer getroffen. Funker Pollmann fiel durch einen Oberarmschuß aus. Sein Blut tropfte auf die anderen Kameraden herunter.
Munition flog in die Luft. Benzintanks platzten in aufblaffenden weißen Flammen auseinander.
„Fünfzehn Uhr, dreihundert!“ rief Wittmann, als er den T 34 erkannte, der hinter einer Buschgruppe hervorrollte, stehenblieb und seinen langen Kanonenrüssel drehte.
Woll ging blitzschnell mit und schoß, noch ehe der Gegner den deutschen „Tiger“ richtig angerichtet hatte. Ein Volltreffer riß den Turm des T 34 herunter. Sie fuhren an, hielten, schossen, drehten sich auf der Stelle und halfen einem Kameraden. Die Abschüsse

peitschten in kürzesten Intervallen.
Hier konnte man sich nicht vom Gegner lösen und auf eine neue Ausgangsbasis zurückziehen. Hier mußte man kämpfen bis zum bitteren Ende.
Aus nächster Entfernung waren auch die 7,62-cm-Kampfwagenkanonen der T 34 erfolgreich. Sie durchschlugen den schwergepanzerten „Tiger“ ebenso wie die leichteren Panzer und auch die „Panther“.
Auf einmal waren die Flieger da, die „Feuerwehr“ der Luft, die von Major Rudel geführten Stukas. Nacheinander stießen sie nieder und fingen erst in geringer Höhe über dem Panzer, den sie jeweils anvisiert hatten, wieder ab. Feuerstreifen zischten aus ihren Kanonen, zahlreiche Panzer platzten auseinander.
Russische Jäger tauchten auf, hängt sich hinter die schwerfälligen Stukas, schossen einige ab.
Schließlich kamen deutsche Jäger in Sicht. Eine wilde Kurbelei begann. Die Schlacht um Kursk hatte ihren Höhepunkt erreicht. Der Tod ging um in vielerlei Gestalt. Die Männer kämpften, um zu überleben. An Sieg dachte keiner mehr. Auf keiner Seite! Bald war das gesamte Gefechtsfeld in eine dicke, undurchdringliche Wolke aus Pulverdampf, Dreck und schwarzen Qualm gehüllt.
„Wir greifen entlang des Flußufers weiter an“ hallte die Stimme von Obersturmbannführer Schönberger durch die Sprechverbindung. „In schneller Fahrt durchstoßen!“
Kurz darauf ein Befehl von Hauptsturmführer Kling: „Wittmann, Sie schirmen mit Ihrem Zug die rechte vordere Flanke ab und halten jeden auf, der uns von Nordosten angreift!“
Wittmann bestätigte. Er rief seine drei „Tiger“ zusammen. Zwei weitere standen irgendwo hinter ihm auf dem Gefechtsfeld. Er hatte die Meldungen der Kommandanten gehört und hoffte, daß Warmbrunn und Kleber mit ihren Besatzungen aus den Panzern herausgekommen waren.
Sie rumpelten hintereinander, die Türme auf vierzehn Uhr, nach vorn, erreichten die Spitzenposition und fuhren nun mit der gleichen Fahrt wie das Gros weiter.
Geraume Zeit später durchrollten sie ein Maisfeld, kamen in eine langgezogene, mit Gemüse bepflanzte Balka (Schlucht), durchstießen sie. Einmal tauchte - als sie auf einer kleinen Höhe hielten-

das silbern blitzende Band eines Flusses in Wittmanns Optik auf. Jetzt schwimmen können, in der Sonne liegen! Welch wahnwitzige Gedanken in einer solchen Situation! Es wäre besser gewesen, zu beten. Denn er war gläubiger Christ. Wenn das in seiner Truppe auch nicht gerade üblich war, er war es geblieben!

Prochorowka lag bereits hinter ihnen. Sie hofften nun, hinter dieser noch immer im Pulverdampf und im blitzenden Gewitter der Schlacht liegenden Ortschaft einschwenken und den Kameraden zu Hilfe eilen zu können. Wenn sie den Gegner im Rücken angriffen, war er erledigt.

Doch da hörte Wittmann einen Warnruf seines Kompaniechefs: „Achtung! Voraus starker Panzerverband! Kommt näher. Viele Panzer!“

Eine Minute später sahen auch sie den Gegner. Pfeifend stieß Wittmann den Atem aus. Das waren ja mindestens hundert Feindpanzer aller Typen! In schneller Fahrt kamen sie an.

„Aus dem Halt schießen. Bei Entfernung 1800 anfangen!“

Jeder richtete einen der Panzer an, die rasch heranwalzten, in einer Senke verschwanden und dann - gut tausendachthundert Meter entfernt wieder auftauchten. Die weitreichenden „Tiger“-Kanonen feuerten.

In die Phalanx des Gegners wurden die ersten Lücken gerissen, Brände flammten auf, Rauchsäulen stoben gen Himmel. Aber das Gros der Feindpanzer - die 181. Panzerbrigade des 18. sowjetischen Panzerkorps - wurde schneller und schneller.

Sie preschten wie die wilde Jagd heran, stürmten mit einem Elan, der nicht nur Wittmann mit Hochachtung und gleichzeitig mit Entsetzen erfüllte.

Seine Besatzung und die von Lötzsch und Höflinger schossen im Salventakt. Als die Feindpanzer bis auf tausend Meter herangekommen waren, wurde jeder Schuß ein Treffer. Aber die Sowjets erwiderten nun das Feuer. Sie kamen näher und näher, schossen während der Fahrt und konnten deshalb nicht sicher zielen. Trotzdem brannte bereits in dieser Phase des Duells der erste „Panther“ auf, ein „Tiger“ wurde lahmgeschossen.

Eine Panzergruppe, vielleicht noch fünfzehn Panzer, stürmte auf der Flanke. Sie rollte direkt auf die drei „Tiger“ von Wittmann zu.

„Den Spitzenwagen, Woll!“ schrie Wittmann.

Woll zielte, schoß! „Getroffen!“ brüllte Unterscharführer Möller. Sie alle sahen, wie die Granate in die Seitenwand des T 34 hineinpeitschte. Aber der Panzer rollte nach kurzem Halt wieder an und schloß zu den anderen Kampfwagen auf.
Woll gab noch einen Schuß ab. Wieder ein Treffer. Diesmal hielt der T 34. Sie sahen, wie zwei Russen den verwundeten Kommandanten herauszogen und mit ihm in einem Granattrichter in Deckung gingen.
„Achtung, der kommt!“ warnte Wittmann den „Panzergeneral“, auf dessen „Tiger“ zu sich plötzlich der brennende T 34 in Bewegung setzte.
„Verdammt, verdammt!“ schrie auch Oberscharführer Lötzsch. „Vorziehen, sonst blendet er uns mit dem Qualm!“
Der Fahrer des „Tigers“ von Lötzsch rasselte vor und hielt genau auf den T 34 zu. Dann ein schneller Halt. Der Richtschütze visierte den auf sie zukommenden T 34 an. Er schoß auf eine Entfernung von höchstens sechzig Metern. Die Granate schmetterte gegen die

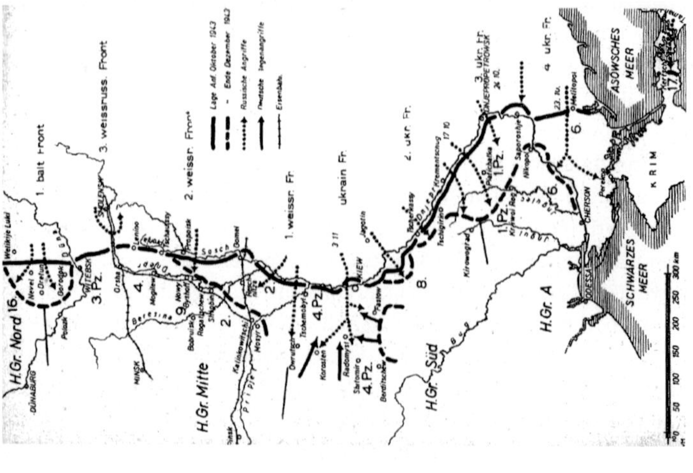

runde Turmkante und - fetzte heulend zum Himmel.
Der lodernde Flammenball rollte weiter. Die Todesgefahr nahte, und dann rammte der T 34 den „Tiger“. Die Flammen schlugen über dem deutschen Panzer zusammen. Es schien so, als habe die Besatzung nun völlig die Nerven verloren.
„Lötzsch, zurücksetzen! Zurücksetzen!“ beschwor Wittmann den Kameraden.
Plötzlich löste sich der „Tiger“ aus der Feuerwolke, setzte zurück. In diesem Augenblick detonierte im Innern des T 34 die Bereitschaftsmunition. Es war die Hölle. Als das grausige Getöse verstummt war, zog sich der „Tiger“ auf seine Ausgangsstellung zurück. Er hatte in letzter Sekunde der Vernichtung entgehen können.
Die russische Panzerphalanx war zum Stehen gekommen. Auch hier war das Gefechtsfeld übersät mit brennenden und lahmgeschossenen Panzern, von denen einzelne das Feuer der deutschen Panzer noch immer erwiderten. Sie taten das so lange, bis auch sie von den weitreichenden „Tiger“-Kanonen durchschossen und vernichtet wurden.
Es war General Rotmistrow nicht gelungen, den deutschen Panzerkeil zu durchstoßen. Aber er hatte erreicht, daß der Angriffsschwung des SS-Panzerkorps gebremst worden war.
So ging der schwere Einsatz für Michael Wittmann noch einige Tage weiter. Bis zum 17. Juli kämpften die Divisionen des südlichen Zangenarmes.
Während sich die Tiger der 13. schweren Kompanie am Abend des 17. Juli vom Feind lösten, wußte jeder einzelne Mann, daß sie es hätten schaffen können, denn noch war keine Division - bis auf eine Panzerdivision - vernichtend geschlagen.
Aber „Zitadelle“ war zu Ende, und damit ging die Initiative auf dem östlichen Kriegsschauplatz unweigerlich an die Sowjets über. Zehn Tage und Nächte hatte die Schlacht gedauert. Zum erstenmal verließ Wittmann mit dem Bewußtsein, einmal eine Nacht durchschlafen zu können, seinen Panzer. Während der vergangenen Tage hatte er dreißig Feindpanzer abgeschossen, achtundzwanzig Pak vernichtet und zwei schwere Sowjetbatterien mit insgesamt acht Geschützen außer Gefecht gesetzt.
Sturmbannführer Martin Gross, dessen Abteilung am 12. Juli allein

neunzig Feindpanzer auf engstem Raum abgeschossen hatte, erhielt am 22.7.1943 das Ritterkreuz des Eisernen Kreuzes. Auch Michael Wittmann gratulierte dem Kameraden.
Wenig später durfte Wittmann den wohlverdienten Urlaub antreten. Mit ihm fuhren Woll und viele andere in die Heimat.

Italienisches Zwischenspiel

Untersturmführer Michael Wittmann kehrte zu seiner Truppe zurück. Zu dieser Zeit wurde die Division „Leibstandarte" gerade aus der Front herausgelöst, um im Bahntransport nach Italien übergeführt zu werden.
Die Italiener waren am Abend des 6. September 1943 „umgefallen". Nun sollte die Division „Leibstandarte" der Heeresgruppe Rommel zugeführt werden, die in Oberitalien seit dem 17. August 1943 eingesetzt war, um die rückwärtigen Dienste zu schützen und schließlich auch die italienischen Truppenverbände zu entwaffnen. Es wurden Wochen der Ruhe und Besinnung.
„Wie lange soll das Herumgammeln noch dauern, Michel?" fragte Untersturmführer Wendorff den Kameraden, als sie am späten Abend des 4. November 1943 in Wittmanns Bude beisammen saßen.
„Ich glaube, unsere Tage hier sind gezählt", erwiderte Wittmann. „Was meinst du, Heinz?"
Hauptsturmführer Kling nickte. Er blickte auf die Uhr und schaltete den Wehrmachtsempfänger ein. Es war eine Minute vor zweiundzwanzig Uhr. Der Sprecher der Abendmeldungen sagte: „Nördlich Kiew traten die Sowjets nach starker Artillerievorbereitung und von zahlreichen Schlachtfliegern unterstützt, zum Angriff an. Schwere Abwehrkämpfe sind im Gange..."
„Männer, das heißt, daß wir auch bald an der Reihe sind." Heinz Kling hatte ausgesprochen, was alle dachten. Sie waren nun in II. SS-Panzerkorps umbenannt worden. Das I. SS-Panzerkorps war soeben in Berlin gebildet worden und wurde nun in Brüssel und Meran aufgestellt. Sepp Dietrich wurde der neue Kommandierende General.
Am Tag zuvor, am 3. November 1943, hatten zweitausend sowjetische Geschütze und fünfhundert „Stalinorgeln" die deutschen Stel-

lungen im Großraum Ljutesch vierzig Minuten lang unter Vernichtungsfeuer genommen.
Die drei russischen Generale, in deren Händen die neue sowjetische Großoffensive lag, hatten einen einzigen, wenige Worte enthaltenden Befehl bekommen:
„Kiew muß am Jahrestag der Oktoberrevolution fallen!"
Der Mann, der diesen Befehl Stalins im Keller des Schulhauses in dem Dorf Petrowzy den drei Armeeführern vortrug, hieß Nikita Sergejewitsch Chruschtschow.
General Watutin, Oberbefehlshaber der 1. Ukrainischen Front, hatte General Rybalko (3. Gardepanzerarmee) und General Moskalenko (38. Sowjetarmee) zu sich gerufen. General Kraftschenko, Kommandierender General des 5. Gardepanzerkorps, war ebenfalls zugegen.
Sie hörten den Befehl und - sie befolgten ihn.
Den geballten russischen Panzerbrigaden warf sich die 7. Panzerdivision unter Generalmajor Hasso von Manteuffel entgegen. Sie konnte nicht verhindern, daß die Russen acht Kilometer westlich von Kiew über den Irpen gingen und auf Shitomir vorstießen. Generaloberst Hoth erfuhr am 5. November, daß auch die Kampfgruppe „Das Reich" abgedrängt worden war und nur noch die 88. Infanteriedivision in Kiew stand.
Als es Mitternacht schlug und mit dem 6. November 1943 der Tag der russischen Revolution anbrach, rollten die Panzer des Generals Kraftschenko bereits auf dem Krastschatik - der Prachtstraße von Kiew - in die Stadt hinein. Schützen der 4. sowjetischen Aufklärungskompanie pirschten sich im Feuerhagel zum Parteigebäude auf dem Roten Platz und hißten das Sowjetbanner. In Generalsuniform zog Nikita Chruschtschow im Triumph in Kiew ein. General Rybalko aber, der eigentliche Sieger von Kiew, preschte mit seinen Panzerverbänden bereits weiter nach Süden, traf auf die 10. Panzergrenadierdivision und wurde zurückgeworfen. Aber er gruppierte rasch um, schwenkte in eine deutsche Lücke nach Südwesten ein und eroberte am 7.11.1943 Fastow. Damit standen Rybalkos Panzerverbände bereits im Rücken der Heeresgruppe Süd.
Feldmarschall von Manstein flog ins Führerhauptquartier. Er beschwor Hitler, ihm drei Panzerdivisionen freizugeben, die für

die Abwehrkämpfe am unteren Dnjepr bestimmt waren. Hitler lehnte diesen Antrag ab, und von Manstein, der immer - auch vor Hitler - seine wahre Meinung sagte, entgegnete: „Geht das schief, mein Führer, dann ist das Schicksal der Heeresgruppe Süd besiegelt."

Hitler genehmigte ihm, daß die 1. Panzerdivision und die 1. Waffen-SS-Panzerdivision „Leibstandarte" nicht am unteren Dnjepr, sondern vor Kiew eingesetzt werden sollten.

Zu diesem Zeitpunkt war die am frühen Morgen des 5. November alarmierte und sofort verladene Division „Leibstandarte" noch auf dem Bahnmarsch nach dem Osten. Die russische Front hatte sie wieder. Zum drittenmal fuhr auch Untersturmführer Wittmann nach Osten, der Hölle einer blutigen Winterschlacht entgegen.

DIE WINTERSCHLACHT:BRUSSILOW UND SHITOMIR

Aus dem Raum hart nördlich Rogosna und ostwärts Maloye Polowezke trat die Division „Leibstandarte" am 13. November in zwei Stoßkeilen nach Norden an. Erstes Ziel war die Straße Kiew - Shitomir. „Panzer maaarsch!"

Die schwere „Tiger"-Kompanie setzte sich in Bewegung. In schneller Fahrt erreichte sie bis zum Mittag des 13.11. die Kamenka und überschritt diese ostwärts Potschniki. Links von der Division „Leibstandarte" fuhren die Panzer der 1. Panzerdivision. Der Gegner wurde vom Auftauchen deutscher Truppen an dieser Stelle völlig überrascht. Im Bachgrund südlich des Unowa stießen die Panzer zum erstenmal auf massierten Feind.

Die „Panther"-Abteilung griff an. In schneller Fahrt rollten sie genau in den feindlichen Panzerkeil hinein, der sich auf Mochnatschka zurückzog. Als die „Tiger" vorrollten, war der Feind bereits in der Bewegung. Mit Schwerpunkt bei der 1. PD, kämpfte er sich schrittweise zurück und zog auch vor der Division „Leibstandarte" zügig nach Norden, so daß es ihr bis zum 20.11. gelang, den Raum nordostwärts von Chomutes zu erreichen und hier die Flanke des XXXXVIII. Panzerkorps nach Osten abzuschirmen.

Hier erfuhr Michael Wittmann, daß es der 7. Panzerdivision unter

Generalmajor Hasso von Manteuffel gelungen war, von Süden nach Shitomir hineinzustoßen und die Stadt im Handstreich zu nehmen.
„Jetzt schaffen wir es!“ sagte er zu seinem Richtschützen Woll.
„Ich hoffe auch. Wenn nur der Russe nicht immer hier vor unserer Front ausweichen würde.“
„Das wird morgen anders sein“, ließ sich Hauptsturmführer Kling vernehmen, der eben von einer Besprechung beim Regimentsgefechtsstand zurückgekommen war. „Die Russen haben starke Kräfte um Brussilow versammelt. Das 1. Gardepanzerkorps und das 5. und 8. Gardepanzerkorps stehen bereit. Die Division kommt den Bewegungen zuvor und greift die Bereitstellungen an.“
Die „Tiger“-Kompanie setzte sich in Bewegung. Gleichzeitig damit rollte die gesamte Division nach Nordnordwesten in Richtung Brussilow.
Michael Wittmann stand im offenen Turmluk, denn es war noch ziemlich finster.
Vor sich erkannte er den breiten Rücken des Kompaniechefs. Ihre Kompanie sollte den ersten Durchbruch in die feindlichen Bereitstellungen erzwingen.
Vor ihnen tauchte ein Wäldchen auf, das Brussilow südostwärts vorgelagert war. Wittmann hatte es sich am vergangenen Abend auf der Beutekarte genau angesehen. Wenn sie Erfolg haben wollten, mußten sie entlang dem Bachgrund nach Nordnordwesten angreifen und auf die Stelle zuhalten, wo dieser Bach hart südwestlich von Brussilow in den Sdwish mündete. Bis auf etwa achthundert Meter kamen sie an das Waldstück heran, als eine Pak das Feuer eröffnete. Sekunden späte wurde der Morgen von unzähligen Panzer- und Pak-Abschüssen durchblitzt.
„Mit Vollgas mir nach!“ brüllte Wittmann in das Kehlkopfmikrophon.
Sie stürmten. Nun waren wieder alle fünf „Tiger“ beisammen. Die ersten Granaten schlugen nahe ein. Wittmann befahl Schießhalt. Die fünf Kampfwagen stoppten. Sekunden vergingen, dann krachten die Abschüsse, und die Flammenlanzen stießen aus den langen Kanonen hinaus. Die ersten Feindpanzer brannten. Sie rollten weiter, erreichten den Bachgrund, tauchten darin unter, waren für die nächste Strecke vor Treffern sicher.

„Schnell weiter, Wittmann, wir halten sie frontal unter Feuer!“ rief Wendorff dem Kameraden zu.
Voraus lag ein Wald. Die Abschüsse des gegnerischen Panzerrudels klangen zu ihnen herüber. Sie schwenkten aus dem Bachgrund, zogen die paar Meter den Hang empor und standen nun direkt in der Flanke der Feindpanzer.
„Feuer frei!“ Fünf Panzerkanonen schossen. Die Granaten hämmerten in die T 34 und in die Pak hinein, ließen sie in Flammen aufgehen.
„Vorwärts!“ Im Breitkeil rollten sie durch den lichten Wald, schossen, sobald sie Gegner ausmachten, rochierten, fuhren einen Halbkreis, kamen an eine weite Lichtung und - sahen sich hier mindestens dreißig aufgefahrenen Panzern gegenüber.
Die „Tiger“-Kolosse stoppten. Granaten zischten in schnellster Folge hinaus, bohrten sich in Panzerstahl. Der feindliche Verband war offenbar kurz nach Beendigung des nächtlichen Biwaks überrascht worden. Die auseinanderrollenden Panzer behinderten sich gegenseitig. Krachend stießen T 34 zusammen, ruckten zurück, stießen gegen andere Panzer, drehten und schossen. Der Panzer von Lötzsch wurde getroffen. Fahrer Pötter war sofort tot. Dem Funker Eberhardt wurde der linke Arm abgerissen.
Wittmann hörte den Hilferuf des von drei Feinden angegriffenen Kameraden und drehte. Er fuhr von rückwärts an die T 34 heran, und Woll schoß binnen einer Minute zwei der drei Gegner ab. Der dritte wendete, kam auf sie zu. Eine Abschlußflamme sprang aus seiner langen Kanone. Die Granate schrammte über den Wagen hinweg und riß die hinten aufgeschnallte Freßkiste herunter. Dann schoß Woll. Das Geschoß schleuderte den Panzerturm des Gegners weit zurück. Der T 34 rollte gegen die Flanke des „Tigers“. Gestalten booteten aus, sprangen auf den deutschen Panzer.
Wie ein Blitz schnellte Wittmann hoch. Er schoß sofort. Sein Feuerstoß erfaßte die Tankisten und warf sie zurück. Eine Gewehrkugel riß Wittmann die Haut auf dem Wangenknochen auf. In der nächsten Sekunde war er wieder im Turm untergetaucht. Es ging weiter. Wendorff war mit seinen Panzern frontal in den Wald eingedrungen. Sie kämpften sich den Weg zu ihnen frei. Rechter Hand tauchte Hauptsturmführer Kling auf. Mit seinen beiden Begleitpanzern rollte er den Gegner von der rechten Flanke

her auf.
Werfergranaten hämmerten rings um die „Tiger“-Panzer in den Boden. Einige „Stalinorgeln“ (Raketengeschütze) versuchten, den Sturm der nachfolgenden Panzergrenadiere aufzuhalten.
Viermal sechzehn Raketengeschosse schlugen zwischen den vorgehenden Panzergrenadierkompanien ein, rissen Schützenpanzer auseinander, warfen Männer reihenweise in den Staub, so daß der Angriff ins Stocken geriet.
Um die Mittagszeit hatte Michael Wittmann mit seiner Besatzung zehn Feindpanzer abgeschossen und fünf Pak vernichtet. Sie rollten zurück, um neu aufzumunitionieren und zu tanken.
In den kleinen Pausen schliefen die Männer vor Übermüdung sofort ein. Wittmann war überall gleichzeitig. Er munterte seine Kameraden auf, studierte die Karte, versuchte, sich ein Bild von der Lage zu machen. Als alle in den Schlaf der Erschöpfung gefallen waren, ging er noch einen Spähtrupp und entdeckte eine versteckte Pak sowie mehrere Panzer. Er legte Hauptsturmführer Kling seinen Plan dar:
„Ich fahre mit meinen Panzern hier entlang um den Bach herum, und nehme diese Gegner unter Feuer! Zur gleichen Zeit könnt ihr dann rechts umholend vorgehen.“
„Gut, einverstanden, Michel! Aber paß auf, daß sie dich nicht abkneifen und euch dann einzeln abschießen.“
Mit knappen Worten wies Wittmann seine Männer ein. Sie schlichen in Reihe mit kleiner Fahrt durch den Wald, fuhren hinter der Senke über den Bach, erreichten eine Fichtenschonung und rasselten dahinter über einen verwachsenen Forstweg. Nach etwa zwei Kilometern drehten sie nach Osten ein und nach weiteren 500 Metern nach Süden.
Fünf Minuten später stießen sie auf die Pak, die an einem Lichtungsrand lag. Gleichzeitig konnten sie auch die Feindpanzer sehen. Es waren elf.
„Feuer frei!“ erschallte Wittmanns Kommando.
Vier Panzerkanonen knallten. Vier tosende Einschläge folgten. Die von Woll anvisierte Pak stürzte um. Drei T 34 brannten. Einer drehte schwarz qualmend weg, wurde vom zweiten Schuß aus Wolls Kanone in der Flanke getroffen und explodierte. Jetzt eröffneten die anderen T 34 das Feuer.

In schnellen Anläufen setzten sie durch den Wald. Einmal prallten sie gegen einen starken Baum und mußten zurücksetzen. In diesem Augenblick wurde der Stamm von einer Panzergranate durchschlagen.
Der „Tiger" ruckte zur Seite. Sie entgingen einem Pak-Schuß, drehten auf der Stelle und vernichteten die Panzerabwehrkanone. Wendorff griff in das Gefecht ein. Er kam mit Höchstfahrt angebraust. Das verwirrte die Russen, die sich diesen vier „Tigern" offenbar allein gegenüber gewähnt hatten.
Sämtliche elf Panzer wurden abgeschossen. Aber der Durchbruch war nicht gelungen.
Unmittelbar vor Brussilow hatten die Sowjets sich wieder gefangen und den Angriff der „Leibstandarte" aufgehalten. Als der Abend niedersank und die Männer in den Hütten von Chomutez völlig erschöpft auf die Strohdiemen sanken, hatte Wittmanns Panzer an diesem Tag weitere zehn T 34 und sieben schwere Pak abgeschossen.
In den nächsten Tagen ging es mit allen Kräften gegen Brussilow vor. Diesmal war auch die 1. PD mit dabei. Auf der rechten Flanke war die 19. PD herbeigerollt und beteiligte sich an dem erbitterten Einsatz. Am 20. November fiel Obersturmbannführer Schönberger durch Volltreffer. Max Wünsche übernahm die Führung des Panzerregiments. Die 1. PD stürmte aus Nordwesten auf Brussilow. Kotscherowo fiel. Bis zum 24.11. gelang es ihr, Brussilow freizukämpfen.
Als der November 1943 zu Ende ging, hatte das XXXXVIII. Panzerkorps die Lage, wenn auch nur vorübergehend, bereinigt. Am 30.11.1943 meldete der Wehrmachtsbericht:
„In den Angriffs- und Awehrkämpfen im Gebiet um Kiew und Shitomir haben Truppen des Heeres und der Waffen-SS unter Führung des Generalobersten Hoth die zum Durchbruchsangriff angesetzten feindlichen Armeen in beweglicher Kampfführung aufgefangen und im Gegenangriff nach Osten zurückgeworfen.
Die Sowjets verloren dort vom 8. bis 28. November über 20 000 Tote, 2800 Gefangene, 603 Panzer und 1305 Geschütze."
Bis zum Abend des 5.12.1943 erreichte die 1. PD den Raum Kamenka - Federowka, nördlich von Shitomir. Wiederum nördlich von ihr hielt die 7. Panzerdivision, die Shitomir erobert hatte, und

südlich, hart nördlich von Shitomir, stellte sich die Division „Leibstandarte" bereit.
Die drei Divisionen des XXXXVIII. Panzerkorps sollten von hier aus nach Osten gegen die Flanke der 60. Sowjetarmee antreten. Rechts der „Leibstandarte" wurden die 68. ID, die 2. Fallschirmjägerdivision unter General Ramcke und die Division „Das Reich" zum Angriff auf Radomyschl angesetzt. Alles war zum entscheidenden Schlag vorbereitet.
„Saukälte!" schimpfte Untersturmführer Wendorff, als sie im ersten Büchsenlicht des 6. Dezember antraten.
„Ganz Deiner Meinung" rief Wittmann zurück, denn der Frost war beißend und fraß sich selbst durch die dicke Winterbekleidung. „Ziel ist Malin und Radomyschl!"
Diese Worte hatte Michael Wittmann noch immer im Ohr, als vorn der Regimentskommandeur den Arm gegen den schneegrauen Himmel stieß.
Sie rollten an. Wieder stand Wittmanns Kompanie im vordersten Treffen, um den feindlichen Pak-Riegel zu durchstoßen, der von der Luftaufklärung zwischen Kortyky und Styrty mit dem sowjetischen Feldflugplatz erkannt worden war.
„Wenn es soweit ist, Wittmann, Wendorff, dann nichts wie hinein mit voller Pulle und schießen! Nichts als schießen!"
Unterscharführer Möller umkurvte einen tiefen Trichter und drehte dann wieder auf die alte Richtung ein. Die übrigen Panzer fuhren links und rechts, mit einem Zug nach rechts rückwärts herausgesetzt, über das Gelände. Das Rasseln der Ketten übertönte selbst die Geräusche der Artillerie. Die Russen schossen in die deutsche Bereitstellung hinein. Rechts voraus tauchte bereits Kortyky auf.
„Achtung, Wittmann! Flankenschutz gegen die Ortschaft übernehmen. Nicht aufhalten lassen!"
„Vierzehn Uhr!" befahl der Untersturmführer. Ein schnelles Schwenken, und schon waren die Kanonen des inzwischen wieder auf die volle Zahl von fünf Kampfwagen gebrachten Zuges gerichtet.
Ein vielfacher Feuerschlag aus den Häusern am Nordrand und hinter den Kusseln der Ebene hinweg blendete Wittmann förmlich.
„Vorwärts! Vollgas!" Mit vierzig Stundenkilometern preschten sie feindwärts und rumpelten der Feuerwand dieser gefährlichen Pak-

Front entgegen. Sie erhielten Treffer, die nicht frontal genug auftrafen und abprallten. Flammen und Rauch drangen in den Kampfraum des Spitzen-Tigers.
„Warmbrunn und Lötzsch, Schießhalt! Die anderen weiter!"
Die beiden gerufenen Panzer hielten. Ihre Geschütze eröffneten das Feuer, während Wittmann mit den drei übrigen „Tigern" direkt auf die Pak-Sperre zuhielt.
Dann waren sie bei der Pak. Drei „Tiger" überrollten den Gegner, walzten ihn in den Boden. Sofort ging es weiter.
Wohin Richtschütze Woll auch blickte: überall Kanonenmündungen, aus denen Feuer spritzte. Es waren schwere Pak und Feldgeschütze.
Jetzt schossen die Tiger im Salventakt. Die Granaten zerschlugen den Pak-Riegel des Gegners. Die „Panther"-Abteilung rollte - eine kleine Schwenkung ausführend - in die geschlagene Bresche hinein, brach mit hoher Geschwindigkeit durch und stürmte auf Styrty zu.
„Schwere Kompanie rollt weiter. Ziel Südrand Styrty!" befahl der Regimentskommandeur. „SPW-Bataillon schließt sich an, gewinnt den durchrollten Raum und sichert ihn!"
Hauptsturmführer Kling setzte sich mit seinen beiden Begleitschützen an die Spitze. Wittmann fuhr auf der linken Flanke der Kompanie und Wendorff rechts. So, im Breitkeil, hatten zehn „Tiger" gleichzeitig völlig freies Schußfeld, wenn sie auf den Gegner stießen.
Wittmann drückte das Turmluk auf, um besser sehen zu können. Sein „Tiger" rollte am weitesten links herausgesetzt. Instinktiv hatte Woll bereits die Kanone auf zehn Uhr geschwenkt, denn wenn sie schossen, dann würde ihr Feuer auf die Flanke zielen. Aus einem niedrigen Buschwald schob sich plötzlich ein gewaltiger Koloß und schwenkte auf den Ketten herum.
„Sturmgeschütz, Untersturmführer!" brüllte Möller.
Die Kanone des Giganten bewegte sich herunter.
„Achtung, Möller!" Möller schlug einen Haken, daß sich der „Tiger" beängstigend weit überlegte, schwenkte wieder ein und stand.
Woll schoß.
Die Granate prallte auf die Bugpanzerung des Gegners und - stieg

wie eine Rakete steil zum Himmel.
Kurz darauf blaffte aus der (mindestens) 15-cm-Kanone des feindlichen Sturmgeschützes ein meterlanger Feuerstrahl.
Die Granate zog über den „Tiger“ hinweg, schmetterte einige hundert Meter weiter in einen beinahe mannsstarken Baum und - säbelte ihn um.
Rabamm!
Ein mächtiger Schlag erschütterte den Gegner, als die 8,8-cm-Granate diesmal frontal auftraf. Aber noch war er nicht erledigt.
„Rechts einschlagen!“ befahl Wittmann.
Der „Tiger“ schwenkte nach rechts und rollte mit zunehmender Geschwindigkeit über etwa hundertfünfzig Meter. Der Fahrer des gegnerischen Kolosses versuchte, die drohende Gefahr - dem Feind die verletzliche Flanke zu zeigen - durch Mitdrehen abzuwenden.
Aber er war nicht schnell genug. Woll bewegte den Turm nach links, auf neun Uhr. Dann hielt der „Tiger“. Sekunden später brüllte der Abschuß.
Die Granate durchschlug die Flanke des russischen Sturmgeschützes. Unter mächtigen Schlägen der explodierenden Kartuschen barst der Stahlgigant auseinander.
„Braucht ihr Hilfe?“ fragte Hauptsturmführer Kling.
„Alles erledigt!“ gab Wittmann durch und ließ mit schneller Fahrt wieder aufschließen. Sie erreichten ihren Platz eben noch rechtzeitig, denn schon bellten abermals Dutzende von Pak-Abschüssen.
Einer der „Tiger“ blieb brennend liegen, während ein zweiter sich auf einer Kette drehte und dann das Feuer erwiderte.
Sie sahen, wie Warmbrunn gegen zwei Pak kämpfte, wie eine dieser Kanonen ihn lahmschoß und die andere versuchte, einen Kernschuß anzubringen.
Mit einem schnellen Satz nach vorn brachte Möller den Zugführer-“Tiger“ in Schußposition. Wieder einmal war es Woll, der mit gezieltem Schuß die Lage bereinigte.
„Jetzt Vollgas und weiter!“
Sie fuhren auf den Südrand von Styrty zu, erreichten die Straße, die weiter nach Osten auf Kortschewka und Tortschin zuführte und sahen eine riesige Lastwagenkolonne. Dazwischen Geschütze.
„Aufrollen und...“

Ein brüllender Feuerschlag peitschte ihnen aus vielen Stellungen entgegen. Pak, Feldgeschütze, Ratschbum und Panzerbüchsen, MG und Schnellfeuergewehre krachten, bellten und knatterten los. Sie hatten die russischen Stellungen von Styrty erreicht.
„Rechts einschlagen!" Der „Tiger" von Wittmann rollte nach Süden, gelangte an ein Wäldchen und tauchte darin unter. Er rumpelte bis zum Ortsende weiter und brach von dort - nun hinter der Stellung des Gegners - auf die Straße vor.
„Sprenggranaten!" befahl Wittmann.
Sie rasselten mit fünfzehn Stundenkilometern Fahrt an der Kolonne entlang, die mit Marschrichtung Westen fuhr. Im Vorbeifahren sahen sie vor Entsetzen erstarrte Gesichter und abspringende Rotarmisten.
Schuß um Schuß jagte Woll hinaus. Berges arbeitete mit schweißtriefendem Gesicht. Er war nach seiner schweren Verwundung im Sommer bei Bjelgorod erst seit November wieder bei der Kompanie.
Auf der Fahrbahn war die Hölle los. Immer wieder peitschte eine Granate aus dem Rohr, zerschlug einen Lastwagen, ließ Munition und Benzin hochgehen. Die Straße verwandelte sich in ein Flammenmeer. Einzelne Fahrzeuge versuchten zu drehen. Sie stürzten im freien Feld um und wurden eine leichte Beute des feuernden Panzers.
Auf einmal brandete die Vierfachschnur einer Flak gegen den „Tiger". Es krachte, dröhnte und kreischte. Der Lärm machte die fünf Männer fast taub. Fahrer Möller schwenkte nach rechts. Sie wuchteten in einen Trichter, wühlten sich darin ein und versuchten im Rückwärtsgang herauszukommen. Doch da wurden sie von einem Dutzend Gegner angesprungen.
Möller, der noch immer versuchte, aus dem Loch herauszukommen, sah vier Rotarmisten vor sich auftauchen. Geschosse schlugen gegen den Kinonausblick, aber das Glas war kugelsicher. Dennoch zuckte er unwillkürlich zurück.
Funker Pollmann riß das MG aus der Halterung und schob sich neben dem Kommandanten hoch. Wittmann griff nach der Waffe, schlug das Turmluk auf und - blickte in ein verzerrtes Gesicht, das nur aus Bart und Augen zu bestehen schien.
Er zog den Abzug, schwenkte die Waffe. Sich aufrichtend, sah er

hinter dem Heck des „Tigers“ einen Rotarmisten, der an einer Sprengladung hantierte.
Wieder bellte das MG. Der Soldat wurde zurückgeworfen. Im gleichen Moment detonierte in seinen Armen die Sprengladung. Der Druck warf Wittmann über den Rand des Turmluks. Unter Aufbietung aller Kraft fing er sich, sonst wäre er aus dem Turm gestürzt. Kurz darauf gelang es Möller, freizukommen.
„Chef an Wittmann! Wo seid ihr?“ hallte die Stimme von Hauptsturmführer Kling durch die Funksprechverbindung.
„Haben Gelände einen Kilometer ostwärts Styrty erreicht, stehen im Kampf mit russischer Nachschubkolonne!“
Nachdem der „Tiger“ herausgesetzt hatte, wurde er abermals vom Gebelfer der Vierlings-Flak empfangen. Der Koloß drehte auf der Stelle. Möller hielt. Ein harter Abschuß, und gleich darauf Flammen und Kaskaden explodierender Geschosse in bunten Farben. Die Vierlings-Flak war durch die Munitionsdetonation zerfetzt worden.
Aus dem Dorf tauchten Kling und der Zug Wendorff auf. Auch Wittmanns übrige Panzer kamen am Südrand in Sicht und schlossen auf.
Im Dorf selbst war der Nahkampf entbrannt. Die Panzergrenadiere waren eingedrungen und schalteten den letzten Widerstand aus. „Wir fahren weiter. nächstes Ziel ist Golowin!“
Michael Wittmann wußte Bescheid. Er kannte die Karte und erinnerte sich, daß Golowin südlich der Straße an der Bahnlinie lag. „Ich umhole entlang der Bahn nach Süden!“ sagte er dem Hauptsturmführer. Kling bestätigte.
So fuhren sie weiter, bis sie vom Feuer russischer Panzer erfaßt wurden. Diesmal traf es den Wagen von Unterscharführer Kleber. Rein zufällig blickte Wittmann im gleichen Augenblick zu dem anderen „Tiger“ hinüber. Er sah, wie der Körper des Kameraden hoch durch die Luft flog und auf dem Boden aufschlug. Eine schnelle Drehung des eigenen Fahrzeugs nahm ihm dann die Sicht. Er spürte, wie es heiß in ihm aufstieg. Kleber! Er war also der nächste gewesen!
Das Feuergefecht ging weiter. Jeder Griff saß, jeder Schuß war gezielt. Ein T 34 stand in Flammen. Der zweite wurde getroffen und von Warmbrunn, dessen Wagen wieder flottgeworden war,

endgültig abgeschossen.
Sie fuhren auf einen weiten Obsthof zu. Ein anderer T 34, der soeben hinter einer Scheune hervorkam, wurde beschossen. Der Gegner blieb brennend liegen.
Plötzlich stieß Möller einen Schrei aus und deutete erregt nach vorn.
„Durch das Fenster!“ brüllte er
Wittmann sah, wie sich eine Panzerkanone in das Rechteck eines Fensters schob, und dann schob sich auch der Bug mit dem Turm ins Blickfeld. Die Rückwand der Kate war zerschossen. Woll visierte, hatte den Turm auf dem Leuchtstachel und schoß. Die Granate flitzte durch das Fenster und riß dem Gegner, der hinter der stehengebliebenen Vorderwand herfuhr, den Turm herunter. Im Knistern von Flammen hörten sie auf einmal seltsames, hohles Brausen, das sich von einer Sekunde zur anderen zu einem wilden Fauchen und Heulen steigerte. Eine Ladung Raketengeschosse zischte mit flirrenden Feuerschweifen heran.
„Volle Deckung!“ brüllte Hauptsturmführer Kling.
Sie schlugen die Luken zu, die sie gerade geöffnet hatten, und duckten sich unwillkürlich. Um sie herum schien die Hölle ihre Pforten geöffnet zu haben. Flammen und Rauch waberten. Die Erde bebte. Gesteinsbrocken prasselten wie ein tödlicher Gewitterregen herab.
„Wenn hier die Panzergrenadiere gewesen wären, dann hätte man sie nie wiedergefunden“, sagte Untersturmführer Wendorff, als sie fünf Minuten später am Nordostrand von Golowin hielten und zu einer Besprechung zusammenkamen.
Obersturmbannführer Wünsche, der anstelle des am 20. November gefallenen Regimentskommandeurs das Panzerregiment vertretungsweise führte, kam zu ihnen vorgefahren. Er blutete aus einer Schramme auf der linken Gesichtshälfte.
„Wie sieht es aus?“
„Bald verschossen, Obersturmbannführer“, antwortete Kling. „Ja, Munition und Sprit müssen her! Ich habe das schon veranlaßt!“
„Wittmann zum Regimentsführer!“ sagte er, nachdem er diesen Befehl durch den Kopfhörer aufgefangen hatte.
Der Untersturmführer lief zum Kommandeurswagen hinüber und

meldete sich. Max Wünsche, seit dem 28.2.1943 mit dem Ritterkreuz ausgezeichnet, gab ihm die Hand.
„Ich hörte soeben, daß du jetzt den sechzigsten Panzer und fast ebenso viele Pak abgeschossen hast, Michel. Dein Richtschütze hat seinen vierundfünfzigsten Panzer abgeschossen. ich glaube, daß jetzt das Ritterkreuz für Dich fällig ist."
„Danke, Obersturmbannführer!" erwiderte Wittmann. „Aber ich denke, daß Woll der Mann ist, der eine solche Auszeichnung eher verdient hat. Er hat vierundfünfzig meiner sechzig Feindpanzer als Richtschütze abgeschossen."
Der Tag ging zu Ende. Die Division „Leibstandarte" hatte bis zum Einbruch der Dunkelheit den Raum Tortschin erreicht und richtete sich hier für die Nacht ein.

Berditschew im Fadenkreuz

Die Tage verrannen. Am 11. Dezember erreichte die „Leibstandarte" den Raum Weprin - Wyrwa, hart südlich der Bahnlinie nach Kiew. Brigadeführer Wisch besuchte Generalleutnant Krüger auf dessen Gefechtsstand in Medelewka. Der Kommandeur der 1. Panzerdivision beglückwünschte ihn zum Erfolg seiner tapferen Division. Aber beide Kommandeure wußten, daß die Kräfte ihrer Verbände allmählich erlahmten.
Inzwischen war die Temperatur auf dreißig Grad minus abgesun ken. Der Gegner wurde über den Tetereff zurückgeworfen.
Beim Angriff auf Federowka, der die 1. PD im Zentrum sah, erhielt Generalleutnant Krüger das Eichenlaub zum Ritterkreuz für die vorbildliche Divisionsführung und eigene Tapferkeit. Zugleich mit ihm wurde jene Panzerdivision ausgezeichnet, die seit vier Jahren an den Brennpunkten der Schlacht eingesetzt gewesen war.
Wieder einmal wurde umgruppiert. Es geschah aufgrund von Aufklärungsergebnissen, denen zufolge die hinter der Linie ostwärts Shitomir - südwestlich Korosten aufmarschierende 60. Sowjetarmee und andere Teile der Ersten Ukrainischen Front in Kürze auf der Nahtlinie zwischen dem XIII. AK (bei Shitomir) und dem LIX. AK (bei Korosten) vermutlich einen Durchbruchsversuch unternehmen würde.
Das XXXXVIII. Panzerkorps sollte gegen diese 60. Sowjetarmee

antreten. Und zwar mit der 1. PD links und der „Leibstandarte“ rechts. Aus dem Raum Malin sollte sich die dort in einem Brückenkopf stehende 7. Panzerdivision dem Angriff anschließen und den so einzukesselnden Gegner schlagen helfen.
Am 18.12. griff die „Leibstandarte“ nach Feuervorbereitung durch dreißig Batterien und Nebelwerfermassierung an. Die I./PR (Panzerregiment) 1 unter Hauptmann von Krauß war der Division von der 1. PD zur Verfügung gestellt worden.
Gleichzeitig griff auch die Kampfgruppe Bradel der 1. PD an. Der bei Meleni liegende Gegner wurde geworfen. Oberstleutnant Bradel erhielt hierfür das Ritterkreuz.
Dann aber blieb die „Leibstandarte“ in ungünstigem Gelände stecken. Es bildete sich um sie so etwas wie ein Kessel. Dabei wurde die „Leibstandarte“ in den Tagen vor Weihnachten von drei Panzer- und drei Schützenkorps der Ersten Ukrainischen Front ununterbrochen berannt.
Dennoch war es gelungen, den Aufmarsch der 60. Sowjetarmee nachhaltig zu stören, Korosten sowie Shitomir zurückzugewinnen und einen lockeren Anschluß an die Heeresgruppe Mitte herzustellen.
Am 24.12.1943 erreichte eine dringende SOS-Meldung der 4. Panzerarmee das Korps Balck. Das XXXXVIII. Panzerkorps mußte aus dem Meleni-Abschnitt herausgelöst werden, mit seinen drei Panzerdivisionen - darunter auch die „Leibstandarte“ - nach Süden eilen, um die im Großraum Berditschew vom Gegner aufgerissene Front wieder zu schließen. Michael Wittmann rollte mit seinem Zug im Verband der schweren Kompanie nach Süden.
Die „Leibstandarte“ wurde zur „Feuerwehr“, die von einer Krisenstelle zur anderen geworfen wurde. Ebenso wie die 1. und 7. Panzerdivision.
Der 1. Weihnachtstag sah die „Leibstandarte“ auf dem Marsch durch das frostklirrende, tief verschneite Land nach Süden. In einer Marschpause schrieb Michael Wittmann in seinem Panzer mit frostklammen Fingern einen Feldpostbrief nach Hause.
Die Division „Leibstandarte“ richtete sich in einer provisorischen, im Lauf der nächsten Tage mehr und mehr verstärkten HKL am Nordrand von Berditschew ein. Am Ostrand und von dort nach Süden hinunter schloß die 1. PD an. Aus Westen und Nordwesten

griffen russische Skitruppen an.
Mit Sprenggranaten wurden die in tiefgestaffelten Wellen vorprellenden Gegner geworfen. Flak-Kampftrupps und die schwere Heerespanzerabteilung 501 unter Major Gierga - ebenfalls mit den neuen „Tigern“ - unterstützten den Abwehrkampf.
Am frühen Morgen des 9. Januar 1944 wurde Wittmanns Zug alarmiert. Der Gegner stellte sich mit Panzerkräften zum Durchstoß bereit, hieß es.
„Ich fahre vor und erkunde, Hauptsturmführer!“ erbot sich Wittmann sofort.
„Gut, nimm zwei deiner ‘Tiger’ mit.“ „Warmbrunn und Lötzsch zu mir!“ Die beiden Kommandanten kamen angelaufen. Wittmann zeigte ihnen die Karte. „Dort stehen die Feindpanzer. Hinter der Waldbürste in der Balka, die von Westen nach Osten verläuft. Wir fahren hier umholend in die Balka hinein, drehen nach Osten und greifen sie im Rücken an. Sie tanken vielleicht auf, oder munitionieren noch. Auf jeden Fall packen wir sie zu einer Zeit, wo sie ihre Kampfbereitschaft noch nicht erreicht haben.“
Sie fuhren los. Als sie von einigen T 34 beschossen wurden, wichen sie weiter nach Süden aus und drehten dann wieder ein. Auf einem steilen Hang ging es in die breite Balka hinein. Unten angekommen, hörten sie bereits das Getöse der vorrollenden und sich weiter vorn sammelnden Feindpanzer.
Die Schlucht verbreiterte sich, wurde flacher, und dann sahen sie die Panzer, die ihnen die Hecks zuwandten. Gerade rollten von links sechs oder sieben andere russische Kampfwagen einen flachen Hang herunter.
Die drei „Tiger“ entfalteten sich, dann gab Wittmann den Feuerbefehl. Der dreifache Feuerschlag wurde von einem dreifachen Trefferdonner übertönt. innerhalb kurzer Zeit verwandelte sich die feindliche Bereitstellung in eine Lärmhölle, aus der immer wieder Flammen emporstoben.
Möller rollte rochierend durch die Senke. Woll schoß, Berges mannte die Munition hinein. Alles wickelte sich rasend schnell ab. Bei diesem Angriff stellte Warmbrunn sein besonderes Können unter Beweis, indem er zwei Panzer nacheinander abschoß. Lötzsch vernichtete ebenfalls zwei T 34, und Wittmann schaffte binnen fünfzehn Minuten, immer wieder den Kurs wechselnd und

unter die verwirrten Gegner fahrend, sechs Abschüsse. Zehn Panzer des Gegners blieben brennend liegen. Die übrigen drehten und verschwanden in den Seitentälern.
Damit hatte Michael Wittmann sechsundsechzig Panzer abgeschossen.
Am 13. Januar 1944 erhielt er das Ritterkreuz des Eisernen Kreuzes.
Noch in den Abendstunden des 13.1.1944 wurde die „Tiger"-Kompanie abermals alarmiert:
„Russische Panzer sind im Abschnitt der Panzergrenadiere durchgebrochen. Sie müssen aufgehalten werden!" So lautete die Meldung.
Eine Viertelstunde später rollten die „Tiger" los. Sie brauchten sich nur nach dem Donner der Schlacht zu richten und nach dem Flammenschein über den brennenden Feindpanzern, die vor den Stellungen liegengeblieben waren.
Das feindliche Gros aber war durchgebrochen! Hinter diesem Stoßkeil der Panzer stürmten die Rotarmisten in Stärke von zwei Regimentern. Sie erreichten die deutsche HKL, kämpften die Gräben frei, setzten sich darin fest. Ein weiteres Regiment folgte den Panzern.
Wendorffs „Tiger" rollten auf der linken Flanke. Der Untersturmführer hatte ebenfalls über vierzig Panzerabschüsse zu verzeichnen.
Sie stießen auf jenen russischen Panzerpulk, der am weitesten vorgeprellt war. Bei herabsinkender Dämmerung begann das Gefecht. Auf der Spitze seines Leuchtstachels sah Woll die Gegner. Er schoß einmalig sicher. Der Feind blieb liegen. Am frühen Morgen des 14.1. griffen „Panther" und „Tiger" der „Leibstandarte" erneut an.
Ein Kampf begann, wie man ihn sich dramatischer nicht vorstellen konnte. Immer wieder kurvte Wittmann „karbid" mitten in die feindlichen Panzer hinein. Er schoß hier einen Gegner ab, dort mit einer Granate sogar zwei die nebeneinander hergefahren waren. Die Panzergranate des „Tigers" hatte beide T 34 getroffen, nachdem der Schuß in die Flanke des ersten Panzers und auch noch in die eine Seitenwand des dahinter rollenden Kampfwagens eingedrungen war.

Stunden dauerte dieser Kampf. Immer wieder zogen sich die „Tiger“ zurück, um dann erneut vorzuprellen, zu schießen und zu kurven. Wenn sie abdrehten, standen weitere vernichtete Feindpanzer auf dem Gefechtsfeld. Jeder Panzer der Kompanie war an diesem gemeinsamen Erfolg beteiligt. Hauptsturmführer Kling schoß dabei seinen 37. und 38. Panzer ab.
Der Tiger Wittmanns war jedoch unbestreitbar derjenige, dem der Löwenanteil an Abschüssen zugefallen war. Bis zum Mittag hatte er sechzehn T 34 und KW abgeschossen. Am Nachmittag gelang es ihnen, beim Stoß auf eine kleine sowjetische Bereitstellung im Vorfeld, weitere drei Panzer und drei Sturmgeschütze abzuschießen. Der Gegner wurde gestoppt. Über hundert Feindpanzer und Sturmgeschütze hatten diesen Angriff mit ihrer Vernichtung bezahlt.
Am 15.1.1944 meldete der Wehrmachtsbericht:
„Westlich Berditschew zerschlugen Verbände der Waffen-SS im Gegenstoß zwei feindliche Regimenter...“
Einen Tag später erhielt Balthasar Woll, Wittmanns Richtschütze, an achtzig Abschüssen des Kommandanten beteiligt, aus der Hand seines Divisionskommandeurs das Ritterkreuz.
Immer wieder griffen die Sowjets mit frischen Kräften an. Ein wahrer Granatenhagel ging auf die Tiger nieder. Trotzdem gelang es Wittmann im Verein mit Möller stets, den Karren aus dem Dreck zu holen.
Als die Männer am Abend des 19. Januar 1944 in der Ortschaft Kustowezka völlig übermüdet ins Stroh fielen, schaltete Hauptscharführer Höflinger den Tornisterempfänger ein, mit dem sie - falls der Krieg ihnen die dazu nötige Zeit ließ - den Wehrmachtsbericht abhörten. Da kam bereits die Stimme des Sprechers: „Der am 13.1.1944 im Wehrmachtsbericht genannte SS-Untersturmführer Michael Wittmann, Zugführer in einem Panzerregiment der SS-Panzerdivision ‘Leibstandarte’... aus Ingolstadt, wurde bereits am 13.1.1944 ... für seine hervorragenden Leistungen mit dem Ritterkreuz ausgezeichnet.“
„Lauter, Höflinger, lauter!“ brüllte Kleber nun aufgeregt. Der Sprecher fuhr fort: „Wittmann hat seit Juli 1943 bis Anfang Januar 1944 mit seinem ‘Tiger’ sechsundfünfzig feindliche Panzer, unter ihnen sowjetische T 34 und überschwere Sturmgeschütze

ebenso wie auch englische und amerikanische Panzer abgeschossen.
Am 8. und 9.1.1944 konnte er mit seinem Zug den Einbruch einer sowjetischen Panzerbrigade aufhalten und diese zerschlagen, wobei es ihm gelang, wiederum zehn Feindpanzer abzuschießen.
In den Kämpfen am 13.1.1944 trat Wittmann gegen einen starken Panzerverband an und schoß aus diesem neunzehn T 34 sowie drei überschwere Sturmgeschütze ab.
Damit erhöht sich die Abschußzahl Wittmanns auf achtundachtzig Feindpanzer und Sturmgeschütze.
Diese hervorragende Leistung ist seinem Angriffsschwung und Draufgängertum, wie auch der überragenden Waffenwirkung des 'Tiger'-Panzers zuzuschreiben.
Wittmann wurde am 22.4.1914 in Vogelthal in der Oberpfalz geboren."
Lange blieb es in der Kate still. Dann brach auf einmal der Jubel los. Nur Wittmann saß sprachlos auf seinem Hocker hinter dem provisorisch zusammengehauenen Tisch.
„Michel, weißt du, was das bedeutet?" rief Untersturmführer Wendorff. „Das ist das Eichenlaub für Dich!"
Helmuth Wendorff hatte recht. Die Meldung über die Geschehnisse war mit einem genauen Kampfbericht von „Teddy" Wisch bereits an das Oberkommando weitergeleitet worden.
In dieser Nacht feierten sie trotz des pausenlosen sowjetischen Beschusses. Sie sangen ihre Lieder, waren wie ausgelassene Kinder und nahmen das Leben an die Brust, weil es morgen vielleicht schon zu Ende sein konnte.
Am 20. Januar 1944 wurde Michael Wittmann, wegen Tapferkeit vor dem Feind, zum Obersturmführer (Oberleutnant) befördert. Er sollte nach dem Ausscheiden von Hauptsturmführer Kling, der als Abteilungskommandeur vorgesehen war, die 13. schwere Tiger-Kompanie übernehmen.
Der Kampf ging weiter. Im eisigen Schneesturm schoß Wittmann wenige Tage später fünf T 34 nacheinander an. Wie Schemen waren sie aus dem Flockentanz des Schneetreibens aufgetaucht, wurden erkannt, beschossen und vernichtet. Dichte Panzerverbände stürmten gegen die deutsche HKL. Wittmann und Wendorff, Kling und alle anderen „Tiger"-Kommandanten fuhren Tag für Tag

aufs Neue gegen einen übermächtigen Gegner, der sich aus scheinbar unerschöpflichen Quellen immer wieder ausrüstete und ständig Nachschub erhielt.
Am 28.1.1944 griffen die Sowjets wiederum mit starken Panzerkräften an. Auch dieses Mal war es die schwere „Tiger"-Kompanie, die wie ein Fels in der Brandung stehenblieb. Schließlich erlahmte die Kraft des Feindes, und abermals mußten die kampfstarken Divisionen des XXXXVIII. Panzerkorps als „Feuerwehr" umgruppieren.

Entsatzvorstoß auf Tscherkassy

Im Großraum Tscherkassy hatten die 2. Ukrainische Front (Armeegeneral Konjew) und Teile der 1. Ukrainischen Front die deutsche „Korpsabteilung B", das XXXXII. und XI. AK, mit insgesamt sechseinhalb Divisionen eingekesselt. Unter diesen Verbänden befanden sich auch die Waffen-SS-Division „Wiking" und die Brigade „Wallonien" unter Leon Degrelle. Die „Leibstandarte" machte sich gleichzeitig mit der 1. Panzerdivision bereit, aus Südosten auf Schenderowka - Lissjansk vorzustoßen und den Kessel zu öffnen.
Mitten in die Vorbereitungen hinein platzte am Abend des 31.1.1944 die Meldung, daß Michael Wittmann als 380. deutschem Soldaten das Eichenlaub zum Ritterkreuz verliehen worden sei. Die Division „Leibstandarte" verließ am 1. Februar 1944 den Kampfraum Shitomir - Berditschew, um den bedrängten Divisionen bei Tscherkassy zu Hilfe zu eilen. Allein die 13. (schwere) „Tiger"-Kompanie unter Hauptsturmführer Heinz Kling hatte in diesen wenigen Wochen eine gewaltige Anzahl feindlicher schwerer Waffen abgeschossen. Den Höhepunkt bildeten aber zweifellos die Januartage 1944. In diesen vierzehn Kampftagen hatte die 13. Kompanie mit ihren „Tigern" 343 Feindpanzer, 3 Sturmgeschütze 255 schwere Pak und 5 Feindbatterien zu je vier 15-cm-Gschützen außer Gefecht gesetzt. Hauptsturmführer Kling wurde von Brigadeführer Wisch zum Ritterkreuz eingegeben. Dieser Offizier, eingangs Januar mit dem Deutschen Kreuz in Gold ausgezeichnet, elfmal verwundet, hatte den Geist der Kompanie mitgeprägt.

Umsichtige Führung, Tapferkeit und Kameradschaftlichkeit - nicht zuletzt aber, daß er seinen Zugführern die nötige Freiheit ließ -, machten diesen kleinen Verband zum gefürchteten Gegner für den Feind. Aber auch als Panzerkommandant hatte es Heinz Kling auf sechsundvierzig eigene Abschüsse gebracht.
Noch ein Angehöriger dieser Kompanie wurde in diesen Januartagen 1944 zum Ritterkreuz eingegeben:
Untersturmführer Helmuth Wendorff. Er war Zugführer wie Michael Wittmann und Offizier des Jahrgangs 1920.
Nach Weihnachten hatte er bei Shitomir als Einzelgänger immer wieder eingeschlossene Panzergrenadiere befreit. Er wurde so etwas wie ein Ehrengrenadier. An einem dieser Schicksalstage, da eine einzige glückliche Operation über Tod und Leben entschied, gelang es Wendorff, von russischen Panzern eingekreist, zwölf von ihnen abzuschießen und den Angriff damit zu vereiteln. Am Abend dieses entscheidenden Tages deckte er mit insgesamt vier „Tigern - ein Panzer war ausgefallen - das Absetzen der Panzergrenadiere aus einer vom Feind besetzten Ortschaft und ermöglichte durch schnelles Vorpreschen, daß die schweren Waffen auch aus der alten HKL gerettet und in der neuen wieder eingesetzt werden konnten.
Achtundsechzig Panzerabschüsse kamen auf sein Konto, als Brigadeführer Wisch den Verleihungsvorschlag an das Korps schickte.
In den Fahrzeugschlangen auf der Rollbahn zum Kessel von Tscherkassy wühlten sich die Fahrzeuge der „Leibstandarte" neben denen der 1. PD, der 6. und 16. PD vorwärts. Alle waren nur von dem Wunsch beseelt, den eingeschlossenen Kameraden das Schicksal der 6. Armee in Stalingrad zu ersparen.
Michael Wittmann rollte mit seinem Zug an der Spitze. Er umfuhr Stockungen, um schneller voranzukommen, und fluchte bei den Halten, die eingelegt werden mußten, damit das Gros aufschließen konnte.
Die Sowjets versuchten fieberhaft, diesen Kessel einzudrücken. Sie waren der Meinung, die gesamte deutsche 8. Armee (General Wöhler) „im Sack" zu haben. General Konjew, Oberbefehlshaber der 2. Ukrainischen Front, sagte noch am 3.2.1944:
„Dieses Mal ist es soweit! Ich habe die Deutschen in der Zange und lasse sie nicht mehr entwischen."

Der russische Heeresgruppenbefehlshaber Konjew hatte sich getäuscht. Es handelte sich lediglich um die „Korpsabteilung B“. Dahinter verbarg sich die 112. deutsche ID und nicht eine ganze Korpsabteilung. Mit zwei Heeresgruppen wollte Armeegeneral Konjew den Deutschen hier ein zweites Stalingrad bereiten. General Stemmermann, der im Kessel führte, versuchte den Zusammenhang zu sichern und das Zentrum des Kessels, die Ortschaft Korsun mit dem wichtigen Flugplatz, zu halten. Ihm standen 56 00 Soldaten zur Verfügung.
Nun rollten deutsche Divisionen zum Entsatz heran, und zwar die stärksten Panzerdivisionen. jede von ihnen konnte es mit einem russischen Panzerkorps aufnehmen. Die „Leibstandarte“ war ebenfalls dabei. Auch sie sollte wieder am Brennpunkt der Schlacht eingesetzt werden, wie schon so oft zuvor.
General Nikolaus von Vormann sollte einen „Dampfhammer“ der Entsatzdivisionen führen. Ihm stand beim XXXXVII. Panzerkorps die 24. Panzerdivision unter General von Edelsheim zur Verfügung. Aber am 3. Februar wurde sie kurz vor dem Ziel durch Hitler persönlich abgedreht, weil die Sowjets im Rücken der 6. Armee (Generaloberst Schörner) durchgebrochen waren.
Damit war die Planung eines kombinierten Angriffs des XXXXVII. mit dem III. Panzerkorps unter General Breith, Chef des zweiten „Hammers“, gescheitert.
Am 4.2. ließ General Breith die 16. und 17. PD und die Kampfgruppe Bäke antreten. Dieser erste Stoß traf auf Teile der 1. Ukrainischen Front, während die Spitzenverbände der „Leibstandarte“ soeben auf der rechten Flanke des Stoßkeils eintrafen. Vier sowjetische Panzerkorps und die „Rasputiza“ (der Frühjahrsschlamm) - seit dem 2. Februar herrschte Tauwetter - stoppten diesen ersten Versuch, den Kessel aufzusprengen. Doch dann waren sowohl die „Leibstandarte“ als auch die 1. Panzerdivision herangekommen.
„Erstes Ziel ist der Gniloi Tikitsch!“
Das war der Kernsatz der Kommandeursbesprechung am frühen Morgen des 6. Februar 1944. Eine halbe Stunde später wühlten sich die „Tiger“ der 13. Kompanie durch den Schlamm nach Nordosten. Bereits nach einem Kilometer rollten ihnen russische Panzer und Sturmgeschütze in die Flanke.
Wittmann befahl den Angriff. Sie stürmten gegen eine T-34-Abtei-

lung des 5. sowjetischen Gardepanzerkorps. Die „Tiger“-Kanonen krachten. Feindpanzer gingen in Flammen auf, andere drehten, flohen in einen Wald.
„Hnterher!“ befahl der Kompaniechef. „Beide Züge mir nach!“ Sie fuhren mit elf „Tigern“ in das Wäldchen hinein, schwenkten um einen Windbruch herum, sahen die Panzer, die sich hier zum Flankenstoß bereitstellten, und griffen sie an. Noch niemals zuvor hatte Wittmann die eigenen Kampfwagen in einer Reihe gesehen, wie sie hier durch den Wald zogen, den Gegner vernichteten und dann gegen eine Pak-Front fuhren.
Granaten hämmerten auf den Panzerstahl. Beide Flanken des „Tigers“ wurden getroffen. Die Seitenschürzen zersplitterten, aber sie verhinderten, daß die Granaten des Gegners durchschlugen. Bei diesem Einsatz schoß Wittmann neun Feindpanzer ab. Auch seine Kommandanten kamen mit weiteren Abschüssen zu Erfolgen. Zwei Tiger wurden angeschossen. Andere Wagen nahmen die Besatzungen auf und fuhren wieder zum Gros der Division zurück.
Am nächsten Tag ging der Kampf weiter. Noch in der Nacht hatte der Instandsetzungszug beide Tiger aus dem Niemandsland herausgeholt und in wenigen Stunden wieder einsatzbereit gemacht. Für die verwundeten Kameraden stiegen andere ein.
Bis zum Abend des 8. Februar kämpfte sich die Division „Leibstandarte“ bis an den Schicksalsfluß des Kessels, den Gniloi Tikitsch, heran. Rechts von ihr hatte es auch die 1. Panzerdivision geschafft. Dort zeichnete sich einer der Oberfeldwebel aus, der bereits seit Anfang des Krieges von sich reden gemacht hatte: Hans Strippel!
Auch er hatte über siebzig Feindpanzer abgeschossen. Vor gut einem Jahr, am 26.1.1943, hatte er das Ritterkreuz erhalten. Für diesen Kampf in den Februartagen 1944, zum Aufbrechen des Kessels von Tscherkassy, erhielt er das Eichenlaub, das ihm am 4.6.1944 verliehen wurde.
Das Ringen um die Öffnung des Kessels wurde von Tag zu Tag dramatischer. Die Sowjets, die den Entsatzvorstoß vereiteln wollten, trommelten mit allen Waffen auf die Panzer, die immer wieder gegen eine Mauer aus Pak, Sturmgeschützen und Panzern anrollten.
Ein anderer Soldat, der auch während der Operation „Zitadelle“ als

einer der besten „Tiger“-Kommandanten Erfolg gehabt hatte, zeichnete sich bei diesen Kämpfen ebenfalls besonders aus. der Kärntner Unterscharführer Franz Staudegger.
Im Zug Wendorff fahrend, hatte Staudegger damals in einer Krisensituation, als sämtliche „Tiger“ im Einsatz standen, das gesamte Panzerregiment - vielleicht sogar noch mehr - gerettet. Das war, als die Sowjets am 6. Juli 1943 versuchten, mit einem Panzerverband von zirka sechzig T 34 die „Leibstandarte“ aus den Angeln zu heben.
Binnen zweier Stunden hatte er von den sechzig Feindpanzern zweiundzwanzig abgeschossen und seine ganze Munition verbraucht. Mit Sprenggranaten gelang es ihm, noch vier weitere T 34 lahmzuschießen, bevor die Feindpanzer drehten. Ein Mann hatte zusammen mit seiner Besatzung eine ganze russische Panzerbrigade aufgehalten. Dafür war ihm am 10.7.1943 das Ritterkreuz verliehen worden.
Um nun, an diesem legendären 10. Februar 1944, geschah ähnliches. Achtzehn gegnerische Sturmgeschütze und Panzer versuchten, den Zug Wittmann aus der Flanke und dem Rücken anzugreifen und zu vernichten. Wieder einmal war Staudegger mit einem leichten Schalthebelschaden liegengeblieben. Als er nun hinterherfuhr, um die Kameraden noch rechtzeitig vor Beginn des Kampfes zu erreichen, sah er auf einmal die Gegner durch eine Senke in den Rücken von Wittmanns Tiger rollen.
„Wittmann! Aufpassen!“ brüllte er durch die Sprechfunkverbindung.
„Hinter Dir! - ich komme!“
Michael Wittmann erkannte den Kameraden an seinem unverkennbaren Dialekt. Blitzschnell fiel ihm die Episode vom Juli des vergangenen Jahres bei Bjelgrod wieder ein.
„Linksum machen und Feuer eröffnen!“ befahl er.
Nach diesem Kommando ruckten die sechs „Tiger“ herum. Feuerbälle blitzten aus den Mündungen der russischen Sturmgeschütze. Zu diesem Zeitpunkt traf Staudegger das erste Sturmgeschütz bereits ins Heck, worauf es sofort in Brand geriet.
Die nächsten fünf Minuten waren erfüllt vom Getöse der Abschüsse, den Trefferknallen und den Explosionen der Selbstzündungen. Die sowjetischen Sturmgeschütze wurden bis auf zwei abgeschos-

sen. Auch diesmal war Staudegger mit fünf Abschüssen beteiligt.
„Danke, Staudegger!" rief Wittmann dem Kameraden zu. „Dank für die Hilfe!"
„Siehst Wittmann, wenn i net g'wes'n wär!" brüllte der Kärntner zurück.
Sie fuhren gemeinsam weiter, drangen in die feindliche Pak-Front ein, schalteten den Gegner aus und machten Sturmbannführer Herbert Kuhlmann Luft, der nach der Regimentsübernahme durch Obersturmbannführer Wünsche dessen I. Abteilung übernommen hatte.
„Danke, Wittmann, das war in letzter Sekunde. - Chef an alle: Alles mir nach!"
Die „Tiger" und Panzer IV sammelten und fuhren hinter Kuhlmann her, der den Kessel nun unter allen Umständen aufbrechen wollte.
Wenig später schlossen sich noch die „Panther" und „Tiger" des Regiments Bäke der 6. PD dem Stoß an. Nun kamen sie bis dicht vor Dshurshenzy, bevor der Gegner sie abermals stoppte, indem er aus Norden in ihre linke, offene Flanke fuhr.
Aus den Wäldern brachen in den folgenden Tagen immer wieder feindliche Panzer hervor. Die weißen Abschußringe an Wittmanns Kanonenrohr vermehrten sich. Schon waren zehn breite weiße Streifen und sieben schmale Ringe aufgemalt, was 107 Abschüsse bedeutete. Doch täglich kamen neue Erfolge hinzu.
Die Panzergrenadiere der Divisionen hatten die Last des Stehenbleibens und Haltens der erreichten Stellungen zu tragen. Die Regimenter schmolzen zusammen wie der tauende Schnee. Die Höhe 239 fraß ihre Opfer zu Hunderten . und noch immer warteten die Kameraden im Kessel. Sie hatten die Front gedreht und stellten sich um Ausbruch bereit.
Furten über den Fluß wurden gefunden. Die ersten Panzer fuhren - oft bis zu den Kettenabdeckungen im Wasser - auf das andere Ufer. Pioniere bauten die Nordbrücke und die Ostbrücke. Lissjanka, die wichtige Ortschaft, war fest in deutscher Hand, als der Morgen des 16. Februar 1944 heraufzog.
Ju 52 flogen im Tiefflug in den Kessel hinein und warfen an den kenntlich gemachten Punkten aus wenigen Metern Höhe Zweihundert-Liter-Fässer mit Sprit ab, um die Eingeschlossenen beweglich

zu machen.
Jeder Mann der 13. (schweren) „Tiger“-Kompanie wußte jetzt, daß sie es schaffen würden.
Es fror wieder. Die schwere Panzerabteilung 503 unter Hauptmann Scherff griff ebenfalls in den Kampf ein. Oktjabr wurde den Russen entrissen. Noch immer fünfundzwanzig Kilometer vom Südrand des Kessels entfernt, lag am 17.2.1944 das gesamte III. Panzerkorps fest.
„Ausbruch auf uns!“ wurde in den Kessel gefunkt. Das AOK (Armee-Oberkommando) 8 funkte anschließend:
„Aktionsunfähigkeit III. Panzerkorps Gruppe Stemmermann muß entscheidenden Durchbruch bis Dshurshenzy - Höhe 239,0, zwei Kilometer südlich davon, aus eigener Kraft führen. Dort Vereinigung mit III. Panzerkorps.“
Drei Ausbruchsgruppen stellten sich bereit. Rechts die „Korpsabteilung B“, in der Mitte die 72. ID, links die Division „Wiking“ unter Gruppenführer Gille.
Zur gleichen Zeit, da Sturmbannführer Kuhlmann das Ritterkreuz erhielt, weil er den Kessel so weit wie möglich aufgebrochen hatte, traten diese drei Stoßgruppen, gefolgt von den übrigen Verbänden, zum Ausbruch an. Und gleichzeitig damit war auch Oberstleutnant Bäke mit seinem Panzerregiment unterwegs, um den Ausbrechenden entgegenzustürmen.
Nach einem fürchterlichen Kampf, immer wieder von russischen Panzern und Salvengeschützen beschossen, gelang es schließlich 35 000 Mann, die rettenden Auffangstellungen zu erreichen. Jedes Geschütz und jeder Panzer war in ununterbrochenem, vierundzwanzigstündigem Einsatz gestanden, um die Gegner abzuwehren, die sich hier auf die Ausbrechenden stürzen wollten.
Jeder gab sein Letztes. Jener Feldwebel Wohler, der dreimal durch den Gniloi Tikitsch schwamm, um jedesmal einen verwundeten Nichtschwimmer über den Fluß zu holen, sei stellvertretend für alle genannt. Er rettete diesen Verwundeten das Leben. 18 800 deutsche Soldaten aber blieben tot oder sterbend im Kessel. Daß es nicht mehr geworden waren, dafür hatte auch Obersturmführer Michael Wittmann gesorgt.
Hauptsturmführer Kling wurde zum Sturmbannführer befördert. Als er verwundet wurde, übernahm Michael Wittmann die schwere

Kompanie.
Er führte seine Männer in den nächsten Wochen durch eine wahre Hölle. Sie standen im Kampf gegen Marschall Schukows 1. Ukrainische Front - er hatte sie von dem von ukrainischen Freischärlern erschossenen General Watutin übernommen -, die den linken Flügel der Heeresgruppe Süd durchbrochen hatte. Die „Leibstandarte" warf sich dem Panzersturm entgegen. Wieder kam es zu dramatischen Kämpfen. Wendorff, am 15.2. hatte er sein Ritterkreuz erhalten, wurde verwundet. Sieben „Tiger" fielen aus. Der Einbruch konnte nicht mehr verhindert werden.
In Eis und Schlamm kämpfte die Division „Leibstandarte" an der Rollbahn ostwärts Tarnopol. Sie wurde mit der 1. Panzerarmee eingangs März 1944 im Raum Kamenez - Podolsk eingeschlossen, kämpfte sich über mehrere Tage durch - und hatte es wieder einmal geschafft. Damit aber war die Division am Ende ihrer Kraft. Die Reste wurden herausgezogen und nach Belgien verlegt, wo eine Neuaufstellung vorgesehen war.
Michael Wittmann wurde ins Führerhauptquartier beordert, um das Eichenlaub in Empfang zu nehmen. Er erhielt die Auszeichnung und konnte endlich wieder einmal zu seiner Familie heimkehren. Als er seine Frau in die Arme schloß und ihre Stimme hörte, ahnte er: Diesmal wird es vielleicht das letzte Mal sein!
Er sagte nichts von seiner Ahnung. Nur später hatte er es Woll und Pollmann erzählt. Wittmann wurde regelrecht „herumgereicht". Er fuhr ins „Tiger"-Werk, um sein Versprechen wahrzumachen und sich bei den Arbeitern zu bedanken.
Dann waren auch diese Tage zu Ende, und er erhielt den Marschbefehl nach Belgien, um dort die 2. Kompanie der schweren Waffen-SS-Panzerabteilung 501 zu übernehmen. Diese Abteilung, deren 1. Kompanie von Hauptsturmführer Möbius geführt wurde, war eine Neuaufstellung und unterstand direkt dem I. SS-Panzerkorps „Leibstandarte". In diesem Korps waren die 1. SS-Panzerdivision „Leibstandarte" und die 12. SS-Panzerdivision „Hitlerjugend" zusammengefaßt.
Die schwere Korpspanzerabteilung 501 wurde zu einem schlagkräftigen Verband ausgebaut, der zum Schluß von Wittmann geführt wurde. Damit war der Rußlandeinsatz auch dieses „Tiger"-Verbandes beendet.

***

Copyright, 2001
Alle Rechte, auch die des auszugsweisen Nachdrucks und jeder Form der Wiedergabe, beim
PODZUN-PALLAS-VERLAG GmbH
Kohlhäuserstraße 8
61200 Wölfersheim-Berstadt
Telefon: 06036 / 9436 - Fax: 06036 / 6270
Internet-Shop: http://www.podzun-pallas.de

Alle Rechte vorbehalten. Kein Teil darf weder durch elektronische und mechanische Mittel und Medien, fotokopiert, noch jegliche Art von Speicherung oder Wiedergabe ohne schriftliche Genehmigung des Verlages reproduziert oder übermittelt werden.

Verantwortlich für den Inhalt ist der Autor.

ISBN: 3-7909-0719-7
Satz, Layout: modellwelt-Publikation - Queißner Gabriele-Bayreuth
Internet: www.modellwelt.via.t-online.de
Druck: Neumann Druck, Benzstrasse 1, 84030 Landshut

DIE TIGER KOMMEN

Die schwere Panzerabteilung 502 und die Tiger der „Leibstandarte“ im Ostfeldzug

---

Franz Kurowski